刘煜 主编

姜华帅 副主编

大学生
社会实践导论

An Introduction to Social Practice
for College Students

ZHEJIANG UNIVERSITY PRESS

浙江大学出版社

图书在版编目（CIP）数据

大学生社会实践导论 / 刘煜主编. —杭州:浙江
大学出版社，2017.12(2020.12 重印)
ISBN 978-7-308-17690-3

Ⅰ.①大… Ⅱ.①刘… Ⅲ.①大学生—社会实践—高
等学校—教材 Ⅳ.①G642.45

中国版本图书馆 CIP 数据核字(2017)第 308808 号

大学生社会实践导论

刘　煜　主编

责任编辑	徐　霞
责任校对	王安安　杨利军
封面设计	续设计
出版发行	浙江大学出版社
	（杭州市天目山路 148 号　邮政编码 310007）
	（网址:http://www.zjupress.com）
排　　版	杭州中大图文设计有限公司
印　　刷	嘉兴华源印刷厂
开　　本	787mm×1092mm　1/16
印　　张	15.25
字　　数	381 千
版 印 次	2017 年 12 月第 1 版　2020 年 12 月第 3 次印刷
书　　号	ISBN 978-7-308-17690-3
定　　价	38.00 元

前　　言

　　大学生社会实践作为实践育人的主要形式,是大学生思想政治教育的重要环节,对于促进大学生了解社会、了解国情,增长才干、奉献社会,锻炼毅力、培养品格,增强社会责任感具有不可替代的作用。大学生社会实践经过 20 多年的发展,已是高校人才培养的有机组成部分,历来受到党和政府的高度重视。2004 年 8 月,中共中央、国务院下发了《关于进一步加强和改进大学生思想政治教育的意见》,明确要求把加强大学生社会实践作为新时期改进和加强大学生思想政治教育的四项重点工作之一。2005 年 2 月,中宣部、中央文明办、教育部和共青团中央联合下发了《关于进一步加强和改进大学生社会实践的意见》,就大学生社会实践工作的意义、原则、形式、内容、机制、保障等一系列重要问题做出了详细论述,提出了明确要求。2012 年,教育部等部门出台《关于进一步加强高校实践育人工作的若干意见》,对加强高校实践育人工作进行了全面规划和系统部署,强调全面加强大学生社会实践,要将提高大学生综合素质和实践能力作为高等学校人才培养工作的重要组成部分和永恒主题。以此为背景,人们对大学生社会实践的教材建设和课堂教学改革提出了更高的要求。

　　纵观我国大学生社会实践教材建设的历程,不难发现,过去高校社会实践教材建设严重滞后,各高校不太重视大学生社会实践教材建设。目前与大学生社会实践相关的几本教材,其结构体系大多以知识传授为主,缺乏相应的实践能力培养与训练。在教材中,既没有具体的实践能力训练的内容与措施,也缺乏明确而具体的目标要求;特别是忽视实践育人这一人才培养的目标定位,即通过社会实践来培养学生的思想道德素质,完善学生的人格,锻炼学生的意志,引导学生践行社会主义核心价值观的育人目标。这无疑是造成我国高校社会实践教学有效性不高的重要原因。因此,传统的以知识传授为主的社会实践课程教学很难适应我国当前高校人才培养改革与发展的需要。同时,从现有的社会实践教材来看,不同程度地存在着忽视理论与实践的有机结合、理论思辨成分较多、实践操作成分较少,从而在实践教学中容易出现学生兴趣低、教学有效性不高、对实践的指导作用不强等现象。所有这些问题都在不同程度上影响了当前社会实践课程的教学质量和实践育人的效果。

针对这些问题，多年来，我们一直致力于社会实践课程教材建设、教学改革和师资队伍建设。自2000年至今，我们围绕社会实践课程教材建设与教学改革这一主题，开展多项课题研究，并取得了一定的成绩。在具体的实践教学方面，学校把社会实践纳入教学的总体安排和课程管理，规定相应的学时和学分。教师注意把课堂教学与课外实践相结合、校内实践与校外实践相结合、集中实践与分散实践相结合，实现了课堂理论教学向社会实践的延伸和拓展，让学生在接触社会、了解社会的过程中，加深对理论知识的理解，提高了学生运用理论分析问题、解决问题的能力。同时，注意遵循大学生成长成才的规律，以了解社会、服务社会、奉献社会为主要内容，以形式多样的活动为载体，以建立长效机制为保障，引导大学生走出校门、深入基层、深入群众、深入实际，开展专业实习、科技创新、军政训练、社会调查、生产劳动、志愿服务、社团活动、科技发明和勤工助学等各种形式的社会实践活动，让学生在社会实践中受教育、长才干、做贡献，树立正确的世界观、人生观和价值观，努力成长为中国特色社会主义事业的合格建设者和可靠接班人。

《大学生社会实践导论》的内容涉及社会实践活动的各个方面，概括起来主要有大学生社会实践概述、大学生社会实践的内容、大学生社会实践的计划、大学生社会实践的实施、大学生社会实践的指导与评价、大学生社会实践的方法、大学生社会实践中的社交礼仪、大学生社会实践中的心理问题与管理、大学生社会实践中的法律权益保障、大学生社会实践常用文体的写作、大学生社会实践面临的困境与基本策略等几个方面。本书分别对上述内容做了系统的理论阐述，并在每章最后针对性地专列"材料阅读与思考"一节，以丰富本书的理论内涵和事实材料，供大家学习参考。作为当代大学生，应在深入学习相关理论的基础上，加强社会实践各方面的知识与能力的训练，为顺利开展社会实践活动、提高自己的实践能力、培养自己的综合素质打下坚实的基础。

本书具有较强的理论性、技术性、实践性和政策性。在编写时力求深入浅出、通俗易懂，加强其实用性，在阐述基础知识、基本原理的基础上，以应用为重点，做到理论联系实际，知行合一，深入浅出地列举了大量的实例，力求对大学生社会实践活动发挥引导作用。

本书在编写过程中，引用和借鉴了国内不少有代表性的社会实践方面的著作与教材的观点和材料，以及许多思想政治理论研究者的研究成果和教学实际工作者的实践事例。正是这些理论成果和教学事例，增添了本书的理论内涵和实践特性。在此，谨向他们表示最诚挚的感谢。

本书由刘煜任主编，各章编者如下：第一章，刘煜；第二章，姜华帅；第三章，姜华帅；第四章，随付国；第五章，刘煜、姚会彦；第六章，刘煜；第七章，王翠翠、梁新巍；第八章，丁芳盛；第九章，朱晓武、姜华帅、刘煜；第十章，刘煜；第十一章，梁新巍、刘煜。

本书是浙江省2016年度高等教育课堂教学改革项目"高校思想政治理论课实践育人模式的探索与实践"的研究成果，也是浙江海洋大学东海科学技术学院社科重点建设教材的研究成果。本书在写作过程中得到了浙江海洋大学党委副书记虞聪达教授,浙江海洋大学东海科学技术学院院长王世来教授、党委书记刘逸君、党委副书记闫海强、副院长张玉莲、副院长孙瑜、副院长姚会彦、纪委书记夏志芳、教学科研部部长文接力、团委书记蔡阿雄,辅导员袁铁武、巢虹玉、沈俊、沈榆以及方志华、张伟、张发平等老师的大力支持和帮助。在此,本书全体编写者向他们表示衷心的感谢。

感谢浙江大学出版社对我们的大力支持,感谢马海域、徐霞编辑为拙作出版所付出的辛勤劳动。

由于我们的水平有限,难免存在不足之处,诚望广大读者批评指正。

刘煜

2017 年 8 月

目　录

第一章　大学生社会实践概述 ·· 1

　　第一节　大学生社会实践的含义与特点 ·························· 1

　　第二节　大学生社会实践的原则 ································· 8

　　第三节　大学生社会实践的功能与意义 ·························· 13

　　第四节　材料阅读与思考 ······································ 19

第二章　大学生社会实践的内容 ·· 25

　　第一节　大学生学术研究活动 ································· 25

　　第二节　大学生社团活动 ······································ 31

　　第三节　大学生志愿服务活动 ································· 37

　　第四节　材料阅读与思考 ······································ 42

第三章　大学生社会实践的计划 ·· 47

　　第一节　大学生社会实践计划的制订 ·························· 47

　　第二节　大学生社会实践活动的设计 ·························· 56

　　第三节　材料阅读与思考 ······································ 63

第四章　大学生社会实践的实施 ·· 70

　　第一节　大学生社会实践实施概述 ···························· 70

　　第二节　大学生社会实践实施的基本环节与基本要求 ··········· 78

　　第三节　大学生社会实践实施中突发事件的处置 ··············· 81

　　第四节　材料阅读与思考 ······································ 86

第五章　大学生社会实践的指导与评价 ···································· 91

　　第一节　大学生社会实践的指导 ······························· 91

第二节　大学生社会实践的评价 ·· 97
第三节　材料阅读与思考 ··· 105

第六章　大学生社会实践的方法 ··· 110
第一节　大学生社会实践中的定性研究方法 ······························ 110
第二节　大学生社会实践中的定量研究方法 ······························ 117
第三节　材料阅读与思考 ··· 123

第七章　大学生社会实践中的社交礼仪 ····································· 128
第一节　大学生社会实践中社交礼仪概述 ·································· 128
第二节　大学生社会实践中社交礼仪的基本原则 ······················ 136
第三节　大学生社会实践中社交礼仪存在的问题与对策 ············· 141
第四节　材料阅读与思考 ··· 146

第八章　大学生社会实践中的心理问题与管理 ························· 150
第一节　大学生社会实践中的心理问题 ···································· 150
第二节　大学生社会实践中心理问题的管理策略 ······················ 162
第三节　材料阅读与思考 ··· 166

第九章　大学生社会实践中的法律权益保障 ···························· 172
第一节　大学生社会实践中的法律权益纠纷 ····························· 172
第二节　大学生社会实践中的法律救济 ···································· 179
第三节　材料阅读与思考 ··· 185

第十章　大学生社会实践常用文体的写作 ································ 190
第一节　大学生社会实践论文的撰写 ·· 190
第二节　大学生社会实践调查报告的撰写 ·································· 197
第三节　大学生社会实践新闻的撰写 ·· 202
第四节　材料阅读与思考 ··· 209

第十一章　大学生社会实践面临的困境与基本策略 ·················· 216
第一节　大学生社会实践面临的困境 ·· 216
第二节　大学生社会实践的基本策略 ·· 224
第三节　材料阅读与思考 ··· 232

第一章
大学生社会实践概述

学习目标

- 掌握社会实践的含义和特点。
- 理解社会实践的原则。
- 掌握社会实践的意义和功能。

　　教育与生产劳动相结合是党的教育方针的重要内容,理论教育和实践教育相结合是大学生思想政治教育的根本原则。大学生参加社会实践,能够了解社会、认识国情、增长才干、奉献社会、锻炼毅力、培养品格,对于加深对马克思列宁主义、毛泽东思想、邓小平理论、"三个代表"重要思想、科学发展观、习近平新时代中国特色社会主义思想的理解,深化对"四个全面"战略布局的认识,坚定在中国共产党领导下,走中国特色社会主义道路,实现中华民族伟大复兴的中国梦,增强历史使命感和社会责任感,具有不可替代的重要作用。

第一节　大学生社会实践的含义与特点

　　马克思曾经说过,"劳动是人的本质,劳动是人类对自然界的积极改造,是人类社会区别于自然界的标志","劳动创造了人本身","人类的特性恰恰就是自由自觉的活动"。这说明劳动是人的本质,自由自觉的活动是人的特性。人类能够通过劳动改变和创造世界;人类只有通过劳动才能使人自身得以不断进化,获得自身的全面发展。

一、实践的含义、特点和基本形式

(一)实践的含义

实践的含义多种多样,中外学者都从自己所处的历史条件对实践的含义进行了一些探索。战国荀况指出:"不闻不若闻之,闻之不若见之,见之不若知之,知之不若行之。"明代王廷相认为:"讲得一事,即行一事,行得一事,即知一事,所谓真知矣。徒讲而不行,则遇事终有眩惑。"鲁迅说过:"专读书也有弊病,所以必须和现实社会接触,使所读的书活起来。"俄国车尔尼雪夫斯基认为:"理论上一切争论而未决的问题,都完全由现实生活中的实践来解决。"德国诗人歌德说过:"一个人怎样才能认识自己呢? 绝不是通过思考,而是通过实践。"英国哲学家培根认为:"求知可以改进人性,而经验又可以改进知识本身……学问虽能指引方向,但往往流于浅泛,必须依靠经验才能扎下根基。"尽管中外学者对实践的内涵做了许多可贵的探索,但并没有揭示出实践的本质含义。

马克思主义哲学吸取了哲学史上关于实践概念的合理因素,正确阐明了实践的本质及其在认识世界和改造世界中的作用,创立了科学的实践观。实践是人类能动地改造世界的感性物质活动。实践是马克思主义的核心概念,人们的实践活动是以改造客观世界为目的、主体与客体之间通过一定的中介发生相互作用的过程。[①] 这表明,实践是主观见之于客观的活动,是社会性的活动,是历史性的活动,包含客观对于主观的必然及主观对于客观的必然。科学证明,人类历史同自然历史都是客观的过程。同样,构成人类历史的实践以及实践自身的历史发展也是一个客观的过程。在马克思那里主要强调人的社会实践,强调实践的社会性。恩格斯在自然哲学中揭示人的思想产生于劳动,即人的主观意识产生于人的实践行为,同时人的主观意识反作用于客观存在。

(二)实践的特点

实践具有自身的规定和特点,是同思维和认识相互区别的主体行为。实践是不能脱离思维和认识而独立存在的。实践需要思维和认识作基础,没有思维和认识就没有实践。实践、思维和认识是统一的整体。实践的特点主要有:

1.客观性

实践是客观的感性物质活动。实践的主体是有血有肉的客观的人;实践作用的对象是可感知的客观物质世界。实践的发展过程,虽然有人的意识参与,但却是意识指导下的现实的客观过程。实践的结果是外在于人的意识的客观效果。实践的客观性表明它与纯粹的思维活动、精神活动是不同的。只有坚持实践的客观性,才能从根本上与唯心主义实践观划清界限。实践是世界和万物的创造者,没有实践就没有我们生活在其中的现实世界,就没有实

---

① 本书编写组.马克思主义基本原理概论(2015修订版)[M].北京:高等教育出版社,2015.

践创造的城市、农村、山川、田野和万物,就没有在实践中得到生存和发展的主体。实践不仅创造出新的客体,而且创造出新的主体。

2.自觉能动性

自觉能动性,又称主观能动性,是指认识世界和改造世界的有目的、有计划、积极主动的活动能力。意识存在于我们的头脑里,人们只能用语言表达它、用文字记录它,不能用它直接作用于客观事物。在实践中,意识总是指挥着人们使用一种物质的东西去作用于另一种物质的东西,从而引起物质具体形态的变化,这种力量就是人的主观能动性。实践是主体有意识、有目的的活动。人的实践活动不同于动物的活动。动物没有自己的主观世界,它们的活动是本能的活动,是无意识与无目的的活动。作为实践主体的人是有自己的主观世界的,人的实践都是在一定意识、目的指导下的活动。只有坚持实践的能动性,才能从根本上与旧唯物主义实践观划清界限。

3.社会历史性

人是社会的主体,个人的实践同社会有着密切的关系。实践是社会性的、历史性的活动。作为实践主体的人,是处于一定社会关系中的人,总是在一定的社会关系中进行实践活动。尽管实践可以表现为单个人的个体活动,但这种个体活动却总是与社会中的其他人的活动联系在一起的。比如,人借助于工具同自然界相接触,而工具是他人过去劳动的成果,人们在一定社会条件下进行的实践活动,都是受社会条件的限制,并且是随着社会条件的发展而发展的,决不会永远处于同一水平上,因此实践又具有历史性。只有坚持实践的社会历史性,才能既同唯心主义实践观划清界限,又同旧唯物主义实践观以及实用主义实践观区别开来。

实践的三个特点是密切联系在一起的。人们客观性的物质活动受着人的自觉能动性的支配,还受着一定社会历史条件的制约;反过来,人的自觉能动性的发挥和实现,依赖于人们客观性的物质活动和一定的社会历史条件。

(三)实践的基本形式

人们社会实践的内容是丰富多彩的,实践的形式是多种多样的。随着社会的发展,实践的内容和形式更加多样化。实践的基本形式主要有以下几种:

1.物质生产实践

物质生产实践是处理人与自然关系的活动,是最基本的实践活动。它是决定其他一切实践活动产生和发展的前提,主要包括生产、消费、流通、财政、金融、信托、保险、服务等活动。

2.处理社会关系的实践

处理社会关系的实践是以调整人与人之间社会关系为目的的活动,是为了配合物质生产实践所进行的活动。它主要包括政治、军事、教育、科学技术、文化、卫生、体育、司法、社会治安、社会管理、社会交往、劳动就业与社会保障、公共服务等活动。

3.科学实验

科学实验（scientific experiment）是人们为实现预定目的，在人工控制条件下，通过干预和控制科研对象而观察与探索科研对象有关规律和机制的一种研究方法。它是人类获得知识、检验知识的一种实践形式。科学实验是从物质生产实践中分化出来的尝试性、探索性的实践活动。随着社会实践的发展，科学实验的作用越来越大。

二、大学生社会实践的含义、类型和特点

（一）大学生社会实践的含义

大学生社会实践活动是高校按照高等学校人才培养目标的要求，有计划、有目的、有组织地深入社会，积极参与社会政治、经济和文化生活，以了解社会，增长知识技能，培养正确的世界观，人生观和价值观的实践活动过程。大学生社会实践活动作为我国高等教育的一项重要的教育形式，是新形势下高校思想政治教育的延伸，是培养具有创新精神和实践能力人才的重要途径之一。"大学生社会实践是人类实践整体的一个子系统，属于实践范畴"，[①] 大学生社会实践活动有广义和狭义之分。广义的大学生社会实践活动是相对于理论学习以外的各种实践环节，既包括与生产劳动相结合的实践活动，又包括与课堂教学相结合的实践活动，例如生产实习、毕业实习等。狭义的大学生社会实践活动是指教学计划以外的，与课堂教学相结合的各种实践活动，例如社会调查、社会服务等。本书主要研究狭义的大学生社会实践活动。

大学生社会实践的含义主要表现在两个方面：①大学生社会实践是一种教育活动。人类实践活动的形式是多种多样的，教育活动只是其中的一种形式，大学生社会实践作为高等教育的一个重要组成部分，立足于实现高等教育的人才培养目标，力求做到学校教育和社会教育相结合、理论与实践相结合，使大学生在实践锻炼中受到教育，从而促进大学生身心的全面发展。②大学生社会实践是一项实践活动。大学生社会实践是以学生为主体、以学校为载体、以社会为舞台的一项实践活动，是在社会主义市场经济建设与高等教育事业相协调发展的客观要求的基础上发展起来的，需要社会各界的高度重视和共同参与，才能保证大学生社会实践活动的顺利进行。

根据大学生社会实践的含义，可以看出，大学生社会实践活动应当包括两个过程：①实践活动的过程，即大学生积极参与社会实践，向社会学习的过程，同时也是大学生初步尝试社会角色转换的过程。②社会化的过程，即大学生在社会实践活动过程中对社会施加影响的过程，同时也是大学生角色社会化的过程。这里要强调的是，在大学生社会实践的过程中，大学生实现了个体角色向社会角色的转化，使自我价值和社会价值得到体现和升华。大学生社会实践的这两个过程应该是相辅相成、相互促进的。

---

①　邱伟光.大学生社会实践新论［M］.上海：同济大学出版社，1994.

(二)大学生社会实践的类型

大学生社会实践经过不断的完善和发展,已经形成了自己独特的实践类型,为了更准确地了解大学生社会实践的发展,不能忽视对社会实践类型的研究。当前,大学生社会实践主要有以下三种类型:

1. 学术实践

学术实践是指在专业知识的指导下,有计划地组织大学生参与社会活动或是大学生自发在社会中运用专业知识了解、认识并服务于社会的一切操作性的活动与行动,旨在培养和锻炼大学生的综合能力,提高其综合素质,增强其社会责任感。[①] 以"挑战杯"全国大学生课外学术科技作品竞赛(以下简称"挑战杯"竞赛)为例,该竞赛是由共青团中央、中国科协、教育部和全国学联、地方省级人民政府共同主办,国内著名大学、新闻媒体联合发起的一项具有导向性、示范性和群众性的全国竞赛活动。自1989年首届竞赛举办以来,"挑战杯"竞赛始终坚持"崇尚科学、追求真知、勤奋学习、锐意创新、迎接挑战"的宗旨,在促进青年创新人才成长、深化高校素质教育、推动经济社会发展等方面发挥了积极作用,被誉为当代大学生科技创新的"奥林匹克"盛会。"挑战杯"竞赛每两年举办一届,截至2017年7月已举办15届。"挑战杯"竞赛的主要作用是:①吸引大学生共同参与。"挑战杯"竞赛在高校学生中的影响力和号召力显著增强。从最初的19所高校发起,发展到1000多所高校参与,现在越来越多的高校学生积极参与"挑战杯"竞赛。②促进优秀人才脱颖而出。"挑战杯"竞赛获奖者中已经产生了2位长江学者、6位国家重点实验室负责人、20多位教授和博士生导师,70%的学生获奖后继续攻读更高层次的学历,其中近30%的学生出国深造。"挑战杯"竞赛已经成为大学生成长成才的摇篮。③引导高校从象牙塔走向社会。成果展示、技术转让、科技创业,让"挑战杯"竞赛从象牙塔走向社会,推动了高校科技成果向现实生产力的转化,为经济社会发展做出了积极贡献。"挑战杯"竞赛已经成为高校学生参与中国特色社会主义现代化建设的重要渠道。④促使高校创新教育的改革。"挑战杯"竞赛已经形成了国家、省、高校三级赛制,广大高校以"挑战杯"竞赛为龙头,不断丰富活动内容、拓展工作载体,把创新教育纳入教育规划,使"挑战杯"竞赛成为大学生参与科技创新活动的重要平台。⑤促进高校学生之间的情感交流。众多高校学生积极参与竞赛,派出代表团参加、观摩和展示,使"挑战杯"竞赛成为大学生展示创新风采的舞台,增进彼此了解、加深相互情感的重要途径。

2. 社团活动

社团活动是学生为了实现会员的共同意愿和满足个人兴趣爱好需求,自愿组成的、按照其章程开展活动的群众性学生组织。学生社团活动以保证完成学生的学习任务和不影响学校正常教学秩序为前提,以有益于学生的健康成长和有利于学校各项工作的进行为原则。学生社团活动型社会实践的目的是活跃学校的学习氛围,提高学生自己管理自己的能力,丰富学生的课余生活。学生社团可以根据学校的不同情况、利用学生的课余时间开展各种形

---

① 冯艾,范冰.大学生社会实践导读[M].北京:社会科学文献出版社,2005.

式的社团活动,以交流思想,切磋技艺,互相启迪,增进友谊。学生社团不仅要给大学生一个锻炼的机会,而且要走向社会,让社会了解它们,建立沟通联络的渠道,为高校学习、生活和工作服务。

随着我国高等教育体制改革的不断深化,学生社团活动作为拓展素质教育的有效平台,以其自发性、灵活性和多样性的特点,迎合了大学生"重个性张扬、注个人发展"的取向。当前,传统意义上的以班级为概念的学生社团正在逐步淡化,取而代之的是立足于共同追求和共同兴趣爱好的新型学生社团,在促进大学生综合素质的提高、增强大学生的创造能力以及重视大学生心理素质培养等方面都起到了重要作用。如今,高校学生社团已成为校园里的一道独特风景线。以浙江某高校为例,学校现有学生社团 173 个。学生社团在自我管理、自我服务和自我教育的过程中不断成长,注重理论联系实际,让学生通过参加各种社团活动来消化课堂所学知识,成为大学生思想政治教育行之有效的渠道。

3. 志愿服务

志愿服务是大学生参与社会实践的重要形式之一。志愿者是指在不为物质报酬的情况下,基于道义、信念、良知、同情心和责任,为改进社会而提供服务、贡献个人的时间及精力的人和人群。[①] 志愿服务是指由志愿者参与的社会性公益服务,是一种非政府系统的组织行为和服务行动,是民间系统服务于社会的群体行为或个人行为,即民间组织或个人利用自己的知识、技能、体能或财富,通过各种服务性的行动去实现和体现对社会事业的服务与奉献,或实施和完成对有困难的社会群体及个人的服务与保障。在志愿服务的过程中,志愿者以自己的行动接受了社会的评价与检验,并获得了对自我价值的认同与升华。志愿服务所体现的核心精神是人道主义。[②] 以浙江某高校为例,学校倡导"把志愿服务当作每个人的生活方式"的理念,深化了青年志愿者服务工作,引导学生开展社区服务、义务支教、社会帮扶、环境保护等社会所需的志愿服务活动。注重引导学生关注细节,关注身边需要关心的人和事,用爱心和行动反馈家乡和社会,志愿服务活动成效显著。例如,学校高度重视"两项计划"工作。2014 年共招募"西部计划"志愿者 7 名、"欠发达地区计划"志愿者 14 名,服务总人数在全省高校中名列前茅,校团委荣获浙江省"两项计划"优秀组织工作奖。目前全校共有注册志愿者 6600 余名、志愿服务基地 32 个,积极开展"3·5 中国青年志愿者服务日"活动和"12·5 国际志愿人员日"活动,2014 年共有 3500 多人次参加地方各层次、各类别的志愿服务活动。学校"走出寝室、走下网络、低碳毅行"活动成功被评选为 2014 年度浙江省青年环境友好使者行动品牌项目。又以浙江某独立学院为例,学院注重志愿者培训教育,积极开展优秀义工进校园宣讲活动,邀请省优秀志愿者分享志愿服务经验。依托服务基地,以项目化形式开展关爱老人、关爱青少年、参加交通协警等多项公共服务,其中义教场次 50 余次、关爱老人活动 20 余次、参加交通协警服务 50 余次,志愿者累计服务时数达 5000 小时。结合"3·5 中国青年志愿者服务日"、"12·5 国际志愿人员日"、世界地球日、国际盲人节等重大节日,学院集中开展"文明出行,我来服务"交通文明主题志愿服务活动;开展"五水共治"宣

① 冯艾,范冰.大学生社会实践导读[M].北京:社会科学文献出版社,2005.
② 张敏杰.中国弱势群体研究[M].长春:长春出版社,2003.

传、志愿日无偿献血、清除课桌文化等活动。学院的志愿服务活动得到多家媒体的宣传报道，产生了良好的社会影响。

(三)大学生社会实践的特点

1.实践性

哲学意义上的实践是指人类有意识、有目的、能动地改造现实世界的一切客观性物质活动。实践是认识的源泉，是认识发展的动力，是检验认识真理的唯一标准，是认识的最终目的。没有实践，思维的发展就失去了动力，就不会有创造性的思维。高校大学生社会实践正是借助实践对认识的决定性作用来实现其在人才培养中的重要作用的。大学生在社会实践中接触社会，通过亲身参与各种实践活动来了解社会，在实践中验证理论、运用理论、深化对理论的认识，增长才干，服务社会，在改造客观世界的同时又改造自己的主观世界，塑造大学生的人格，提高大学生的综合素质，培养大学生的创新能力，实现大学生的全面发展。大学生参加的专业实习、调查研究、勤工助学、社团活动、志愿者活动等都具有较强的实践性，能在实践中实现检验认识真理的目的，达到理论与实践的统一。

2.教育性

高校社会实践能够结合大学生的思想实际和客观要求，引导大学生践行社会主义核心价值观，即开展马克思主义指导思想、中国特色社会主义共同理想、以爱国主义为核心的民族精神和以改革创新为核心的时代精神、社会主义荣辱观教育，充分发挥社会主义核心价值观在大学生社会实践中的价值导向作用。在社会实践活动中，高校有目的、有组织、有计划地让大学生走出校园，深入社会，进行社会调查和社会服务等活动，实现社会生活、社会实践与思想政治教育工作的有机结合。这是新形势下加强大学生思想政治教育的有效途径，也是提高大学生思想政治素质和思想道德素质最直接、最生动的形式。当前，在全面建设小康社会、实现中华民族伟大复兴的中国梦的进程中，以社会主义核心价值观为指导，为防止当前拜金主义、形式主义、享乐主义、实用主义等思想对大学生的毒害，强化大学生社会实践的育人功能、自觉培育和践行社会主义核心价值观都具有重要的现实意义。

3.主体性

马克思主义认为，人的主体性是人作为主体在与客体相互作用中所展现出来的特殊的质的规定性，也就是人在实践过程中表现出来的能力、作用、地位，即人的自主性、主动性和能动性。人是世界的中心，人的这种地位决定了在人与万物的关系中人是作为主体而存在的。而哲学作为探寻人的存在根据的学问，自然要从人作为主体的性质出发，来认识人与世界的关系。所以，主体和主体性的问题是哲学研究的最核心的问题之一。大学生在社会实践中展现出来的主体性是指他通过社会实践活动展示自己的思想、行为，培养创新能力，满足自身成才和充分发展等方面的需要。从社会实践来讲，大学生是社会实践的主体，在社会实践中他们面对一个相对开放的环境和较少约束的世界，能够充分发挥其在社会实践过程中的主观能动性，最大限度地提高社会实践的效果。在社会实践中，大学生将运用所学的专业理论知识指导自己的实践，在解决现实生活中遇到的思想行为问题的过程中提高自己的思想政治素质和道德素质，这就充分发挥了大学生作为客体的主动性。与此同时，在社会实践中大学生积极宣传党的路线、方针、政策,学习和践行社会主义核心价值观,增强对中国特色社会主义的道路自信、理论自信、制度自信和文化自信,注重将主体与客体统一于自身的发展,实现了自我教育、自我管理、自我完善。

4.创造性

一般认为创造性是指个体产生新奇独特的、有社会价值的产品的能力或特性,故也称为创造力。新奇独特意味着能别出心裁地做出前人未曾做过的事,有社会价值意味着创造的结果或产品具有实用价值或学术价值、道德价值、审美价值等。创造性有两种表现形式:一是发明,二是发现。发明是制造新事物,例如瓦特发明蒸汽机、鲁班发明锯子等。发现是找出本来就存在但尚未被人了解的事物和规律,如门捷列夫发现元素周期律、马克思发现剩余价值规律等。创造性由创造性意识、创造性思维和创造性活动三部分组成。在创造性的组成部分中,创造性思维是其核心。创造性思维又包含聚合思维和发散思维,发散思维是创造性思维的核心,它与创造性思维关系最为密切。发散性思维表现在行为上,即代表个人的创造性。大学生参加社会实践活动,一般都处于半社会化的状态。他们所面对的是不断变化的新环境,由此必然会产生新的矛盾和问题。这些新的矛盾和问题完全靠书本知识或学校经验是不能够解决的。这就需要大学生将学校所学的专业理论知识运用于社会实践,充分发挥自己的主观能动性,创造性地提出解决矛盾和问题的新方法。因此,大学生在社会实践过程中锻炼了创造性思维方法,积累了丰富的社会经验,培养了自己的创新精神和创新能力,为今后走向社会、进行创造性的工作奠定了坚实的基础。

第二节　大学生社会实践的原则

大学生参加社会实践,既是提高人才培养质量、促进大学生健康成长的需要,也是提高大学生实践能力、社会适应能力、创业能力、创新能力的重要途径。大学生通过参加社会实践,有利于了解社会、认识国情、开阔视野、增长才干,同时养成理论联系实际的良好学风;有利于锻炼意志,陶冶情操,树立正确的世界观、人生观和价值观。要使大学生社会实践健康顺利地进行,就必须要了解大学生社会实践过程中应该遵循的基本原则。

一、大学生社会实践原则概述

大学生社会实践的原则是教师和学生进行社会实践活动必须遵循的基本准则和要求。它既是社会实践活动规律的体现,又是对社会实践活动经验的概括和总结,是制定社会实践活动计划、内容、方法和组织社会实践活动的依据。它受社会实践活动目的和学生身心发展规律的制约,体现了一定的民族和文化特点。正确理解和贯彻社会实践原则,是促成社会实践活动科学化、提高社会实践活动质量、实现社会实践活动目标的必要条件。社会实践原则是一个相对完整的体系,贯穿于整个社会实践活动的始终。社会实践原则不是凝固不变的,它将随着人们对社会实践活动过程规律认识的加深和社会实践活动的日益丰富而逐渐发展。

高等教育是一种社会活动,高等教育的途径包括课堂理论教育和社会实践教育。社会实践是促进大学生健康成才的必要途径。教育与生产劳动相结合,是由我国教育方针决定的。大学生综合素质的全面提高是不可能完全在课堂上就能实现的,还必须依靠社会实践。大学生素质教育的重点就是提高大学生的实践能力和创新精神。理论来自于实践,实践是检验理论的试金石。在教学中加强实验、实习、军训,就是为了培养和增强学生的实践能力。学生多参加一些社会实践活动,包括参观、访问、考察、志愿者活动等,可以锻炼自己的组织能力、活动能力、人际交往能力。但我国的教育长期存在着"重理论轻实践,重知识轻能力"的现象,导致我国高校大学生社会实践的效率不高,大学生普遍存在能力不强、活力不够等问题。要改变这一状况,就必须加强大学生社会实践的研究。由于大学生社会实践原则是教师和学生进行社会实践活动必须遵循的基本准则和要求,因此,加强大学生实践原则的探讨对提高大学生社会实践效率、锻炼大学生的社会实践活动能力具有重要作用。

大学生社会实践应该坚持育人为本,坚持理论联系实际,提高社会实践的针对性和实效性;坚持全员性、全程性,课内与课外相结合,校内与校外相结合,集中与分散相结合;坚持把思想教育贯穿于实践教学的全过程;坚持受教育、长才干、做贡献,推动大学生社会实践长期健康发展;坚持整合资源,调动校内外各方面积极性,努力形成全社会支持大学生社会实践的良好局面。这是大学生社会实践活动的总体要求。

二、大学生社会实践活动的原则

(一)实践育人原则

实践育人原则即大学生社会实践要以育人为目的。马克思主义认识论告诉我们,来自社会实践的教育,其深刻性、丰富性、持久性是理论教育所无法替代的。教育与生产劳动相结合是党的教育方针的重要内容,理论教育和实践教育相结合是大学生思想政治教育的根本原则。把社会实践活动作为思想政治教育的有效途径,让大学生在实践中学会做人、学会做事,促进大学生良好思想道德品质的形成,是高校全面实施素质教育的首要任务。大学生思想道德品质的形成,从根本上讲是人的思想道德意识与思想道德实践互动的过程,同时也是社会占主导地位的法律制度、道德规范为大学生所认同,并得以具体化、个性化的结果。

贯彻实践育人原则的具体要求如下:

(1)做好实践育人工作的总体规划。社会实践活动是实践育人的主要形式。学校要坚持把社会主义核心价值体系融入实践育人工作全过程,把实践育人工作摆在人才培养的重要位置,纳入学校教学计划,系统设计实践育人教育教学体系,规定相应的学时学分,合理增加社会实践课时,确保实践育人工作正常开展。

(2)广泛开展社会实践活动。社会调查、生产劳动、志愿服务、公益活动、科技发明和勤工助学等社会实践活动是实践育人的有效载体。学校要把组织开展社会实践活动与组织课堂教学摆在同等重要的位置,与专业学习、就业创业教育等结合起来,制订学生参加社会实践活动的年度计划,确保每一位大学生都有机会参加社会实践活动。一般来讲,每个本科生在校期间参加社会实践活动的时间累计应不少于 4 周,每个学生在大学期间至少要参加一次社会调查,撰写一篇调查报告。要倡导和支持学生参加生产劳动、志愿服务和公益活动,鼓励学生在完成学业的同时参加勤工助学,支持学生开展科技发明活动。要抓住重大活动、重大事件、重要节庆日等契机或者寒(暑)假,紧密围绕一个主题、集中一个时段,广泛开展特色鲜明的社会实践活动。

(3)将实践活动融入地方经济社会发展主战场。要选择充满教育意义的实践内容,避免形式主义,将实践活动融入经济建设和社会发展的主流,唱响时代强音,在弘扬社会正气、服务地方经济社会发展过程中使学生受教育。学校要依托理论教学设计社会实践内容。例如,针对大一学生所开设的"思想道德修养和法律基础"等课程,学校可以与地方建立红色实践教育基地,培养学生的社会责任感;针对大二学生所开设的"毛泽东思想与中国特色社会主义理论概论"等课程,学校可以要求学生走进基层进行社会调查,培养学生分析问题、解决问题的能力。

(4)充分发挥学生的主体性。学生是实践育人的对象,也是开展社会实践活动的主体。要充分发挥大学生在实践育人中的主体作用,建立和完善合理的考核激励机制,加大表彰力度,激发学生参与社会实践的自觉性、积极性与主动性。支持和引导学生班级、社团及学生会等学生组织自主开展社会实践活动,发挥学生组织在实践育人中的自我教育、自我管理、自我服务作用。

(5)充分发挥社会教育力量的重要作用。社会教育力量来自社会主义现代化建设事业的方方面面,包括社会成员、社会机构和社会新闻媒体等,这些力量可以在思想素质、知识技能、价值观念、行为规范等方面引导大学生成长。同时,这些力量以潜移默化的方式发挥影响,时时处处对大学生进行着感染、引导、激励和教育。社会教育力量的作用比灌输教育来得自然,不具有强制性,更加具有教育的辐射力和影响力,因此更易为大学生所接受。社会实践活动要避免"单打独斗"的模式,解放思想,构建新的运行机制,优化资源配置,充分发挥社会教育力量的作用,从而达到全员育人的目的。

(二)理论联系实际原则

根据辩证唯物主义认识论的观点,在教学中,学生掌握知识的过程,实质上是一种认识的过程,具有从"生动的直观到抽象的思维,并从抽象的思维到实践"的特点。而且,教学中学生的认识又是一种特殊的认识过程。它是学生在教师指导下,以掌握人类历史上积累起来的书本知识为主的认识过程。这就决定了理论联系实际应该成为教学的基本原则之一。毛泽东同志曾将知识分为两种,即书本知识和实践知识,只有书本知识而无实践知识不能算拥有完善的知识。某一学科的书本知识,是直接参与该学科实践的人们的实践经验的概括和总结,对于创立这一学科的人们来说,他们完成了从实践到理论的整合与统一,但对于学习这门知识的人来说,还只是间接地得到别人的经验。只是有了这种间接经验还不能说已经有了完全的知识,只有自己亲自到实践中去验证一番后,才能将书本知识变成属于自己的完全知识。大学生从小到大接触的大部分是书本知识,缺乏实践经验,从一定角度看,他们的知识是不完全的,且动手能力也较差。因此,大学生在社会实践活动过程中必须自觉坚持理论联系实际的原则,在理论与实践相结合的过程中,掌握知识,培养能力,提高思想道德素质。

贯彻理论联系实际原则的具体要求如下:

(1)要将学习理论看作基本前提。理论联系实际,前提是要有理论可以联系。如果没有掌握科学的理论立场、观点和方法,就不能算是理论联系实际。社会实践活动中贯彻理论联系实际原则,最主要的是要正确处理好书本知识和实践知识的关系,关键在于保证理论知识的主导作用;同时在理论知识指导下,使学生从事各种实践活动。教学的主要任务是传授和学习理论知识。基础理论知识反映了自然界、社会和人类思维发展的最普遍的规律,对社会实践具有广泛的适应性和指导作用。要在理论的指导下把教学和生活、间接经验和直接经验、观点和材料结合起来。结合理论知识的系统学习,让学生在中国特色社会主义建设的实际中,了解所学理论知识的实际意义,以便他们更好地掌握理论知识,提高运用知识解决实际问题的能力。

(2)创新社会实践活动的形式。社会实践活动中贯彻理论联系实际的原则,还要求创新社会实践活动的形式,使学生把知识运用于实践,如大学生参加的专业实习、生产劳动、调查研究、勤工助学、社团活动、志愿者活动等都是行之有效的社会实践活动形式。通过丰富多彩的社会实践活动,学生学会独立地、创造性地运用知识,掌握一些必要的学习和劳动的基本技能,在理论联系实际过程中发展学生的能力。

(3)加强对实践教学环节的指导。实践教学活动是加深学生对知识的理解、运用知识于实际和形成技能技巧的重要途径。在实践教学中,教师应根据实践教学内容的要求,加强对实践教学环节的指导。通过专业实习、生产劳动、科学实验、参观访问、志愿服务等社会实践活动的锻炼,提高学生的实践能力。同时,还可以组织学生参加一些必要的社会活动和生产劳动,使学生受到更多的实际锻炼,增加更多的直接经验,促进理论学习和知识运用的结合。

(三)科学性原则

科学性原则是指以先进的科学理论作为指导,运用合理的技术手段来进行社会实践活动应遵循的基本要求。这些都是由实践活动自身的客观性和规律性所决定的。在大学生社会实践活动中,应坚持从学校实际出发,结合大学生不同专业和年级特点,设计合理的社会实践活动方案,科学安排社会实践活动内容,精心组织大学生社会实践活动,制定科学合理的质量评价标准,构建有效的社会实践活动模式,有针对性地开展社会实践活动。

贯彻科学性原则的具体要求如下:

(1)社会实践活动要符合大学生的身心发展特点。高校要根据大学生成长成才的特点和规律来开展社会实践活动。低年级学生的社会实践活动重在认识社会、了解国情,增强建设祖国、振兴中华的使命感;高年级学生的社会实践活动则重在发挥专业技能优势,为社会经济发展贡献力量,在社会实践中受教育、长见识、增才干。同时,针对社会急需的或存在的热点、难点问题,鼓励学生主动寻找适合自己身心发展特点的社会实践方式,积极探索与专业学习、服务社会、勤工助学、择业就业、创新创业相结合的社会实践活动。

(2)制定科学合理的质量评价标准。社会实践的效果评价是社会实践活动的重要环节。评价是否科学,能否为实践活动提供有益的建议和帮助,关键在于是否有一个科学的质量评价标准。当前,各高校在开展社会实践活动质量评价中往往把工作重点放在寒(暑)假社会实践或者各院(系)的社会实践小分队上,而对学生个人自主性的社会实践活动质量评价缺乏具体指导和有效措施,无法用客观科学的评价标准进行考核。只是通过文件通知,层层传达给院(系)团总支、团支部,对学生怎样参与、社会实践的效果如何,简单采用定性评价方法,或者凭借一份社会实践调研报告来判定考核等级。实践的时间、质量和效果无从考证,存在弄虚作假、敷衍了事、抄袭拼凑等弊端。取得好成绩的社会实践报告未必真实,而真正有价值、有创新的实践报告却未必得到重视和肯定。这种缺乏科学性、规范性和可操作性的社会实践评价标准严重挫伤了学生参与社会实践的积极性与主动性。

(3)构建有效的社会实践活动模式。要提高大学生社会实践活动的质量,还必须构建行之有效的大学生社会实践活动模式。目前已经采用的模式有:主题社会调查模式、生产劳动模式、公益活动模式、勤工助学模式、参观访问模式、军政训练模式、模拟实践(实验)模式、义务支教模式、以科学研究和技术发明为导向的专业渗透模式、以就业创业为导向的职业训练模式等。每一种模式都包含若干具体内容和具体方式。需要强调的是,每一种实践模式的运用,每一次实践活动的设计和实施,都必须围绕社会实践的主题,明确社会实践教学的目标,遵循社会实践教学的要求,以提高社会实践活动的质量和效果。

(四)专业性原则

大学生社会实践的专业性原则是指在社会实践过程中,让学生立足专业优势,紧扣教学科研,将专业知识落到实处,在实践中成长成才,实现课堂教学与生产实践的有效结合。近年来,团中央和其他有关部门先后发起了以"全国大中专大学生志愿者暑期文化科技卫生'三下乡'社会实践活动"、"大学生志愿者文体、科技、法律、卫生'四进社区'活动"等为主要模式,以理论宣讲、志愿服务、科技支农、社区共建、企业挂职、医疗服务、环境保护、支教扫盲等为主要内容的社会实践活动。这些社会实践活动都体现了社会实践的专业性原则要求。高校学生积极响应团中央号召,纷纷参与,分赴全国三十余个省份、百余个地区开展社会实践活动。在社会实践中真正将专业知识落到实处,实现在实践中成长成才的目标。以浙江某高校为例,2000年至今,学校围绕环境保护、服务社会主义新农村建设、践行社会主义荣辱观等主题,深入农村基层、革命老区、企业和学校,开展形势政策宣讲、科技支农、文艺演出、法律援助、医疗咨询、义务支教等活动,这些都极大地丰富了新时期大学生社会实践的内容。高校要与时俱进,强化资源意识,不断拓宽实践内容的设置领域,重视与社会资源的优势互补,注重与大学生的专业特点紧密结合,学以致用,提高社会实践的实效性。

贯彻专业性原则的具体要求如下:

(1)组织学生积极开展专业性社会实践活动。紧密结合专业特点,积极组织、引导学生广泛、深入地开展专业性社会实践活动。要在深入推进专业实践活动过程中,不断细化专业社会实践目标、落实专业性社会实践计划、建设专业性社会实践基地、扩大专业性社会实践形式、完善专业性社会实践考核,积极发挥社会实践对第一课堂的拓展功能,力争使每名学生都参与一项专业实践活动,记录实践过程,总结实践收获。例如,高校可以组织学生积极参加"挑战杯"全国大学生课外学术科技作品竞赛,引导大学生在社会实践中参与技术改造、工艺革新、技术传播,为经济社会发展献技出力,不断提高大学生的科学素养,培养良好的学术道德，弘扬求真务实、开拓创新的科学精神。引导广大青年学生特别是高年级学生赴实践基地见习实习、挂职锻炼，丰富职业经历，增加就业竞争力。组织学生积极开展科技、文化、卫生"三下乡"，充分利用所学知识，开展法律咨询、支教扫盲、环境保护等科技、文化、卫生服务等活动，为社会主义新农村建设做贡献。

（2）加强专业性社会实践基地建设。高校要根据学科专业特色进行专业性社会实践基地建设。学生通过专业知识的运用与实践，既加深了对专业的理解与认知，使学习更有针对性，又在实践中增强了学习效果，提高了社会实践能力。以浙江某高校为例，2014年10月，为了提高护理学专业人才培养质量，积极开拓校外专业实习基地，学校与某医科大学附属第二医院洽谈共建护理学专业实习基地有关事宜，并举行了护理学专业实习基地签约仪式。该医科大学附属第二医院为省属三级甲类医院，现有53个病区、44个临床科室、100多个专科门诊、2000多张床位，拥有3个研究所、18个研究室和8个医学院级以上医疗中心，以及2个浙江省高校重点扶植学科（儿科学和麻醉学）。同时，该医科大学第二临床医学院，承担临床教学任务，每年接收来自全国各地高等医学院校的本、专科实习人员。学校通过专业实习基地的建设，加强了双方的合作与联系，实现了资源共享，为学生提供更好的专业实践平台，为提升学校人才培养质量、提高办学水平发挥了更大作用。

（3）构建专业性社会实践工作机制。在专业性社会实践活动中，高校要根据人才培养目标的要求，引导学生参与专业性社会实践活动，提高学生的专业实践能力，使学生在真实的职业环境中培养自己的创新精神和实践能力，提升学校的人才培养质量。同时，注意构建专业主任负责，辅导员、专业教师、企业教师具体落实的"三师并行"的社会实践育人工作机制，突出"工学交替，工学结合"的理念，在大学生思想政治教育、职业素质养成及行为规范管理等方面实现校企双方合作共赢，让学生将所学的知识在实践中得到检验，使学生真正做到知行统一。

第三节　大学生社会实践的功能与意义

大学生社会实践活动是课堂教学的延伸，是培养学生合作精神、社会责任感、社会适应力的一项重要举措。学校通过指导教师的精心组织、充分准备及系统训练，让大学生积极参与各种各样的社会实践活动，使大学生认识社会、了解国情、拓宽视野、丰富自我和改善知识，弥补学校理论教育的空缺与不足。因此，大学生社会实践活动对大学生个人身心健康发展具有重要作用。

一、大学生社会实践的功能

大学生社会实践的功能是社会实践系统内部诸要素之间以及系统与环境之间相互作用时所产生的结果。社会实践系统内部诸要素包括社会实践的主体、社会实践的客体、社会实践的目的、社会实践的内容和社会实践的方法等。社会实践系统外部环境主要包括自然界、政治、经济、文化等要素。目前，在全面深化改革和全面建设小康社会的历史进程中,高校加强对大学生社会实践活动的管理和引导,对和谐社会的构建和学生的全面发展都具有重要的功能。

(一)全面发展功能

古希腊哲学家亚里士多德主张"和谐教育"。瑞士教育家裴斯泰洛齐倡导教育应以善良意志、理性、自由及人的一切潜在能力的和谐发展为宗旨。捷克教育家夸美纽斯在其名著《大教学论》一书中,提出了泛智教育的理想,希望所有的人都受到完善的教育,使之得到多方面的发展,成为和谐发展的人。法国启蒙思想家卢梭是自然主义教育思想的代表,他认为教育的目的和本质,就是促进人的自然天性,即自由、理性和善良的全面发展。

马克思从分析现实的人和现实的生产关系入手,指出了人的全面发展的条件、手段和途径。所谓人的全面发展,就个人而言,是指由自然和社会长期发展而赋予每个人的一切潜能的最充分、最自由、最全面的调动。[①] 即指人的体力和智力的充分、自由、和谐的发展。毛泽东在1957年提出"我们的教育方针,应该是使受教育者在德育、智育、体育几方面都得到发展,成为有社会主义觉悟的有文化的劳动者"的重要论断,奠定了我国教育几十年发展的历史基调。2001年7月江泽民同志《在庆祝中国共产党成立八十周年大会上的讲话》,辩证地提出了人的全面发展与社会的全面发展统一于人民根本利益的重要思想,不仅从理论上复归"人的全面发展"学说的本来面貌,而且根据建设中国特色社会主义的实践,丰富和发展了马克思主义,为我们正确把握和全面落实党的教育方针,推进人的全面发展奠定了思想和理论基础。2010年7月胡锦涛同志在全国教育工作会议上的讲话强调,推动教育事业科学发展,必须坚持以人为本。坚持以人为本、全面实施素质教育是教育改革和发展的战略主题,是贯彻党的教育方针的时代要求,核心是解决好培养什么人、怎样培养人的重大问题,重点是面向全体学生、促进学生全面发展,着力提高学生服务国家服务人民的社会责任感、勇于探索的创新精神、善于解决问题的实践能力。2016年12月习近平总书记在全国高校思想政治工作会议上强调,高校要坚持把立德树人作为中心环节,把思想政治工作贯穿教育教学全过程,实现全程育人、全方位育人,努力开创我国高等教育事业发展新局面。高校要努力培养德智体美全面发展的社会主义事业建设者和接班人。因此,我们认为,"人的全面发展"就是人的各种最基本或最基础的素质必须得到完整的发展。人的全面发展最根本是指人的劳动能力的全面发展,即人的智力和体力的充分、统一的发展,同时也包括人的才能、志趣和道德品质等多方面发展。通常所说的"人的全面发展",是把人的基本素质分解为诸多要素,即培养受教育者在德、智、体、美等方面获得全面发展。

大学生社会实践符合马克思主义实践观和青年观,符合人的全面发展理论。它遵循了教育规律和人才成长规律,是青年人成长成才的重要环节。马克思主义实践观认为,实践是人类存在和发展的根本方式,是人类实现自我教育的基本途径之一,知识只有应用于社会实践才能实现其最大的价值。社会实践是把理论知识转化为价值的必要载体,也是丰富知识

---

① 杨世传.人的全面发展与大学生社会实践活动[J].黑龙江高教研究,2004(10):153-155.

的必要环节。① 这就说明,人与社会的发展离不开实践,而大学生的全面发展也离不开社会实践,大学生只有在实践中才能实现全面发展。实现人的全面发展,是要在社会实践过程中得以实现和不断完善的。社会的发展会不断对人的全面发展提出新的目标和具体要求,而人的全面发展也会不断促进社会的新发展。社会实践活动相对于德育、智育、体育、美育等活动来讲,虽然它们有各自的目标和任务、内容和侧重点,并遵循不同的发展规律,但这并不意味着它们之间彼此独立,毫不相干。恰恰相反,作为学校教育活动的一个有机组成部分,社会实践活动与其他活动彼此联系、相互影响,共同作用于人的全面发展。社会实践活动在人的全面发展中,所要解决的首要问题是人的劳动能力的全面发展,即人的智力和体力的充分、统一的发展问题,同时,也包括人的才能、志趣、情感和道德品质等多方面发展问题。因此,社会实践能将社会的要求转化为学生个体的需要,转化为学生学习和行为的动机,形成学生发展的内部驱动力,为人的全面发展提供强大的内部驱动力。社会实践让大学生走出课堂,走向社会,激发他们的主体创造意识,让他们在实践活动中培养进取的精神和完善的人格,提高综合素质。通过社会实践活动,大学生获得了全面发展的机会,增强了他们的社会责任感和使命感。这不仅是时代发展的客观要求,而且也是新时期大学生成长成才的现实需要。

(二)个性发展功能

由于个性是一种较复杂的心理现象,又由于个性心理学作为一门学科历史还较短,因此到目前还没有一个统一的、为广大研究者共同接受的明确定义。目前,心理学界一般认为阿尔波特的个性定义比较全面地概括了个性研究的各个方面。"个性"内涵非常丰富,是人们的心理倾向、心理过程、心理特征以及心理状态等综合的心理结构。个性倾向性是指决定一个人的态度、行为和积极性的选择性的动力系统。个性倾向性决定着人对现实的态度,决定着人对认识活动对象的趋向和选择。个性倾向性主要包括需要、动机、兴趣、理想、信念和世界观。它较少受生理、遗传等先天因素的影响,主要是在后天的培养和社会化过程中形成的。个性倾向性中的各个成分并非孤立存在的,而是互相联系、互相影响和互相制约的。其中,需要又是个性倾向性乃至整个个性积极性的源泉,只有在需要的推动下,个性才能形成和发展。动机、兴趣和信念等都是需要的表现形式。而世界观居于最高指导地位,它指引和制约着人的思想倾向和整个心理面貌,是人的言行的总动力和总动机。由此可见,个性倾向性是以人的需要为基础、以世界观为指导的动力系统。人人都有个性,人人的个性都各不相同。正是这些具有千差万别个性的人,推动着历史的前进和时代的发展与变迁。

培养学生良好的个性,提升学生的人格,促进学生良好个性品质的形成与发展,一直是教育工作者不断努力追求的教育理想和目标。个性教育包含确立远大的人生理想,锻炼良好的社会适应能力,接触各种事物和现象,发现社会发展的主流,保持积极的生活态度等。这些内容都能在大学生社会实践活动中得到培养和发展。社会实践活动作为培养大学生适应社会能力的重要方法,能增强学生发现问题、研究问题与解决问题的能力,改进其脱离实

---

① 盛连喜.新时期大学生社会实践活动的认识与思考[J].科学社会主义,2007(1):101-104.

际的思维方式和行为。通过各种形式的社会实践活动,能使大学生进一步了解社会、增强社会责任感和社会适应力、提高综合素质和促进学生个性的发展。大学生社会实践活动为学生个性发展提供了一种强大的精神内驱力和实践动力,为学生主动接触社会提供了一个有效的平台。在社会实践活动过程中,大学生深入基层、深入生活,以一种开放的态度,主动关心社会、了解社会、服务社会,实现自身的价值。通过社会实践活动,学生能够提高自己的综合素质、实践能力,培养良好的个性特征,把握自己的优势与劣势,初步体验到个体社会化的过程,能够顺利地完成社会角色的转变。

(三)教育功能

大学生社会实践的教育功能是指通过社会实践活动对大学生的思想政治素质和道德素质的形成所起的作用。具体地分析,也就是在社会实践过程中,高校教育者应用一定的思想政治观点和道德规范,对大学生进行有组织、有目的、有计划的教育和影响,使他们通过积极参与社会实践活动,提高思想政治素质和道德素质。社会实践的教育功能是大学生社会实践的一根主线,始终贯穿于社会实践活动的全过程之中,发挥着导向、激励、凝聚等作用。社会实践的教育功能主要表现在以下几方面:①导向作用。高校通过社会实践活动使大学生受到深刻的教育,发挥着社会实践教育功能所具有的导向作用,这样自始至终把大学生社会实践活动引向高校教育者所要求的方向,并使社会实践活动产生教育者所期望的教育效果。大学生社会实践中的教育功能好比大海中的灯塔,始终指引着大学生朝着既定的方向前进,为其社会实践活动的顺利进行提供条件和保证,并指引着社会实践达到预期的目的和效果。尤其是在当前经济全球化、价值多元化的时代条件下,这一作用具有重要价值。②激励作用。激励是关于如何满足人的各种需要、调动人的积极性的原则和方法的概括总结。激励的目的在于激发人的正确行为动机,调动人的积极性和创造性,以充分发挥人的智力效应,取得激励者所期望的结果。大学生社会实践的教育功能所表现出来的激励作用主要表现在:一方面,这种激励作用能够调动大学生的潜在能力,为实现社会实践活动的目标而尽心尽力,从而使大学生在社会实践活动中创造出最佳成绩;另一方面,这种激励作用能够使大学生通过实现社会实践活动目标后所产生的成就感和满意感,激发他们为实现社会实践活动新目标而努力奋斗的内在动力。③凝聚作用。大学生社会实践的教育功能所表现出来的凝聚作用,是指通过社会实践活动的实施,能够将高校教师和大学生团结起来,齐心协力地为实现社会实践活动目标而采取一致的行动。高校社会实践的凝聚作用,是大学生社会实践活动成功开展和目标实现的重要保证,如果没有凝聚作用,社会实践活动将会是一盘散沙,其活动目标也不能得以实现,从而失去了社会实践活动所具有的教育功能的意义。

(四)社会化功能

社会化是人类特有的行为,人只有在社会中才能实现人的社会化。社会化就是由自然人到社会人的转变过程,每个人必须经过社会化才能使外在于自己的社会行为规范、准则内化为自己的行为标准。人的社会化是指人接受社会文化的过程,即指自然人(或生物人)成长为社会人的过程。从文化的角度来看,人的社会化是文化延续和传递的过程,个体社会化的实质是社会文化的内化。著名美国社会学家奥格本对社会现象中的文化因素进行了深入探讨,他认为人的社会化过程就是个人接受世代积累的文化遗产,保持社会文化的传递和社会生活的延续。这种观点反映了人的社会化在文化延续中的重要性。从社会的角度来看,人的社会化过程不仅仅是个体融入社会的过程,也是增进社会进步的过程,也就是说,在人的全面发展的同时也推进了社会结构的发展与完善,进而促进了社会的进步。美国社会学家帕森斯曾说,社会没有必要把人性陶冶得完全符合自己的要求,而只需使人们知道社会对不同角色的具体要求就可以了。他认为角色学习过程即社会化过程。在这个过程中,个人逐渐了解自己在群体或社会结构中的地位,领悟并遵从群体和社会对自己的角色期待,学会如何顺利地完成角色义务,其功能在于维持和发展社会结构。人的社会化过程有赖于个体与社会的相互作用,有赖于个人生理上的禀赋与社会环境的充分接触,有赖于个体主动参与的社会实践活动。如果一个人从小与社会生活隔离,脱离社会实践,即使他具有个体社会化的自然基础,具有健全的神经系统,也不能实现人的社会化。

对大学生而言,社会实践有利于推进大学生的社会化进程。大学生拥有良好的专业技术优势,但由于学校单纯的学术环境的限制,他们对社会的了解不够全面。社会实践活动能使他们清醒地看到自己的缺点和不足,从而重新调整自己、完善自己,实现理想与实际、理论与实践、自身与社会的统一,尽快成为一个具有独立个性的人。大学生能通过社会实践提高人际交往能力、独立生活能力和处理复杂问题的能力,以便做好从学习角色到工作角色的转变,实现大学生由自然人到社会人的转化。长期的校园生活使大学生对社会缺乏完整的、深刻的认识,比较容易形成认知的片面性和思维的局限性,常常用浪漫主义和理想主义的眼光看待社会和人生,使其社会化的进程受阻。通过社会实践,大学生可以提高对社会认知的正确度,让他们走出学校这个相对狭窄的空间,投入真实的生活和工作中,为他们将来的独立生活和发展做好准备,尽早实现从自然人(或生物人)向社会人的转化。

二、大学生社会实践的重要意义

大学生是国家宝贵的人才资源,是国家建设的有生力量。社会实践是大学生成长成才的重要途径。知识来源于实践,能力来源于实践,素质更需要在实践中养成。因此,社会实践是高校实践教学的重要组成部分,对于提高大学生思想政治素质、培养创新精神和实践能力,具有十分重要的意义。

(一)有利于大学生提高社会适应能力

大学生参加社会实践,既是提高人才培养质量,促进大学生健康成长的需要,也是保持经济社会持续稳定发展的需要,同时,也是提高大学生实践能力、社会适应能力、创业能力、创新能力的重要途径。大学生通过参加社会实践,有利于了解社会,认识国情,开阔视野,增长才干,养成理论联系实际的良好学风;有利于大学生锻炼意志,陶冶情操,树立正确的世界观、人生观和价值观。社会实践活动能够促使大学生正确认识自我,保持良好心态,提高社会适应能力,促进大学生社会化进程。通过社会实践,大学生掌握必要的进入社会角色的知识和技能,为大学生从学校走向社会打下必要而良好的基础,进而投身社会,服务人民,实现自己的人生价值。在社会实践活动中,大学生走进社会、了解社会,熟悉社情民情,在广阔的社会中去学习知识、锻炼技能,培养各种各样的能力,掌握各种社会规范,从而找到理想中的自我和现实中的自我的差距,进而正确地进行自我设计、自我改造、自我调整,以适应各种社会环境和社会关系的要求,不断发展自我、完善自我。在实践过程中经过观察、分析、思考等环节,让学生去辨别真与假、美与丑、善与恶、好与坏等社会现象,从而体会人生的真谛。

(二)有利于培养大学生的独立生活能力

独立生活能力是一个人过正常生活必须具备的最基本能力,它包括对艰苦环境的适应能力和面临挫折时摆脱困境的应变能力。独立生活能力关系到一个人一生的发展和成功,从对他人的依赖到独立生活,这是大学生人生发展的必然趋势和结果,也是健康、成熟的具体体现。一个人独立生活能力的强弱是其品德、智力、技能、体力、意志和吃苦耐劳精神等素质的综合反映。学生独立生活的能力越强,其社会化的能力就越强,这样的学生也就越容易融入社会生活。高校积极开展大学生社会实践活动是培养大学生独立生活能力的重要途径,也是培养和提升大学生综合素质的重要方式。大学生长期生活在校园环境中,较少接触社会生活,对社会生活既不了解也不熟悉,也缺乏相应的社会生活经历和独立生活能力。通过不同形式、内容的社会实践活动,大学生找到了自己的优缺点,就会发挥优点,改正缺点,在与他人的相处和比较中不断调整自己、提高自己、丰富自己。另外,通过社会实践活动,大学生走出课堂、走进社会,不仅巩固和掌握课堂所学知识,实现知识到能力的转化,而且通过知识的运用还提高了其独立分析问题、解决问题的能力。

(三)有利于促进大学生的社会交往能力

社会交往能力是指能觉察他人情绪意向,有效地理解他人和善于同他人交际的能力。社会交往能力强的人往往能成为成功的领导者、政治家、外交家、心理咨询人员、公关人员、推销员和行政工作人员等。从本质上来说,人是各种社会关系的总和。人从一生下来就既是一个生物的人,又是一个社会的人,他被包围在各种社会群体、媒介和关系之中,与多方面的接触者发生着联系,在不断的交往活动中吸收、形成着各种社会文化知识,发展着自己的能力、语言、情感、社会行为、道德规范、交往经验、人际关系和品性人格等。人的社会性、个性是在社会交往过程中形成的。只有在与人交往、相互作用的过程中,人才能逐步发展起其心理能力和社会交往能力。交往是人们社会生活的基本活动方式。大学生走出校园特定的环境,深入社会,深入基层,开展丰富多彩的社会实践活动,主动与不同职业、文化、观点的人群接触和交往,接触不同的社会层面,扩大交际范围,从而逐渐了解和掌握各种社会信息,拓宽社会视野,积累社会经验和生活阅历。大学生在社会实践活动中需要培养的社会交往能力主要包括:①人际交往能力。从学生的角度来讲,要有良好的人际关系就必须具备较强的人际交往能力。人际交往能力不是通过课堂教学就能完全掌握的,而是要在社会生活中,逐步学会与他人交往相处。在社会实践活动中,要提高大学生的人际交往能力,就要让大学生学会与他人沟通、相处和共事,学会正确评价他人,看到别人的优点,学会换位思考看待问题,在与他人交往中体验信任与尊重。②团队合作精神。高校社会实践往往具有团体性质,具有集体性、合作性、整体性的特点。社会实践就是让大学生从熟悉环境到陌生环境,让学生团体内的成员共同面对困难,在社会实践的特殊环境中,促使学生团体成员之间相互信任,同心协力共同想方法、定主意,完成预期的任务。在这种情况下,大学生必须正确处理个人与集体、个人与他人之间的关系,培养自己的团队合作精神。社会实践活动往往有共同的任务和目标、共同的进度和不同的分工,为了完成共同的任务和目标,学生之间需要互相关心、取长补短、同心协力,共同实现社会实践活动的目标。

第四节　材料阅读与思考

高校要积极指导学生积极参与社会实践,在认识和服务社会的同时,增强对国情的了解,找到自身的不足,达到熏陶思想感情、充实精神生活、提高道德境界、增长知识才干的目的。通过社会实践,促进专业知识与实践的结合,促进学生认识社会,从而为更好地适应社会、服务社会打好基础。阅读下面两篇短文,并从社会实践的角度,谈谈社会实践对大学生的全面发展有何作用?作为社会实践的参与者,你对大学生社会实践的功能有何新的认识和看法?你将为参与社会实践活动做怎样的准备?

阅读材料 1-1

青年毛泽东社会实践观的主要内容①

积极实践、勇于实践既是马克思主义的重要主张,也是青年毛泽东成长的突出特点。青年毛泽东不仅吸收了马克思主义实践观的精华,而且吸收了中国传统文化中知行思想的精髓,把践行放在人生重要的位置,无论是学习、生活还是事业,都强调不要空谈,讲求实际,顽强奋斗,以实现自我价值为人生快乐;强调人应该意识到自己在改造世界的过程中所承担的那份责任,要勇于改造客观世界和主观世界,勇于去认识客观事物和改变客观环境,并且把获得认识和改造世界的自由看作是人行动的最高境界。毛泽东在其青年时期进行了范围广泛、内容丰富的社会实践。其社会实践观,既包括学习实践观、生活实践观,又包括教育实践观和革命实践观。

一、学习实践观——读"有字之书"与读"无字之书"相结合

青年毛泽东既注重读"有字之书",又注重读"无字之书"。"有字之书"指书本知识,"无字之书"指社会实践。青年毛泽东一直把勤奋学习书本知识和积极躬行社会实践结合起来。青年毛泽东酷爱读书,广收博览,具有强烈的求知欲。他在东山高等小学堂求学期间就诚心

---

① 王竹苗,彭月英.青年毛泽东社会实践观的主要内容[J].湖南第一师范学院学报,2015(2):68-71.

为学,并持之以恒。在这里,他除了埋头阅读古代的文史以外,还喜欢读外国的历史和地理以及《世界英雄豪杰传》一类的书。此时,他还酷爱看报,尤喜提倡民主与进取精神的《新民丛报》和梁启超等人的文章。学堂有个藏书楼,毛泽东经常从那里借阅书籍,增长了不少知识。到长沙几经周折后,毛泽东进入了湖南全省高等中学校。但是,他不满刻板的校规和有限的课程,毅然退学,坚持自学。为此,他制订了一个自学计划,每天到定王台湖南省立图书馆去读书。在图书馆,他认真研读了俄、美、英、法等国的历史和地理,也阅读诗歌、小说和古希腊故事。凡是当时的译文名著,如达尔文的《物种起源》、亚当·斯密的《国富论》、赫胥黎的《天演论》、斯宾塞尔的《群学肄言》、孟德斯鸠的《论法的精神》、卢梭的《社会契约论》等这些西方资产阶级思想家的著作,毛泽东都读过。青年毛泽东不仅认真读"有字之书",而且始终坚持读"无字之书",积极躬行实践。他认为,"闭门求学,其学无用,欲从天下国家万事万物而学之,则汗漫九垓,遍游四宇尚已",并认为,单单读书并不能解决实际问题,应该面向社会,重视实践,要把求学和做事结合起来,"实意做事,真心求学"。1917年暑假,他与萧子升步行千里,到长沙、宁乡、安化、益阳、沅江地区做社会调查。这些实践的经历,不仅增长了青年毛泽东的见识,也增长了他的才干,还让他对社会有了更进一步的了解。这为他日后养成调查研究的作风,打下了良好的基础,积累了丰富的经验。大革命时期,在学习实践上,青年毛泽东在坚持读"有字之书"的同时,主要把精力放到了读"无字之书"上,通过走访、观察、座谈、体验等多种途径,深入开展调查研究,了解社会。毛泽东思想的萌芽、形成,都得益于把两种"读书"方式结合起来的学习实践。

二、生活实践观——强健体魄,勤俭独立,广交朋友

青年毛泽东的生活实践是其丰富的社会实践的一部分。他的生活实践,首先表现在他坚持不懈地锻炼身体、强健体魄上。青年毛泽东非常重视体育,认为它对于人生非常重要,"体育者,人类自养其生之道,使身体平均发达,而有规则次序之可言者也"。同时,他还认为身心要全面发展,主张学习颜习斋、李刚主的"文而兼武",而不应该像颜回、贾谊、王勃、卢照邻等空有德智而无强健的体魄。所以,他还认为体育是德育、智育的基础,"体育一道,配德育与智育,而德智皆寄于体,无体是无德智也"。青年毛泽东生活实践观的另一个表现就是勤俭独立。青年毛泽东提倡勤奋,反对懒惰,认为"人情多耽安佚而惮劳苦,懒惰为万恶之渊薮"。他认为要受得了贫困,吃得了苦,才能够任事,成就大业,"惟安贫者能成事,故曰咬得菜根,百事可做"。青年毛泽东在湖南省立第一师范学校读书时的生活很俭朴,他后来回忆说:"在师范学校读书的几年,我一共用了一百六十元——连所有学费在内!"而在这个很少的数目里,还有三分之一是用在买报刊和书籍上的。他还提倡积极向上,反对消极堕落,认为"少年须有朝气,否则暮气中之。暮气之来,乘疏懒之隙也",强调要树立远大目标,并与朋友约定"三不谈",即不谈金钱、不谈男女问题、不谈家庭琐事。青年毛泽东的生活实践还体现在广交朋友上。为了团结一批志同道合的青年,毛泽东注意广交朋友。他通过各种可行的方式,如积极参加各种社会活动、领导校友会、创办工人夜学、组织领导新民学会等,和校内外同学普遍交往,与社会各界人士广泛接触,寻找志同道合的朋友和同志。

三、教育实践观——改革教育,贴近工农

青年毛泽东从来就不是一个墨守成规者,而是一个批判者和改革者,他从不迁就呆板的教育模式。青年毛泽东到长沙求学后，先后报考了警察学堂、肥皂制造学校、法政学堂、商业学堂、公立高级商业学校，却都不满意。最后他以第一名的成绩考入湖南全省高等中学校。毛泽东在这所学校里只读了半年书，因为他对这所学校的教育模式很不满意，认为校规刻板、课程有限。为此，毛泽东毅然选择了退学而去定王台湖南省立图书馆自学。后来因为生计的原因，最后选择进了不收学费、膳宿费也很低的湖南省立第一师范学校。青年毛泽东一贯主张教育要面向工农，服务工农。从另一角度说，他认为，当时学校过于注重学生的课堂学习，而忽视了学生社会实践能力的培养，而通过平民教育有助于改造学校与社会隔绝的局面，有助于与工农的联系。为此，他除了平时经常与工农接触外，还坚持主办已难以为继的工人夜学，并亲自为工人授课。1921 年 8 月，毛泽东与何叔衡等共产党人在船山学社社长兼船山学校校长贺民范的积极支持下，在湖南长沙创办了一所成人自修大学——湖南自修大学，毛泽东自任教务主任，聘请李达担任校长。创办湖南自修大学是青年毛泽东改革教育体制，让教育服务工农进而服务革命的伟大实践。1924 年后，青年毛泽东的教育实践主要体现在创办韶山农民夜校，担任第六届广州农民运动讲习所所长，创办武汉农民运动讲习所，创办安源第一所工人补习学校上。这些讲习所和学校直接面对工农群众，培养工农干部，为革命输送了大批人才。

四、革命实践观——反抗黑暗现实，开展革命活动

毛泽东是举世公认的伟大政治家、革命家，是一个反抗旧社会黑暗现实的伟大变革者。这些在毛泽东的青年时代就鲜明地体现了出来。青年毛泽东的社会实践中最重要的组成部分就是革命实践。他反抗黑暗现实，有一个从学生时代倾向革命，参加一些相应的革命活动，到后来直接参与领导革命斗争的过程。在第一师范学校求学时期，毛泽东的革命实践主要包括如下几个方面：一是反对袁世凯称帝。辛亥革命后，袁世凯篡夺革命果实，对革命派进行排挤和打击，并处心积虑复辟称帝。当时，在第一师范学校读书的毛泽东正担任学友会的文牍，他应进步师生的要求，把一些知名人士反对袁世凯称帝的文章编辑成册，题为《汤康梁三先生之时局痛言》，由萧子升题写封面，在校内外广为散发。二是反对日本对中国的蚕食。袁世凯为了换取日本对他称帝的支持，秘密和日本签订了丧权辱国的《二十一条》。反对卖国条约的抗议示威怒潮在全国范围内掀起。第一师范学校学生也纷纷抗议，学生们将国内知名人士反对卖国条约的文章编辑成册，毛泽东题名为《明耻篇》，并在封面奋笔题词："五月七日，民国奇耻，何以报仇，在我学子！"三是组建新民学会。经过毛泽东四年的艰苦努力，新民学会于 1918 年 4 月 17 日在岳麓山下的蔡和森家成立。刚开始的时候，新民学会比较强调个人修养，政治性则比较模糊。后来，在毛泽东等的领导下，经五四运动的洗礼，新民学会的政治倾向越来越强，并逐渐发展为湖南的共产主义团体，提出"改造中国与世界"，为湖南建党和工农运动做出了重大贡献。五四运动后，面对湖南学生运动的高涨，张敬尧进行了残酷镇压。为此，毛泽东以新民学会会员为骨干，和张敬尧进行了针锋相对的斗争，公开打出"驱张"的旗帜，联络社会各阶层，发动全省学生罢课、教师罢教、工人罢工、商人罢市，并决定派代表赴北京、上海、广州等地揭露张敬尧的罪行，争取全国人民的支持。在毛泽东等人的领导下，1920 年 6 月张敬尧逃出湖南，驱张运动取得了完全的胜利。中国共产党成立后，毛泽东成长为一个职业革命家，他把自己的全部身心和精力都投入到了革命的运动中。在这一段时间里，青年毛泽东领导安源路矿工人罢工；创办农民运动讲习所；参加国

民党一大，并以共产党员身份加入国民党，任国民党候补执委兼宣传部长；任中共农委书记兼中央局秘书；回湖南组织农民运动，进行实地调查，写出了《湖南农民运动考察报告》；参加"八七"会议，提出"枪杆子里面出政权"的主张；领导秋收起义；率领部队上井冈山，开辟革命根据地。在这段时间的社会实践中，青年毛泽东显示了各方面的领袖气质，成为共产党内部最具政治军事才华的领导者，为遵义会议后最终成为全党全军的最高领袖奠定了坚实基础。

阅读材料 1-2

在田野间飞扬的青春①

　　碧空湛湛，田野青青，阡陌交错，行走在生机勃勃的田野上，我们不悔此行。让夹杂着稻香的晨风唤醒公益梦想，让青春飞扬、热情洋溢的我们为每一个人送去祝福，向每一个至真而淳朴的生命致敬！

　　志愿事业是爱的事业，"奉献"二字，不知道自己曾说过多少次，也不知道自己曾写过多少次。但真正让我领悟"奉献"二字的真正含义的，是这次"三下乡"实践活动。南宁市武鸣县双桥镇造庆村，是医学生合作营志愿者们的目的地。骄阳似火，乡间的绿荫却为一路颠簸的我们泻下一片清凉，眼前是一望无际的青翠田野、错落有致的院落小屋，一切显得宁静而美丽。村委给我们安排的主要活动地点是村文化室，文化室年代久远，阴暗潮湿而又闷热无比，蚊虫也在其中滋生，走进去还散发着一股异味。

　　当我们把海报和横幅张贴出去之后，很快便吸引了许多村民。村民们向我们咨询了很多与健康相关的问题，他们的眼神里流露着解决问题的迫切，他们向我们诉说平时极少去医院，有时候甚至身体不舒服也坚持干活。我只是一个医学生，面对他们的诸多问题很多时候也是爱莫能助，但我能明白这是他们希望能有人守护他们的健康的迫切愿望。尽管文化室里透着让人窒息的闷热，时不时飘来一阵阵异味，蚊虫的叮咬更是从未停止，但所有志愿者都没有在乎这些，这一切在村民们的迫切询问前都不足以成为推脱工作的理由。我国当代妇产科学家林巧稚大夫说过这样一段话："对一个人来说，生命是最宝贵的，而现在这个人对你说他把生命交给你，那你还能说什么呢？你冷？你饿？你困？"也许我们面临的情况没有林大夫说的那么严重，但作为一名志愿者，既然是来为村民义诊并宣传健康知识的，就有义务把工作做好，奉献自己的一份力量。

　　是的，我只是一个医学生。虽然我不能像医生那样诊断开药，但我愿意为村民们测量血压、普及健康知识，虽然我不能像医生那样救死扶伤，但我愿意为他们提供建议、分发保健药品。其实，作为志愿者，最重要的不在于知识技术掌握得有多好，而在于有一颗善良仁爱的心，能去帮助需要帮助的人。

---

①　杨晓波.杏湖芬芳——广西医科大学大学生社会实践成果文集[M].北京:光明日报出版社,2015.

夏日炎炎,尽管没有什么体力活动,但每个志愿者都汗流浃背。有人对志愿者的工作不理解,说:"你们做了那么多工作,那么辛苦,到头来什么也没得到,简直就是免费劳工。"但我们毫不在意,因为我们是志愿者,举办的是公益活动,而不是劳务的交易。志愿者首先是自愿,才能发自内心地帮助他人、为他人服务。志愿工作就意味着奉献,意味着付出,牺牲自己的享受,享受自己的牺牲,选择自己的担当,担当自己的选择,在每一寸土地上播种真善美。

医者仁心,悬壶济世,以技救人,以德修身。"三下乡"活动中我不仅学到了专业的知识,更磨炼了我的品质——奉献、沟通、坚持、团结。今天的医学生,明天的医生。"先仁心,后仁术",一个合格的医生除了精湛的医术,还要有一颗无私高尚的心。下乡的日子是艰苦的,但梅花香自苦寒来,青春只有经过磨炼才会亮丽。永远不会忘记,"三下乡"的日子,在田野间,伴着阵阵稻香,放飞我们的公益梦想,飞扬我们的热血青春!

复习思考题

1.联系实际谈谈社会实践对促进大学生身心健康发展的意义。
2.通过案例分析实践育人原则的重要价值。
3.结合实际分析大学生社会实践的功能。

拓展阅读

1.李同果.大学生社会实践研究[M].成都:天地出版社,2008.

新的历史时期,面对新形势、新任务、新情况、新变化,如何总结大学生社会实践已有的成功经验,分析存在的困难和问题,研究和探索新形势下加强和改进大学生社会实践的方法与途径,建立大学生社会实践的保障体系和实践育人的长效机制,是摆在我们共青团组织和教育工作者面前的一项重要而紧迫的课题。该书作者李同果同志多年从事高校共青团工作,对大学生社会实践活动进行了系统研究,并形成了这本针对性、指导性比较强的专著。

2.魏发辰.创新实践论[M].北京:北京交通大学出版社,清华大学出版社,2010.

本书的主要内容涉及创新实践相关的各种理论问题,包括正确创新观的形成,创新意识和创新思维、创新活动的规律和方法,现代创新技术的运用,创新能力的结构,创新人才的培养,创新环境、创新制度、创新体系、创新教育等,以及它们之间的相互关系;其目的在于培养学生的创新意识和创新精神,通过掌握有关创新实践的理论知识并进行创新实践的尝试,提高其实际创新能力。

3.戴和圣.风景这边独好:安徽师范大学文学院学生社会实践活动优秀作品集[M].芜湖:安徽师范大学出版社,2016.

本书系安徽师范大学文学院学生参加社会实践活动而撰写的优秀作品集萃,包括暑期社会实践优秀征文、暑期社会实践优秀札记、新闻稿件、日常志愿服务工作心得体会、典型人物事迹报道等百余篇优秀作品。作品内容真实,事迹典型,表现手法丰富多彩,可供大学生在社会实践中参考借鉴。该书也是大学人才培养创新改革的最新成果,对高校开展大学生社会实践工作有启示作用。

❋ 本章主要参考文献

[1]胡树祥,吴满意.大学生社会实践教育理论与方法[M].北京:人民出版社,2010.

[2]焦满金.大学生社会实践研究[M].兰州:甘肃人民出版社,2007.

[3]王革.新时期高校大学生社会实践概论[M].咸阳:西北农林科技大学出版社,2008.

[4]邱伟光.大学生社会实践教育新论[M].上海:同济大学出版社,1994.

[5]高丽静,李凡.实践教育:大学生成才的重要途径[J].江苏大学学报(高教研究版),2004(3):
　　53-57.

第二章
大学生社会实践的内容

✎ **学习目标**

- 掌握学术研究活动的含义、特征及主要类型。
- 掌握社团活动的含义、特征及主要作用。
- 掌握志愿服务活动的含义、特征及重要意义。

　　我国大学生社会实践活动从 20 世纪 80 年代开始至今,得益于党和国家的高度重视以及各高校和学生的积极配合,目前已有较稳定的内容和形式。随着社会的发展和时代的进步,社会实践的内容和形式也在不断地完善与创新。大学生社会实践活动,就是大学生按照学校培养目标的要求,有计划、有组织地参与社会政治、经济、文化生活的实践教育活动,在此过程中了解国情、接受教育、增长才干。[①] 大学生社会实践活动是高校思想政治教育的重要组成部分,是全面贯彻落实党的教育方针的重要举措,是推进大学生素质教育不可缺少的环节。大学生了解社会实践活动的内容和形式,是顺利进行社会实践活动的前提,也是充分发挥自身才能的重要保障。本章将从学术研究活动、社团活动与志愿服务活动等三方面来了解大学生社会实践的内容。

第一节　大学生学术研究活动

　　大学生学术研究活动旨在挖掘大学生的学术潜力,使广大学生都参与进来,充分发挥个

---

　　① 王小云,王辉.大学生社会实践概论[M].北京:中国经济出版社,2005.

人的聪明才智,调动其参与社会实践的积极性与主动性,力争使学术活动变成理论与社会生活相结合、学术性与趣味性相结合的一种社会实践活动的形式。通过学术研究活动,营造浓厚的学术氛围,令广大学生能够深入学习本专业知识,提高自己应用专业知识的能力,培养和提升自己的学术思维和学术习惯,达到促进学术交流,培养科学精神,全面提高应用型创新人才的培养质量的目的。

一、学术研究活动的含义与特征

大学生学术研究活动是社会实践的主要组成部分,同时也是当前大学生社会实践活动的重点、难点所在,并且随着社会实践的深入和普及,大学生学术研究也已具备实践活动的普遍性。大学生学术研究活动,是指以课程内容和教学计划为依托,以强化和巩固理论知识为目的的社会实践活动形式。它主要是以教师为主导,以学生为主体,以课程资源为依托,以基础知识和基本技能的"教"与"学"为主要载体展开的促进学生全面发展的对象性活动的总和。学术研究活动的特征主要表现在以下几个方面:

(一)教育性

赫尔巴特(1776—1841)是德国著名的教育家,他的教育思想对西方近现代教育产生过重大影响。赫尔巴特以现代心理学为基础,创立了一套完整的教育体系,因此,在西方教育史上有人把他誉为科学教育学的创始人。赫尔巴特的教育思想是多方面的,"教育性教学"是其中的一个重要方面,对近现代教育的发展产生过深远影响。他强调任何教学过程都必须同时进行道德教育,道德教育必须依赖于教学。他认为教育(道德教育)是通过,而且只有通过教学才能真正产生实际的作用,教学是道德教育的基本途径,即"通过教学来进行教育"。这就说明,无论是理论教学还是实践教学都具有教育性。而学术研究活动是实践教学的重要组成部分,其教育性特征是显而易见的。学术研究活动是大学学习的"第二课堂",在促进学生身心健康发展、培养能力、提高综合素质等方面具有重要作用。通过学术研究活动,高校既能够深化学生对所学专业理论知识的理解,强化学生分析问题与解决问题的能力,又能够培养学生诚实守信、大胆质疑、勇于创新的品性。

(二)科学性

学术研究活动的科学性是指学术研究活动要以科学思想为指导,以事实为依据,使学术研究活动具有客观性。学术研究活动不能和经过实践检验的科学原理相违背,只有这样,才能保证其科学性。以一定的事实为依据,就是使所从事的学术研究活动具有实践基础。巴甫洛夫曾说过,事实是"科学家的空气",没有事实的理论是虚构的。学术研究活动就是要研究事实,研究客观实际存在的现象。无论是活动背景、目的还是方法、结论都要具有科学性。在这里,需要注意一个问题,即在学术研究活动中,怎样看待违背传统观念与常识的新问题。传统和常识并不一定都是科学的。因此,在学术研究活动中,大学生要敢于怀疑和批判,敢于求真务实,善于运用已证明的科学原理对这些问题提出质疑。这同样也是尊重科学性的表现。

（三）实践性

实践性是马克思主义哲学最重要的特点和理论品质,在整个马克思主义哲学体系中,实践是贯穿于其始终的一条中心线索。马克思从"人本"的角度出发,强调了实践在人类自身和社会存在与发展中的决定性作用。通过实践,人类认知了之前并不知道的东西,认知了世界。学术研究活动的实践性是指大学生在进行创造性思维的过程中,必须参与实践,必须在实践中促进思维能力的进一步发展,在实践中检验思维成果的正确性,在实践中培养其实践能力和创新能力。没有实践,思维的发展就失去了动力,就不会有创造性的思维。没有实践,创造性思维就会变形或是被误用,比如"独立性"就会变成刚愎自用,"跳跃性"就会变成臆想中的胡乱联系。所以,实践性是大学生学术研究活动的重要特征。

（四）创新性

当今时代,科技进步与创新越来越成为社会生产力解放和发展的重要基础与标志,越来越决定着一个民族、一个国家的发展进程。一个民族要想走在时代前列,就一刻也不能没有创新思维,一刻也不能停止各种创新。创新也是人类特有的认识能力和实践能力,是人类主观能动性的高级表现,是推动民族进步和社会发展的不竭动力。学术研究活动中的创新是指学生以现有的思维模式提出有别于常规或常人思路的见解为导向,利用现有的知识和物质,在特定的环境中,本着理想化需要或为满足社会需求的原则,而改进或创造新的事物、方法、元素、路径、环境,并能获得一定有益效果的行为。学术研究活动中的创新要求学生必须紧跟时代潮流,根据世界经济、科技发展的趋势和我国国情,立足当前,着眼未来,坚持近期目标和长远目标相结合,合理开展学术研究活动,使研究成果能够真正为地方经济建设和社会发展服务。

二、学术研究活动的类型

（一）实验教学

实验教学一般与理论学习同步开展,且较多在理科生中开展。具体来说,实验是在理论学习后,通过自主操作论证已知的理论,或是假设、研究、讨论未知理论的过程。实验教学的开设使教学内容逐步向多层次、模块化结构转变,体现着人才培养的层次性和综合性,有利于理论教学的开展,有利于培养学生的实践能力和创新精神,也有利于形成良好的学风、严谨的校风以及求真务实的学习态度。在实验教学初期,一般是以教师作为实验的主导者,包括实验的设计、实验用品的准备、实验结果的辅助分析以及实验过程中的指导等,注重培养学生的自主操作能力。学生则是作为实验的主体者,将理论运用到实际的操作中,包括实验操作、数据测量、定性分析与定量计算、获得结论以及实验结果、实验误差等各个环节,主要由学生独立完成或学生合作完成。到学习后期,则更注重学生创新能力的培养。在学生掌握基本理论知识和操作技巧后,由学生自主设计实验,在规定主题的大方向下,允许学生自行选题、自主设计实验方案、自主实施实验操作、自主进行实验结果的分析与思考。

(二)专业实习

专业实习,是在完成学校规定课程后,把理论知识应用到实际工作中去的过程,是一种辅助教学的模式。在就业压力不断加大的背景下,许多高校毕业生因无工作经验被用人单位拒之门外,这主要是因为不少用人单位认为许多学生空有一套理论而无实际工作能力。因此,专业实习已成为大学生社会实践教育的重要组成部分。同时,专业实习有利于大学生在自我了解的基础上明确未来的职业方向,有利于大学生了解工作内容,明确自身的优势和不足。专业实习是校园向社会过渡的一个桥梁,只有明白社会的需求和标准才能更好地适应社会。专业实习还有利于大学生找到自身与职业的差距,明确自身与岗位的差距以及与职业理想的差距,从而起到自我调节的作用。

(三)科技创新

大学生科技创新是指大学生利用课余时间进行自己感兴趣的科学研究、参与教师科研项目、参加各类大学生竞赛等活动。大学生科技创新是培养学生工程实践能力、科技创新能力、创新合作能力的行之有效的途径,是培养学生创新精神和实践能力的重要环节和有益补充,对培养创新应用型人才的地方高校而言尤为重要。大学生科技创新作为高校社会实践活动的重要组成部分,丰富了大学生的课外学习生活,有利于调动学生学习的积极性,有利于弥补学校教育教学的不足,促进青年学生在理论和实践相结合的过程中增长才干、积累学习经验,培养学生的责任意识和管理意识,从而实现优质成才、全面成才。总的来说,大学生科技创新在教学实习、创新能力培养、深造就业等方面都有积极作用。以浙江某高校为例,学校高度重视大学生的科技创新工作,鼓励学生积极参与科学研究,努力创造良好的科研氛围。学校定期举办数理化、政史地等测试学生专业知识与技能的竞赛活动,同时对学生进行相关的技能培训。此外,学校相关部门积极组织学生参加各类学科竞赛,如电子设计大赛、数学建模大赛、英语竞赛等,尤其以具有代表性、权威性、示范性、导向性的"挑战杯"全国大学生课外学术科技作品竞赛为重点。除了竞赛方面,学校还鼓励师生积极参加科技创新项目的研究,重视科技创新项目的申报、立项、执行以及项目结题等各个环节,形成以共青团委员会为主导、项目导师为抓手、学生为主体的项目管理模式,全面培养学生的创新意识、团队合作精神。该校的大学生科技创新活动在培养学生科研的意识和兴趣,提高学生的创新能力等方面发挥着独特的作用。

(四)社会调查

社会调查是社会研究的方式之一,是一个研究主体不主动影响研究客体的逻辑完整的社会研究过程。社会调查的主要方式有文献回顾、实地参与观察、问卷调查、文献撰写等。它主要通过一定手段去了解、研究、分析人类社会,揭示社会最本质的现实状况,为社会问题的解决提供参考。大学生走进社区进行社会调查,是直接参与人民生活和了解社会的重要方法。参与社区调查研究活动,需要同本地区人民共同生活、共同行动,注重考察、注重切身体验,对社会的真实情况进行彻底的了解,以达到调查研究的目的。在我国高校实践教学中,还专门安排了与专业相关的社会调查环节。大多数高校是由学生自己到社会上去寻找调查单位。尽管在社会调查过程中会碰到种种问题,但由于这类调查活动与学生将来的就业息息相关,所以很多学生还是非常乐于参与这类调查活动的。社会调查的关键在于深入社会、深入生活、深入实际。学生可以通过社会调查,培养自己观察现实生活、收集资料、发现问题的本领,同时增强其社会责任感,以激发学习的动力。另外,对于高校来说,每年都会有寒(暑)假社会调查活动。在这类调查活动中,学校会提供一定的经费支持,以保障寒(暑)假社会调查活动的顺利进行。通过社会调查的锻炼,大学生不断培养自己的实践能力,同时,也能够帮助大学生更好地融入社会。

(五)创业实践

创业实践是以培养大学生创业能力为目标,以学校、企业或其他社会组织为平台所开展的一系列实践活动,是大学生以创业者的身份进行创业实践的过程。大学生创业实践是高校创业教育的重要环节,是大学生社会实践活动的类型之一,是大学生增强创业知识、培养创业能力的主要途径。1998年10月,联合国教科文组织召开世界高等教育会议,发表了《21世纪的高等教育:展望与行动世界宣言》和《高等教育改革和发展的优先行动框架》。《21世纪的高等教育:展望与行动世界宣言》明确提出:"高等学校,必须将创业技能和创业精神作为高等教育的基本目标",要使毕业生"不仅成为求职者,而且逐渐成为工作岗位的创造者"。[①] 为此,要求国家和学校"实行开放政策,以便培养更多不同类别的人";教师"不应仅仅传授知识,而且必须把重点放在教学生如何学习,如何发挥主动精神上";学生则需要培养自己"在多元文化环境中独立思考和协同工作"的能力,能将"传统或当地的知识和技能与先进的科学技术相结合以产生创造力"。

我国高校从21世纪开始开展创业实践活动,至今已有十多年的发展历程,但目前仍处于起步阶段。创业实践作为创业教育的重要内容,在一定程度上不仅解决了就业压力大的问题,而且还可以充分挖掘学生的潜能,培养全面发展的创新人才。我国高校始终坚持开展创业实践活动,各高校根据自己的实际情况,相继出台大学生创业实践的相关政策,在适当条件下给予大学生一定的经费与技术支持。李克强总理在《2015年政府工作报告》中强调,大力倡导"大众创业、万众创新",明确表述了"大众创业"、"万众创新"既可以扩大就业、增加居民收入,又有利于促进社会纵向流动和公平正义。2015年6月16日,国务院在《关于大力推进大众创业万众创新若干政策措施的意见》中,要求大力支持大众创业、万众创新,把高校毕业生的就业工作放在突出位置,充分发挥市场作用、着力改革创新、优化就业创业环境,力争使高校毕业生就业、创业比例双提高。这极大地激发了人们创业、创新的热情。2015年上半年,我国高技术产业的增加值保持两位数的增长,比规模以上工业平均增速高将近5个

---

① 张祎.基于SIYB理念的高校创业教育模式建构[J].合肥工业大学学报(社会科学版),2013(2):134-139.

百分点;网上零售额在过去两年连续高增长的基础之上,上半年增速将近40%;机器人、新能源汽车等新产品的增长速度也都大幅增长。实践证明,在经济面临下行压力的情况下,"双创"为稳增长、防风险、扩就业做出了重要贡献。

目前,许多高校都设有"创业中心"、"创业园"等面向大学生创业的机构,以此为平台,注重培养大学生的创新精神和实践能力。以浙江某高校的创业中心为例,该创业中心是一个通过提供优质服务来引导和规范团队管理、保持自收自支的服务性管理机构,以学生创业团队运营管理、创业就业咨询培训服务为主要工作方向。创业中心通过注入原始资金等多种措施,鼓励并扶持团队的创业工作。创业中心主要以投资公司模式进行管理,运行团队为独立经济实体,以创业中心为参股方,通过股份对团队进行监督。除了进行引导与扶持外,该创业中心还给每个团队配备了相应的指导老师,依托该校丰富的技术和人才资源,为推动科技创新和技术成果直接孵化提供各种服务。大学生创业园地设在校内,给予大学生最大的创业支持和最便捷的创业服务。

三、学术研究活动的意义

近年来,随着我国对科学文化技术的日益重视,国家对教育事业支持力度的不断加大,同时,随着高等教育的不断深化改革,学术研究已经成为学生的第二课堂。在国家、高校以及学生的共同努力下,该领域呈现出了一片繁荣的景象。随着社会实践的普及,大学生学术研究活动也渐渐成为社会实践的主要组成部分。目前,大学生学术研究活动作为高校创新教育不可缺少的一部分,无论是对大学生自身的发展还是对各高校的人才培养都有着极其重大的意义。

(一)有利于提高大学生的理论知识应用水平

大学生学术研究活动是在理论课程教育的基础上开展的具有发散思维、可操作性的研究性探索工作,是对大学期间所学理论知识的深入发展,是提高学生科学素养、发展自身潜能的主要途径。一方面,参加学术研究活动是大学生强化自身实践能力,积累实践经验的过程。另一方面,大力开展学术研究活动还可以激发起广大学生的学习兴趣,调动他们主动学习理论知识和主动参与学术研究活动的积极性。

(二)有利于促进大学生相互学习交流

学术研究活动可以分为两方面,一方面是知识层面的学术信息学习与交流,另一方面是思维逻辑上的锻炼。通过各种形式的学术活动,学生之间可以相互学习、相互帮助、共同提高。在团队合作项目的学习与研究历程中,团队成员可以各抒己见、取长补短、开拓思维。因此,学术研究活动不仅仅是知识层面上的学习,更是思想上和思维上的开拓与交流。

(三)有利于推动学术事业的发展与繁荣

从本质上看,学术不仅是一个知识体系,同时也是一个价值体系,它以独特的方式体现了人类的价值因素。学术的终极价值是为社会的全面进步、为人类的自由发展提供现实可能。学术研究通过鼓励知识创新，引导大学生遵守学术规范，控制越轨行为，激励大学生提高学术水平，发挥着推动学术事业发展与繁荣的重要社会功能。学术研究还可以激励大学生努力实现和达到一定的学术目标，比如加强个人专业修养、完善课题设计、提高研究成果质量、促进国内外学术交流等。在这个过程中，学生的科学研究能力和创新精神也能得到锻炼和提升，这有利于推动学术事业的发展与繁荣。

第二节　大学生社团活动

学生社团是我国校园文化建设的重要载体，是高校第二课堂的引领者，是学校课堂教育的补充和延伸。它丰富了大学生的课余生活，提高了大学生自我管理的能力，是大学生增长知识、培养技能、提高素质的一条重要途径，同时也是参与社会实践、认识社会的一个重要渠道。

一、大学生社团的含义与特征

社团是具有某些共同特征的人相聚而成的互益组织。我国的社团一般具有非营利和民间化两个基本组织特征。社团与政府组织、非正式组织或自然群体有着明显的区别。在中国大陆，根据《社会团体登记管理条例》的规定，社会团体是指中国公民自愿组成，为实现会员共同意愿，按照其章程开展活动的非营利性社会组织。

大学生社团亦称高校社团，是指学生为了实现共同意愿和满足个人兴趣爱好的需求自愿组成的、按照其章程开展活动的群众性学生组织。大学生社团是高校校园文化建设的重要载体，是大学生活动的平台。大学生社团通过开展各种形式的活动，丰富了大学生的业余生活，开阔了视野，提高了学生的实践能力和综合素质，逐步形成了凝聚学生、服务学生、发展学生的独特功能。学生社团作为大学生自发组织起来的群众团体，具有以下鲜明的特征：

(一)管理的自主性

学生社团一般是学生为了实现共同意愿或是满足个人兴趣爱好的需求自愿组成的群众性学生组织。学生社团是学生彼此之间，学生与学校之间，学生与社会之间沟通、协调、合作的有效途径，是学生发挥自我才能和自我个性的平台。社团管理实施自我管理、自我教育、自我监督、自我服务。因此，学生社团的管理自由宽松，与机关事业单位的行政管理方式不完全相同。从社团的发起到社团负责人的产生、社团参与人员的入会以及社团活动的策划开展等管理事务都由社团自主决定。每一位社团成员都依照社团的章程，自主承担社团里的职务，但又有一定的话语权和活动空间。

（二）组织的开放性

学生社团是自发组织的,社团组织的形式都是自由开放的。一般情况下,该组织允许学生自愿申请加入或退出社团组织;接纳来自不同专业和年级的学生;没有附加条件,如学习成绩、个性特点等要求;允许学生同时加入其他社团组织。另外,随着我国教育体制改革,高等教育也逐渐走出象牙塔,打破封闭式教育方式,社会化程度已越来越高。与此相适应,社团的开放性也逐渐得到强化。社团也开始走出校门,许多社团活动都与校外企业、行业协会、政府部门等进行有效合作。

（三）目标的统一性

学生社团目标的统一性有利于激发学生的积极性和主动性,有利于学生个人的培养与锻炼,也有利于社团的健康发展。任何一个组织,都是由其特定的目标决定的,组织中的每一部分都应该与既定的目标有关系,否则它就没有存在的意义。这一原理要求在组织结构设计中要以事为中心,因事设置机构、职务,做到人与事高度配合。由于社团内的成员一般都具有共同的兴趣爱好,因此,社团成员在学习、工作及生活方面往往志同道合,具有共同语言,从而社团本身的凝聚力较强。在社团策划活动、制订方案、实施活动时,每位成员都会为共同的社团目标而努力,进而能够更有效地实现社团的目标。

（四）活动的多样性

随着社会的迅速发展,学生信息渠道与信息量的获取大大拓宽、增加,这使得他们的兴趣爱好更加丰富多样。由此以兴趣、爱好、理想为动力的学生社团种类繁多,如学术类、理论类、文体类、公益类等。同时由于社团类型差异很大,社团活动规模大小不一、形式自由、灵活多样,因而吸引了众多大学生参与到社团活动中来。因此,社团活动应当以社团成员的心理需求与兴趣爱好为出发点,以多样性的课外活动为内容,注重人文关怀,引导社团成员开展丰富多彩的活动,以更好地培养社团成员的综合素质与能力。

二、大学生社团的类型

大学生社团根据不同的分类标准可以分为很多类型。若按组织性质来分,社团可分为政治型、文化型和经济型三类;若按活动方式来分,社团可分为学术型、娱乐型、劳务型和培训型四类;若按活动具体内容来分,社团可分为理论学术类、社会公益类、文体娱乐类及实践应用类等四类。本书主要从内容的角度,对社团的类型作简单的介绍:

（一）理论学术类社团

理论学术类社团是校园文化精神的体现者,始终坚持追求实事求是、与时俱进的价值观,引导莘莘学子在其学术领域不断钻研和探究,并使学生的自由追求精神以及独立思想品格得以发展。这类社团其成员通过研究、讨论、实践、交流等形式,研究专业性的问题,是与实践相结合而组建的社团,或是为共同学习某项技能而聚集在一起进行研究学习的社团,如CAD协会、计算机协会、数学建模协会、科技发明协会等。这类社团在各高校的发展趋势尤为快速,学校对此类社团也较为重视。这类社团为有多方面学习兴趣的学生提供了一个交流与学习的平台,为不同专业的学生提供了合作学习的机会。如今该类社团已经成为培养大学生创新意识和实践能力的有效载体,如某高校的中国特色社会主义理论研究会以"学习、友爱、互助、进步"为准则,以实现会员"提高自身理论水平,培养创新精神和实践能力"为目的,在提高学生理论认知水平的同时,使得学生在活动中树立正确的世界观、人生观和价值观,成为具有社会主义觉悟的全面发展的有用人才。

(二)社会公益类社团

《中华人民共和国公益事业捐赠法》规定,公益性社会团体是指依法成立的,以发展公益事业为宗旨的基金会、慈善组织等社会团体。该法所称的公益性非营利的事业单位是指依法成立的,从事公益事业的,不以营利为目的的教育机构、科学研究机构、医疗卫生机构、社会公共文化机构、社会公共体育机构和社会福利机构等。高校学生社会公益类社团属于公益性社会团体的范畴,是当代大学生服务社会、奉献爱心的载体。参与社会公益活动可以磨炼学生的意志,培养学生的社会使命感和责任感,对高校培养高素质的、有担当的人才具有积极的意义。例如,学生爱心协会是大学极具代表性的公益社团,协会在"关爱生命,用青春回报社会,用爱心感染他人"的宗旨下,开展爱心敬老、助残、助学、沙龙、关爱儿童、温馨校园、公益演出以及暑期支教等活动,受到了社会各界的一致好评。学生阳光行动服务社秉承"奉献、友爱、互助、进步"的志愿服务精神,以"自我实现,服务社会"为主旨,组织学生积极参加各类志愿服务,奉献社会、展示风采。这类社团主要从事一些非营利性的校园服务活动和社会服务活动。社团秉承"公平正义、以人为本、助人为乐、服务社会"的理念,旨在发挥专业优势,帮扶弱势群体,为构建和谐社会添砖加瓦。有一部分社团是利用其专业优势达到普及知识或是帮助他人的目的,如法律协会、食品安全与营养协会等,也有一部分社团是为校园、社会提供义务服务,如爱心社、环保协会等。近年来,我国高校公益性学生社团开展了丰富多彩的社会实践活动,参与其中的大学生们做奉献、受教育、长才干,公益性实践活动正成为践行"实践育人"理念的良好载体。

(三)文体娱乐类社团

这类社团主要是由有相同兴趣爱好的同学自发组织在一起开展各种娱乐活动的社团。社团活动内容丰富多样,如街舞社、垂钓社、篮球社、相声社、摄影协会等,通过开展文体娱乐类活动,丰富学生校园生活,彰显青春风采。如学生音乐协会本着丰富学生课余生活,促进学生德智体美全面发展的一贯原则,会聚英才,举办乐器声乐等教学活动以及音乐交流会、情歌大赛等活动,不断推陈出新,提高学生的音乐素养和音乐鉴赏能力。学生街舞协会组织成员有计划地进行训练,培养乐感、提高街舞技能,在学校举办各种相关比赛的时候,街舞协会组织大家进行报名、排练,帮助大家积累更多的舞台表演经验,丰富同学们的校园生活。

其他有关的活动比赛还包括模特大赛、主持人大赛、戏剧表演、娱乐篮球赛、书法展、棋牌比拼、诗词歌赋展才华等。文体娱乐类与其他类社团相比种类较多,学生参与人数也较多。它能丰富学生的课余生活,在增强学生身体素质、提高学生文化修养、提升学校校风等方面都有重要的作用。目前,各高校都非常重视这类社团的引导和培养,以促进学生的全面发展。

(四)实践应用类社团

实践应用类社团是以提高学生实际应用技能为宗旨,帮助和引导学生适应社会、融入社会,同时唤起大学生的社会责任感,以实现教育社会化为目标的社团。这类社团具有以实践性为根本特性、以培养实践能力为首要任务、以社会化为终极目标的特点,在高校应用型人才培养、大学生创业素质培养、大学生公民意识培养等方面具有重要作用。例如,心理健康协会隶属于学校心理咨询中心,协助其开展心理知识的宣传和普及工作,促使大学生提高心理素质,健全人格,增强承受挫折和适应环境的能力。在活动方面,协会不定期组织心理讲座、心理电影、心理培训以及心理知识竞赛等活动,面向全校同学,竭诚为大家服务。学生美食协会以学习和弘扬中国美食文化、增强热爱祖国文化的社会责任感、宣传和发展健康饮食为共同目标,希望通过举办各类美食活动,在校园内推广美食文化,活跃校园气氛,促进美食爱好者之间的交流学习,同时丰富同学们的课余生活,提高同学们的动手能力,为广大烹饪爱好者提供一个交流展示的平台。

三、大学生社团的作用

当前,社团活动直接或间接地影响着校园文化的建设,已经成为校园文化建设的重要组成部分,对社会主义精神文明建设也具有重要的作用。同时,社团活动能够培养学生的团体精神、志愿精神、社会责任意识以及组织管理等多方面的能力,在进行高校思想政治教育、繁荣校园文化、拓展大学生素质、开展社会实践服务等方面发挥着不可替代的重要作用。

(一)对个人发展的作用

传统的思想政治教育主要以理论和灌输为主,是一种被动式的教育,学生的积极性与主动性没有充分发挥出来。而现代思想政治教育加强了实践活动教育和环境熏陶教育,是一种主动式的教育,学生的主体地位得到了很大的提高。学生社团活动作为一种最方便、最常见的实践活动,是高校政治思想教育的重要组成部分,有着极其重要的地位。大学生社团对学生个人的作用主要体现在以下几方面:

1.有利于大学生实践能力的培养

当代大学生以独生子女居多,他们从入校门到出校门,书本知识学了不少,最大的弱点是实践能力差。学生毕业走向社会以后,适应性差,适应周期长,这不利于创新能力和开拓型人才的培养。大学生的需求具有多层次性、多变性、多样性的特点,单单靠学校的课堂教育已经完全无法满足学生对于成长成才的需求。大学生社团大多通过面试、实习两个步骤来选择新成员,组织成员开展丰富多彩的活动,如摄影培训、书画展出、主题演讲、新闻采写、报纸编排、体育比赛等,并通过各种各样的机会来培养学生的实践能力和创新精神。通过各种各样的社团活动,大学生的学习不再局限在校园课堂内,理论知识应用于实际的能力、组织管理能力、社会交往能力等都能够得到全方位地锻炼和提高。

2. 有利于大学生的全面发展

大学生社团经过一百多年的发展和完善,已经不再是简单的群众性学生组织,它已经扎根于学生中,并且与学生的全面发展紧密联系在一起。社团作为高校课堂教育的补充和延伸,因为其专业的交叉性、活动的实践性、组织的社会性而具有实践和教育的功能,为学生综合素质的提高提供了广阔的舞台。学生在自觉自愿的基础上形成的各种社团组织,有利于大学生开阔视野、增长知识、培养能力、陶冶情操,促进其全面发展。学生通过研究交流学术问题、参与爱心公益活动、关心社会发展、进行社团自我管理等活动的锻炼,既提升了政治素养,增强了历史使命感和社会责任感,又培养了集体精神、奉献精神及爱国主义精神,为大学生的全面发展打下了坚实的基础。

3. 有利于调节大学生的心理

大学时代正是大学生心理逐渐走向成熟的时期,学生的心理承受能力和接受能力亟待提高。特别是刚刚进入大学的学生,容易与他人盲目攀比,产生失落感,甚至产生心理障碍。参与社团活动正是解决这一心理问题的有效途径。在社团内,学生可以尽情表现自我,发挥自身优势,可以与具有共同兴趣爱好、志同道合的社团成员进行交流、谈心,建立起良好的人际关系,从而更快、更好地适应大学生活。同时,多样化的社团活动渗透着正确的世界观、人生观、价值观,能够进行社会主义、爱国主义和集体主义教育,充分体现出社团活动的教育性功能。因此,社团活动有利于调节学生的心理,发挥个人的优势,从中找回自信,肯定自我,使学生身心得到健康全面的发展。

4. 有利于促进大学生的社会化进程

社会化是指在特定的社会与文化环境中,个体通过与社会的交互作用,理解和认同社会规范和制度,培养自己的社会角色,树立正确的世界观、人生观和价值观,从而成为能够履行一定社会角色行为的社会人的过程。而社会化过程的中心环节是社会实践,社团组织为大学生的社会化提供了模拟的社会情景和实践平台。社团就像一个"微型社会",迈进社团,犹如走进社会。大学生通过参与各种社团活动和校园文化建设,学会了承担责任、理解信誉、尊重承诺、协调人际关系、规范自己的行为、处理各种复杂的矛盾和困难等,为今后更好地适应社会做好了充分的准备。

(二)对社会发展的作用

大学生社团是大学生提前适应社会角色的平台,是大学生走向社会的一个很好的过渡桥梁,有利于大学生全面而深刻地了解社会,有利于发挥社团在价值引导、社会沟通和帮助弱势群体等方面的作用。大学生社团对社会发展的作用主要表现在以下几方面:

1. 推动社会公益服务的发展

以利他主义为中心的志愿行动促进了公民社会的成长。高校学生社团参与志愿服务、动员社团成员服务社会,这些社会公益性服务一方面体现出服务的志愿性,另一方面体现出服务过程的无偿性。对于参与公益社团的学生来说,他们的志愿行动在推动人类发展、促进社会进步和完善社区建设等方面,不断地展现出公益社团的感召力和凝聚力,从而吸引越来越多的同学参与到社会公益事业中来。如2008年北京奥运会期间,数十万学生志愿者活跃在赛场内外,将中国的热情和友善推向全球。因此,大学生社团的志愿服务行动将成为培育和发展公民社会的重要力量和必然趋势。

2. 具有社会教化的作用

社团在发展过程中不断完善,其活动范围不仅仅限于社团内部,也会走出校园,面向大众,面向社会。习近平同志在纪念中国共产主义青年团成立90周年大会上的讲话中对广大青年明确提出要求:"希望广大团员青年牢记党的殷切嘱托和人民的殷切希望,勇敢肩负起时代重任,在全面建设小康社会中奋发有为,在树立社会主义新风尚中勇于争先,继续为党和人民建功立业。"当前社团活动正由校园内的自我封闭循环的方式逐渐转变为走出校园、走向社会的方式,积极参与社区和地方的经济文化建设,把活动的范围拓展到了广阔的社会生活中。这为学生了解社会、接触社会、走进社会提供了多种途径。社团活动的兴起,让更多的大学生走出课堂,从而令其在实践活动中学习知识、培养技能、磨炼意志、提升人格。

3. 促进社会民主化的进程

社团活动具有促进社会民主化进程的作用,主要表现是:一方面,社团活动在帮助学生树立民主管理的观念,引导学生参与学校的管理和服务,化解校园管理中的矛盾,维护校园的和谐稳定上发挥了重要作用。另一方面,学生社团活动很好地发挥了高等教育服务社会的职能,积极创新和传播社会主义先进文化,宣传党和国家的路线、方针和政策,推进社会民主化的进程。如华南农业大学学生义务工作者协会开展校外社区定点服务和支援偏远山区小学教育的成效显著。这些志愿服务促进了社会文明程度的提升,推动了先进文化的构建,也促进了社会风气的改善和民主氛围的形成。

4. 丰富校园文化建设

大学生是最富有热情和创造性的群体,是构建和谐校园的主力军,是校园文化建设的主体。以兴趣为中心形成的大学生社团组织,能够促使大学生组织一些积极健康向上的文化活动,可以满足大学生对知识、技能、人际的心理需求,促进他们身心的全面发展。大学生社团通过开展丰富多彩的活动,丰富校园文化,帮助形成稳定和谐、富有内涵的校园文化氛围。因此,大学生社团在校园文化建设中有着举足轻重的地位。马克思认为:"人可以创造环境,同样,环境也可以创造人。"良好的教育环境对学生有着潜移默化的作用,使人在不知不觉中受到教育和影响,具有积极的、正面的导向作用。社团活动可以提高大学生的内涵修养,从而提升学校整体的学风和内涵,营造出一种活跃、向上的浓郁的校园文化氛围。社团文化所倡导的社团精神,包括竞争精神、创新精神、科学精神、主体精神、团队精神、奉献精神、民主精神、服务精神、开拓精神、独立精神等,正是高校校园文化建设的主要内容,它不仅丰富了校园文化建设的内涵和外延,也给校园文化建设增添了新的活力。

第三节　大学生志愿服务活动

志愿服务活动能够丰富大学生的生活,是大学生参与社会生活的一种非常重要的方式,是大学生在实践中锻炼成长的现实途径。大学生志愿服务活动是我国社会志愿服务活动的重要组成部分,也是目前我国高校德育工作开展的重要内容。大学生作为志愿服务事业的一支重要力量,必须充分认识志愿服务的重大意义,在志愿服务中提升素质,在志愿服务中充实生活,在志愿服务中享受生命,在志愿服务中升华灵魂,在志愿服务中实现价值,不断推动志愿服务事业兴旺发达、薪火相传。

一、大学生志愿服务的含义与特征

大学生志愿服务是在校大学生走出课堂、走出校园自愿参与服务社会的社会实践活动,秉承着"奉献、友爱、互助、进步"的志愿者精神参与实践。我国志愿者服务活动开展30多年来,其广泛性和影响力以及认可度已大大提高。高校学生的志愿服务对提高学生专业知识与技能、提升大学生综合素质、增强思想政治教育有效性、扩大学校影响力,甚至对社会的和谐稳定发展都有积极的作用。

(一)大学生志愿服务的含义

志愿服务是指任何人自愿贡献出个人时间及精力,在不为任何物质报酬的情况下,为改善社会现状、促进社会进步而提供的公益性服务。大学生是志愿服务活动的中流砥柱,他们在不影响正常学业的前提下,运用自身所学的专业知识与技能,怀着积极向上的服务精神,满怀热情地投身于志愿者服务活动中,实现其自身价值,弘扬志愿者精神。志愿服务的范围主要包括:扶贫开发、社区建设、环境保护、大型赛会、应急救助、海外服务等。志愿服务的功能主要有:社会动员、社会保障、社会整合、社会教化、促进社会和谐、促进社会进步等。

志愿者是志愿服务活动的主体。志愿者也叫义工,即义务工作者。他们致力于免费地、无偿地为社会进步贡献自己的力量。志愿者(volunteer)一词来源于拉丁文中的"voluntas",意为"意愿"。大学生志愿服务活动中的主体是指参与志愿服务的大学生,他们不要求回报,积极为社会服务,愿意为社会的和谐稳定发展贡献出自己的力量。

志愿精神,意指一种互助精神,它提倡"互相帮助、助人自助"。目前被社会所广泛接受的志愿精神就是"奉献、友爱、互助、进步",这是志愿服务行为的本质。在2001年国际志愿者年的启动仪式中,联合国前秘书长安南说道:"志愿精神的核心是服务、团结的理想和共同使这个世界变得更加美好的信念。从这个意义上说,志愿精神是联合国精神的最终体现,不仅仅是联合国精神的体现,更是人文精神的最高级表现形式。"这句话不仅仅是联合国精神的体现,更是志愿者们在志愿服务中必须秉承、坚守的理念。

有些人片面地认为从事志愿工作是慈善为怀、乐善好施的表现,把志愿工作看成一种单方面的施予；认为志愿工作只是为了减轻专职人员的工作负担，把志愿者当作"廉价劳动力"；认为只有那些不愁衣食及有大量空余时间的人，才有资格或有机会参加志愿工作。其实，每个人都有参与社会事务的权利和促进社会进步的能力，同样，每个人都有促进社会繁荣进步的义务及责任。参与志愿工作是表达这种"权利"及"义务"的积极和有效的形式。在服务他人、奉献社会的同时，自身的人格也得到完善与提高，精神和心灵得到满足。因此，参与志愿工作既是"助人"，亦是"自助"；既是"乐人"，同时也是"乐己"。参与志愿工作，既是在帮助他人、服务社会，同时也是在传递爱心和传播文明。志愿服务可以有效地拉近人与人之间的心灵距离，减少疏远感，对缓解社会矛盾、促进社会稳定有一定的积极作用。

（二）志愿服务的特征

志愿服务是有别于有偿服务和强制性劳动的服务。志愿服务具有公益性、自愿性、公众性、组织性四大特征。

1.公益性

公益的一般含义是公共利益，即一个社会中不特定多数人的利益。公益性是志愿服务的核心理念和根本属性。志愿服务或是出于社会利益，或是出于爱心，它是基于利他主义的、自发的、不受任何人强迫的，且不以谋取报酬为目的的自愿性行为。志愿服务的受益人或潜在受益人是不特定多数人，受益主体具有开放性和公众性。志愿服务追求的是不特定多数人的利益，即有益性。主要表现为对贫弱者以金钱或物品相助，或者提供其他一些实际援助，创造增强受助者生存与发展能力的条件，维护其基本权利。

2.自愿性

志愿服务是以道德、慈爱之心为基础，是发自个人内心的一种自由意志的主张。从事志愿服务不是被强迫的，而是人们完全自愿地对社会弱势群体无偿服务。即使人们的志愿服务意识日益增强，仍是以自愿为前提。公民把志愿服务当作个人的义务，这是一个志愿服务精神被个人内化的结果，这种内化应该是一个柔性的过程，是通过志愿服务精神的影响，体现的是"自愿性"。尽管有些志愿活动掺杂着某些义务性的或利益性的因素和压力，但是志愿活动的本质是志愿性的而非强制性的。强制参与、强制奉献、募集摊派或变相摊派、对志愿者进行单位化管理等，都不符合公益活动的自愿性原则。

3.公众性

志愿服务是公众参与社会生活的一种重要方式和途径。主要有两种形式：正式的参与和非正式的参与。正式的参与是有组织的参与，非正式的参与是指自发的、不计报酬的为社会或他人服务。志愿服务是人类社会发展的文明产物。以往的志愿服务通常是有钱人自愿将钱、物分给穷人的少数人的"善举"。而现代志愿服务的参与主体呈现多元化趋势，拥有最广泛的参与主体，无论个人还是组织均可参与志愿服务。志愿服务不是一种纯粹的个人行为，而是一种有组织、有规模的民间社会救济行为。志愿服务是一项人人可参与的事业。

4.组织性

志愿服务组织属于非营利组织。它是指那些具有为公众服务的宗旨，不是以营利为目的的组织。它的目标通常是支持或处理个人关心或者公众关注的议题或事件。在志愿服务组织中，志愿者之间的相互支持能够形成他们的同类意识，能够激起他们更强大的面对困难的勇气和克服困难的力量。志愿者组织之间进行交流协作，可以相互交流经验，共享志愿服务的成果，相互学习以促进志愿服务的发展。当志愿者发现他们所从事的活动有更多同行者在实践时，他们也会产生更大的力量，会进一步强化他们的志愿精神，也会促使他们进一步实现自我完善。志愿者组织之间应该克服本位主义，树立全局观念，将公益资源的价值最大化，肩负起共同推进社会进步的责任。在力所能及的前提下，志愿者携手合作，广播大爱，真正做到善行天下，爱心无界。

二、大学生志愿者服务的主要类型

大学生志愿服务活动类型多种多样，可根据分类标准的不同划分为不同类型。根据志愿者分类，则有专家型和非专家型志愿服务、全职和兼职志愿服务、海内与海外志愿服务；根据志愿者活动分类，则有正式和非正式的志愿服务活动、个人和集体的志愿服务活动；根据提供志愿服务的组织分类，则有非政府组织（NGO）志愿服务、大学组织的志愿服务项目、宗教团体组织的志愿服务、公司员工志愿者服务计划、政府员工志愿服务计划、社区志愿者服务组织等。安国启在《志愿行动在中国》一书中对志愿服务也进行了分类：若按志愿服务的内容分，则可分为专项型志愿服务、专业型志愿服务；若按志愿服务的层级分类，可分为国家志愿服务、社会志愿服务、公益志愿服务；若按志愿服务活动开展场所的不同分类，则可将其划分为校内志愿服务和校外志愿服务。[①]　下面，主要对当前各高校比较流行的大学生志愿服务进行简单介绍：

（一）互助或自助型志愿服务

在当今世界的许多地区，互助和自助为相当数量的人口提供了基本的社会和经济服务，以及基本的社会福利。互助是美国志愿服务的最早形式。Brian O'Connell 在谈到美国志愿者的起源时曾经说过："我们进入了一个结构一片空白的国度。我们有机会一切从头开始。对大多数人来说，破天荒第一次家族等级制度不见了。这里没有加在人们头上几百年的法律、习俗的枷锁，我们唯有相互依赖。"社会评论家马克斯·勒纳曾经说过："美国通过成为一个'志愿者的国度'，解决了我们的依赖和聚居问题。这些新的组织（教学、工会、农场主协会、消防队及其他专门组织）成为我们社会化和共同生活的网络。"这类志愿服务活动的主体一般由青年志愿者组成，志愿者或因自身成长经历，或因社会服务的需要而积极主动参与。例如，保护环境或者保护珍稀动物的志愿服务就属于互助或自助型志愿服务。在当前我国环境堪忧的情况下，在高校和众多社会组织中涌现了一大批自发性的或是组织性的环境志

---

①　安国启.志愿行动在中国［M］.北京：中央文献出版社，2002.

愿者。志愿者们参加保护环境的志愿服务活动以及环保意识宣传活动,为减少自然环境被破坏、达到人与自然和谐相处的目标,为促进环保事业的健康发展提供志愿服务。他们的加入进一步升华了志愿者服务的精神,进一步提高了志愿者服务的社会化程度,进一步增强了志愿者服务的针对性。

(二)慈善型志愿服务

慈善型志愿服务具有两方面的含义:一方面是指通过个人的善举和捐献钱物等来帮助他人改善福利和生活质量;另一方面是指通过捐赠、提供无偿服务以及其他志愿活动来帮助他人,改善他人的生活质量和精神状态。慈善活动与互助志愿活动存在差别,这种慈善性质的志愿活动的受益者并不是慈善组织本身,从中受益的是第三方。并且此类慈善活动主要存在于某些志愿部门或者社区组织内部。以1999年的美国为例,70%的美国家庭向慈善组织进行捐献,平均每个家庭的捐献为1075美元,占他们家庭收入的2.1%。在我国大学生志愿服务中,为大型活动或者自然灾害提供志愿服务就属于慈善型志愿服务。志愿者广泛地出现于一些大型活动中,并发挥了巨大的作用。例如,在北京奥运会、北京残奥会、上海世博会等大型活动中,数以千计的大学生放弃休息时间,为活动的正常开展提供志愿服务。在我国出现的自然灾害中,如洪涝灾害、地震灾害等,许多大学生志愿者捐钱捐物,同时,也做了很多抢救伤员、帮助重建灾区家园的工作。

(三)参与型志愿服务

所谓参与型志愿服务,就是指个人去参与一个组织的过程。“参与”作为一种志愿服务的重要类型存在于几乎所有的国家和地区,在市民社会组织发展完善的国家和地区,这种类型更为常见。1995年于哥本哈根召开的社会发展首脑会议,就把“参与”列为良好管理的基本形式和发展的基本标志。据调查,1999年美国成年人中有55%参与了志愿活动。重视公众参与已经越来越成为志愿服务的发展趋势。20世纪90年代以来,包括联合国在内的许多国际组织开始注重人类发展方面,他们强调人的选择和能力作为发展的核心,是人类发展的目标。他们认为既要取得经济发展,但是又不能损害和牺牲人类当前的福利,更不能损害我们后代的利益。这种有组织的志愿服务模式的参与者一般为学生和企事业单位的员工,他们大多在国家或单位的号召下参与志愿活动,并有一定的经费等有利条件作支撑。例如,我国大学生志愿服务西部计划就属于参与型志愿服务。2003年我国就启动了这项活动,每年都会定期招募一定数量的普通高校应届毕业生或在读研究生,到西部基层或山区、海岛、边远地区开展1~3年的教育、卫生、科技、扶贫等志愿服务。西部计划实施以来,得到了党中央、国务院的深切关怀,党和国家领导人多次对此项工作做出重要批示。截至2013年,共选派了11批9万名高校毕业生进行了该项计划。再如,我国大中专学生志愿者暑期文化科技卫生“三下乡”社会实践活动也属于参与型志愿服务。从20世纪90年代中期开始,我国已经有数以百万计的大学生作为社会志愿者,到祖国的西部地区和不发达地区进行志愿活动,为那些贫困地区以及受灾地区的人们提供内容丰富的志愿服务。

三、大学生志愿服务活动的意义

大学生志愿者服务活动在不为任何物质报酬的情况下,志愿者志愿贡献个人的时间、精力、金钱等,去从事社会公益和社会服务事业,为改进社会及推动社会进步而开展志愿服务活动,倡导"无私奉献、友爱互助、共同进步"的志愿精神。在当代社会主义市场经济蓬勃发展的背景下,在讲求竞争、效率、利益的同时,我们同样要注重公平、道义和爱心,需要一种新的时代精神作支撑,需要道德准则的规范,需要人与社会的协调。大学生志愿者服务活动既继承和发扬了中华民族的传统美德,又树立了时代的新风正气,成为新时期群众性精神文明创建活动的有效载体,发挥着改进社会及推动社会进步的重要作用。总的来说,大学生志愿服务活动的意义体现在以下几个方面:

(一)提升了大学生的综合素质

志愿服务活动提高了大学生的道德素质和精神境界。大学期间,学生能否树立起正确的价值取向和人生目标,对他们今后的人生成长起到决定性作用。大学生志愿服务以社会公益为宗旨,倡导志愿者精神,鼓励大学生积极主动参与到社会志愿服务中去,不计较个人利益,无私奉献,这对大学生树立正确的世界观、人生观和价值观,以及树立远大的理想和抵御贪图享受等腐朽的思想有极大帮助。当代大学生主体意识普遍较强,他们内心崇尚自我激励、完善,以构建符合当今社会主流价值观的健全的、独立的人格。志愿服务活动与志愿者精神符合现代的道德规范,获得了社会的积极评价。志愿服务虽然不计报酬,但收获了心灵的净化,提升了他人、集体和社会对自己的道德评价,这对提高大学生的道德素质而言具有非常重要的意义。同时,大学生作为特殊的青年群体,有很强的责任心和使命感。大多数大学生认为参与志愿服务是自己应尽的社会责任和义务,并希望能做一些有意义的事情来回报社会的培育,积极推动社会文明。志愿服务活动倡导的"奉献、友爱、互助、进步"的精神符合广大大学生的特点,满足了他们的心理需求。另外,随着志愿者行动的不断深化,志愿服务活动项目的专业化、知识化特点愈发明显。志愿服务活动的过程不仅仅是道德素质的提升、心灵的净化,还包括了心智水平的提升和发展。大学生志愿服务活动作为社会实践的重要形式之一,让教育不再局限于书本理论知识,而是将理论和实践结合起来,从而在服务中检验自己的学习成果。这对大学生的专业知识与技能、思维能力、动手能力和表达能力的培养起到了很大的帮助。

(二)推动了高校的校园文化建设

校园文化以其特有的氛围,使生活在其中的每一位师生员工有意无意地在思想观念、行为方式、价值取向等方面受到影响,实现着对人的个性品质的塑造,它具有陶冶、凝聚、规范、导向和激励等功能。[①] 校园文化是由学校全体师生员工共同参与创造并形成的一种文化,

---

① 韩延明.学风建设:大学可持续发展的永恒主题[J].高等教育研究,2006(3):19-24.

它体现了学校独特的育人思想和观念。高校校园文化作为一种文化形式,通常包括制度文化、物质文化和校园精神文化。高校校园文化体现了当代大学生的精神风貌、内在信仰和道德观念,是高校文化氛围和精神环境的一种反映。随着社会的发展和时代的进步,传统的校园文化已经不能满足当代大学生的精神文化需求,这就要求高校校园文化不断地创新。大学生志愿服务活动的开展,为校园文化的进一步发展提供了一个开阔的平台。面向社会的志愿服务活动,如西部义务支教活动、大学生暑期"三下乡"社会实践活动等项目,打破了传统的封闭式的校园文化模式。在志愿服务活动中,大学生将从学校学到的知识技能与社会实践结合,并在深入社会实践的过程中,在提升自我价值的同时实现高校校园文化的可持续发展。

(三)促进了和谐社会的构建

建立社会志愿服务体系是构建社会主义和谐文化的要求,这种服务体系要与市场服务和政府服务有效地结合起来。开展社会志愿服务活动的目的是要人人都来参与社会和谐的建设,可以通过开展形式多样的和谐社会创建活动,以及深入到城乡社区当中去开展社会志愿服务活动,向城乡居民宣传服务社会和相互关爱的思想,以达到促进和谐社会的建设和传播和谐道德思想的目标。而大学生志愿服务活动倡导的"奉献、互助、友爱、进步"的志愿服务精神,就体现了人和人之间的互助互爱、人与社会的共同促进以及人与自然的和谐共存,这与构建社会主义和谐社会的要求是完全一致的。随着社会主义市场经济的不断发展,不少人由于激烈的社会竞争和强烈的物质欲望而迷失了自我,人与人之间形成了一种互不信任、互不关心的冷漠习惯,人际关系越来越趋向于"沙漠化"。志愿服务活动为群众提供了互相帮助、互相关怀、互相关心的社会交往机会,降低了人与人之间的疏远感,让每一个人在为社会无偿奉献的同时,学会相互关怀、相互信任,从而形成一种"我为人人,人人为我"的团结互助精神。这将有助于进一步改善社会风气,净化社会环境,推动和谐社会的构建。

第四节　材料阅读与思考

大学生社会实践是促进大学生素质教育,加强和改进青年学生思想政治工作,引导学生健康成长成才的重要举措,是学生接触社会、了解社会、服务社会,培养创新精神、实践能力的重要途径。社会实践的内容是社会实践的基础。社会实践内容一定要实,形式要多样化,一定不能成为"水中月"、"镜中花"。请阅读下面两则短文,试分析熟悉社会实践的内容对顺利开展社会实践具有什么作用? 作为大学生,如何根据自己的兴趣爱好选择更有利于自身发展的社会实践活动? 如何理解社会实践活动对大学生成长成才的重要价值?

阅读材料 2-1

一路走来①

　　爱是一种情感,生由心,却如阳光与清泉时刻温暖滋润着生命,让生命永葆生机;爱是一种力量,让我们走在风雨之途,却能同舟共济,互相勉励,不离不弃;爱是一种呼唤,来自祖国大地无尽河山的深处;爱是一种赠予,是小朋友们的一个甜甜的微笑,一个暖暖的拥抱;爱是一种希望,总有那么一群志愿者,带着那无悔的青春,无忧的歌声,甘愿背着沉重的行囊,走向大山,走在爱的路上……

　　广西医科大学绿色沙龙环保协会(以下简称绿沙)成立于1997年10月17日,是广西首家民间环保组织、首家学生环保社团,是我国西部辽阔土地上最早成立的学生环保社团之一,是一支以医学生为主体的环保队伍,秉承着"保护环境,造福全人类"的理念,开展了以环保宣传、环境教育、自然体验、校园环保为主的各类环保活动。从1998年开始,连续组织了十七届"广西·大学生绿色营",每年暑假召集全国各地环保社团的精英就广西突出环境问题进行实地考察,开展多种形式的宣传教育。积极发动区内各高校、中专、小学成立各自的环保社团,使更多人加入到环境保护的行伍中。经过17年的磨砺,绿沙已初具规模,拥有完善的组织机构和成熟的项目,并具备了完成活动的能力,成功开展了各类影响深远的环保活动,普及环保理念,影响力不断扩大,成为广西民间环保的带头人,也是我国西部最具影响力的学生环保社团组织之一。绿沙自1997年成立以来,积极响应国家的环保政策,主动参与建设资源节约型和环境友好型社会实践活动。协会注重联合各驻邕高校环保社团,积极在广西各地开展环保活动,并得到了广西各地群众的关注及政府的支持,取得了良好的成绩,是一支具有丰富操作技能及活动经验的团队。

　　当一种行为被赋予某种信念,当一种行为已成为习惯并被流传下来,当一种行为被大家公认并自觉地遵守时,一种文化便就这样形成了。绿沙风雨兼程走过17年,在这17年的"为家乡的环境保护事业献策献力,为保护家乡的青山碧水贡献自己微薄之力"的历程中,绿沙形成了许多属于自己的独特文化,深沉了许多精华,包括"多一分宽容,打造用心交流为基础的'猪的文化'和'抢吃文化'"、"多一份责任,从我做起,以身作则的'筷子袋文化'"以及"多一份爱心,营造和谐大家庭氛围的'情结文化'和'家的文化'"。

　　在这17年的长途跋涉中,绿沙一边行走一边反思,坚持在探索中前行发展。1997年以来,绿沙会员从最初的几百人扩展至今天的上千人,规模不断扩大,一批又一批绿色种子在绿沙这个绿色大家庭生根、发芽、成长。成立至今,绿沙已回收废旧电池达数十吨,并在校园内外建立几十个废旧电池回收箱。绿沙坚持开展"弃用一次性木筷"的宣传倡议,促进学校食堂放弃向学生提供一次性木筷。绿沙每年度开展的"减卡救树"活动已成为各个学生社团效仿的活动。1998年以来,绿沙成功举办了多次大型的暑期环保考察——广西·大学生绿

---

　　① 杨晓波.杏湖芬芳——广西医科大学大学生社会实践成果文集[M].北京:光明日报出版社,2015.

色营、绿色希望暑期营和红树林保育营，本着"关注环保热点，传播环保理念，为家乡环境保护事业献力献策"的宗旨，绿色营的足迹遍布广西境内，对广西基层的环境保护事业起到了一定的推动作用。1999年，绿沙在广西引入趣味环境教育，以新颖的环教游戏方式成为全广西首家开展环境教育的民间环保组织，并于2001年率先在小学成立"红领巾绿色沙龙"，将广西的环境教育事业推向一个新的发展阶段，至今绿沙已对上千名不同年龄的青少年开展了环境教育。同时，绿沙本着"走进自然，融入自然，用自然来教导人"的理念，开创"自然体验、野外生存"系列活动，在南宁高校学生中影响广泛。2013年开始，绿沙暑期开展四个营，分别是广西·大学生绿色营、广西绿色希望环教项目营、红树林保育营和自然体验营，这四个营各具特色，相互学习提高。

环保路上，我们肩负了对社会的责任，对未来的承担，对创造事业的预备。我们成长为一名环保主义者，对一片水，对一座山，对一只鸟，对一棵树……都能产生欢喜，具有真正的欢喜情怀。作为一名医学生，我们能把对环境的热爱、对信念的执着与坚守，拓展到对学习、对人生、对医护对象、对他人、对世间一切可爱事物的热爱。能够提升人文自我，提升生命的价值，创造人生美丽且壮丽的诗篇！

阅读材料 2-2

创新大学生社会实践活动内容和形式的对策[①]

新形势下大学生社会实践内容和形式的创新，是当今时代对创造型和应用型人才培育提出的现实要求。创新大学生社会实践活动既要从社会实践活动的内部入手，同时也要积极创新外部环境，形成内外协同、共同促进的局面。

一、进一步提高大学生社会实践内容的广泛性

在大学生社会实践教育的内容体系中，爱国主义教育、民主法制教育、形势政策教育、劳动技能教育等内容应始终坚持。新形势下，知识经济对创造性人才的需求也对社会实践内容的开放性提出了更高要求，社会实践应增加创新意识、竞争观念、科学思维方法、创造力的培养等内容。从培养大学生创新意识和促进大学生全面发展的目的出发，大学生社会实践内容的设定应科学、全面、充实，比如在具体活动方案制定和选择中，应鼓励跨学科选择，注重实践知识面的拓宽和创造性思维能力的培养。进一步提高社会实践在大学生教育计划中所占的比重，充分利用其培养学生动手能力、活动能力、创造能力、组织能力的特征，发挥社会实践活动直观性强、感触性深、教学效果明显的优势。

二、进一步提高教学计划内社会实践的比重

目前，大多数高校社会实践形式分教学计划内实践和教学计划外实践。新形势下大学

① 肖丽.新形势下创新大学生社会实践活动内容与形式对策分析[J].重庆城市管理职业学院学报，2012(1)：21-23.

生社会实践的形式将更加灵活,不应仅仅局限于教学计划内实践和教学计划外实践之分,而应根据各年级学生的特点和培养计划,规定或建议采取一系列活动形式。目前,高等院校采取的教学计划内社会实践形式主要有见习实习、公益劳动、军事训练等,主要教学计划外社会实践形式有社会调查、勤工助学、挂职锻炼以及社会事务等。计划内社会实践主要由学校教务部门制定计划并落实,计划外社会实践主要由各院系团委、学生组织落实。相比较而言,计划外社会实践在规范化管理、具体效应落实方面较为逊色,因此应尽可能地将社会实践纳入教学计划内实施。内容扩大的教学计划内社会实践应根据各年级特点、各专业要求科学设定,院系团委、学生组织应积极配合,同时应以必修和选修作为区别,采取灵活性、时效性较强的实践形式。比如一年级学生应进行军训、课余时间安排勤工助学、寒(暑)假期间安排生产见习和社会调查、重大节日开展相关公益实践活动等。

三、进一步创新社会实践活动的组织管理机制

创新大学生社会实践的内容和形式,必须加强大学生社会实践工作的组织和管理。大学生社会实践工作的组织管理部门首先应在思想上体会社会实践对学生全面发展和成才的重要作用,在制定社会实践规划及具体实施计划时,要注重综合考虑和个体针对性相结合,即在综合制定实践计划的基础上,针对学生实际情况具体安排和实施。大学生社会实践是学生培养计划的重要组成部分,应将社会实践纳入目标管理,在立足培养创造性人才的基础上,制定社会实践大纲、确定社会实践的总体目标。在目标实施过程中,组织管理部门要进一步加强领导和管理,注重实践过程中的系统协作和对目标实施效果的考核评价,并及时调整下一项社会实践计划。如根据学生的个性和实际情况,在培养学生能力和弥补不足的目标下有针对性地安排实践活动;在积极为学生提供人力、物力支持的基础上注重激发学生的主动性、积极性和创造性;活动前应尽可能全面地征集学生意见,活动后要求学生认真总结撰写实践报告,并注重实践效果的检查和意见的反馈。

四、进一步优化创新大学生社会实践活动的社会环境

创新大学生社会实践的内容和形式,进一步增强大学生社会实践的效果,需要进一步明确政府和高校的责任,需要进一步争取社会各界的理解、支持和配合。大学生社会实践工作是一项全面、系统、科学的工程,需要管理部门和社会各界的通力协作。大学生社会实践内容形式的创新和实践效果的实现,要求组织管理部门变一般性号召为实质性指导,要求管理部门和社会各界真正把工作做实、做细,要求以社会教育为主的校外教育活动的有效组织实施和内容形式的创新。如在开展社会实践之前,高校要对学生进行系统指导,包括学生安全保障、实践操作步骤、实践报告写作等;在开展社会实践的过程中,要注重社会教育广泛性的发挥和社会教育场所、设施的利用;在开展社会实践后,要注意收集实习单位的信息反馈,组织学生做好实践总结。

复习思考题

1.举办一次社会实践活动交流会,整理同学们对不同类型社会实践活动的经验和做法。

2.随机选择100位同学,采用问卷调查的方式,调查大学生参加社团的数量、种类及目的,最后整理形成调查报告。

3.跟同学一起,利用假期去做志愿者服务,体验服务社会的快乐,并学会克服志愿活动中的困难,最后就志愿服务写一篇心得体会。

拓展阅读

1.张国栋.大学生社会实践探索[M].沈阳:辽宁大学出版社,2009.

本书从界定大学生社会实践的基本内涵开始,分析了大学生社会实践的特点和功能,追溯了大学生社会实践的理论渊源与历史发展,依次描述了国内外大学生社会实践的经验和做法,总结了当前国内大学生社会实践的收获和存在的主要问题,并剖析了原因,最后就大学生社会实践如何进行机制创新和加强组织管理提出了自己的看法。全书力图从历史与现实的结合、理论与实践的结合、国内与国外的结合、经验总结与理论创新的结合上把握大学生社会实践的全貌,这也是该书的特色。

2.伍德勤.大学生社团活动的理论与实践[M].合肥:合肥工业大学出版社,2011.

本书的读者对象设定为大学生社团的管理者和热心社团活动的大学生们,所以明确的编写原则是理论与实践相结合。第一至第四章为基本理论部分,但也本着理论联系实际的原则,做到通俗易懂,突出可读性。随着我国高等教育的不断发展,特别是近十年来,大学生社团发展迅速,大学生社团已成为我国高校课外教育的重要阵地,也是大学生成才的重要途径。但是由于历史的原因,我国大学生社团在发展的过程中也存在不少问题需要研究。正确认识高校学生社团的育人功能,探索学生社团发展的规律,加强对学生社团的引导和管理,对促进学生社团的健康发展和充分发挥社团的教育作用具有重要意义。

3.陈曦.大学生志愿服务[M].北京:冶金工业出版社,2009.

本书立足于北京科技大学的志愿服务与公益劳动实践课程,介绍志愿者与志愿服务,概述志愿者应具备的素质和如何开展志愿活动,并通过北京科技大学志愿者服务的具体管理实践及志愿者服务网络系统课程来论述大学生志愿服务管理。

本书通过理论解读、延伸阅读、案例分析、文件摘选等方式,从志愿服务的知识、技能、参与、组织、管理等方面论述大学生志愿服务的相关知识和操作实务,对大学生志愿服务具有指导作用。

本章主要参考文献

[1]刘同国.大学生社会实践现状与发展研究[D].济南:山东师范大学出版社,2010.

[2]张青.走在社会实践路上[M].青岛:青岛出版社,2007.

[3]安国启.志愿行动在中国[M].北京:中央文献出版社,2002.

[4]韩泽春,王秋生.实施扶贫顶岗实习支教　开拓思想政治教育新路[J].中国高等教育,2012(24):32-35.

[5]胡树祥、谢玉进.大学生社会实践类型的新思考[J].学校党建与思想教育,2009(2):14-17.

第三章
大学生社会实践的计划

学习目标

- 了解大学生社会实践计划的含义及特征。
- 掌握大学生社会实践计划制订的主要步骤。
- 掌握大学生社会实践活动设计的主要流程。

社会实践活动是大学生思想政治教育的重要组成部分,其目的在于加强学生对基本理论知识的理解,提高学生的思想政治素质和观察、分析社会现象的能力。为保障社会实践活动顺利而健康地运行,大学生必须了解社会实践计划的制订,遵循社会实践活动的客观规律,学会社会实践项目的设计和方案的编制。

第一节　大学生社会实践计划的制订

大学生社会实践活动是提高大学生思想道德素质,加强和改进大学生思想政治工作,引导大学生健康成长成才的重要举措,是大学生接触社会、了解社会、服务社会,培养实践能力、动手操作能力和创新精神的重要途径。为提高社会实践活动的实效,编制社会实践活动计划是必不可缺少的重要环节。

一、计划的含义与特点

(一)计划的含义

计划是单位、部门或者个人,在未来一定时期内对学习、工作或是生活方面制定的目标任务以及其目标任务完成的时间、步骤、方法等的设计和安排,并用文字和指标等形式所表达出来。[①] 曾有人做过一个实验:组织三组人,让他们分别沿着十公里以外的三个村子步行。第一组的人不知道村庄的名字,也不知道路程有多远,只告诉他们跟着向导走就是。刚走了两三公里就有人叫苦,走了一半时有人几乎愤怒了,他们抱怨为什么要走这么远,何时才能走到?有人甚至坐在路边不愿走了,越往后走他们的情绪越低落。第二组的人知道村庄的名字和路段,但路边没有里程碑,他们只能凭经验估计行程时间和距离。走到一半的时候大多数人就想知道他们已经走了多远,比较有经验的人说:"大概走了一半的路程。"于是大家又簇拥着向前走,当走到全程的3/4时,大家情绪低落,觉得疲惫不堪,而路程似乎还很长,当有人说"快到了"时大家又振作起来加快了步伐。第三组的人不仅知道村庄的名字、路程,而且公路上每一公里就有一块里程碑,人们边走边看里程碑,每缩短一公里大家便有一小会儿的快乐。行程中他们用歌声和笑声来消除疲劳,情绪一直很高涨,所以很快就到达了目的地。上述实验表明,要想带领大家共同完成某项工作,首先要让大家知道要做什么,即要有明确的目标(走向哪个村庄),当人们的行动有明确的目标,并且把自己的行动与目标不断加以对照时,行动的动机就会得到维持和加强,人就会自觉地克服一切困难,努力达到目标。其次要指明行动的路线,这条路线应该是清楚的(如路标),也就是说,要提出实现目标的可行路径,即计划方案。这些是有效开展工作的前提。

(二)计划的特点

1.普遍性

从计划的定义可以看出,为达到预期的目标和任务,都需要制订相应的计划,从国家到一个单位,甚至是个人,都是这样。计划更是每一个管理人员的基本职能。由于人的能力是有限的,现代组织中的工作又是如此复杂,即使是最聪明、最能干的领导人,也不可能包揽全部计划工作。因此,实际的计划工作涉及组织或企业中的每一位管理者及员工,上至高层管理者,下至基层管理及员工。一个组织的总目标确定后,各级管理人员为了实现组织目标,使本层次的组织工作得以顺利进行,都需要制订相应的分目标和分计划。这些具有不同广度和深度的计划有机地结合在一起,便形成了一个多层次的计划系统。因此,计划具有普遍性。

[①]　冯光.现代公文写作与实践[M].北京:高等教育出版社,2015.

2.预见性

这是计划最显著的特点之一。计划不是对已经形成的事实和状况的描述,而是在行动之前对行动的任务、目标、方法、措施所做出的预见性确认。但这种预想不是盲目的、空想的,而是以上级部门的规定和指示为指导,以本单位的实际条件为基础,以过去的成绩和问题为依据,对今后的发展趋势做出科学预测之后做出的。可以说,预见性是否准确,决定了计划编制的成败。

3.指导性

计划是根据党和国家的方针政策、上级部门的工作安排和指示精神而定的,是针对本单位的工作任务、主客观条件和相应能力而定的。指导策略就是为了实现某一个目标,预先根据可能出现的问题制订若干对应的方案,并且,在实现目标的过程中,根据形势的发展和变化来制订新的方案,或者根据形势的发展和变化来选择相应的方案,最终实现目标。因此,制订任何一项计划,必须明确在一定时间内需要完成什么任务、获得什么效益。这也就成了工作的方向和依据。

4.可行性

可行性是和预见性紧密联系在一起的,预见性准确、针对性强的计划,在现实中才真正可行。如果目标定得过高、措施无力实施,这个计划就是空中楼阁;反过来说,目标定得过低,措施方法都没有创见性,实现虽然很容易,却不能因而取得有价值的成就,那也算不上有可行性。因此,对未来的预测,应该建立在客观实际的基础上,以现有的条件为基础,以过去的成绩为依据来做出预测,并切忌盲目地、无根据地制订计划。这样才能使计划有可行性。

5.可变性

如果在计划执行的过程中,客观情况发生了变化,就要适时地予以修订。所以,计划既要有指导性,也要有可变性。同时,考虑到未来的变化,计划的制订还应该有弹性,可以预测未来可能的变化,辅以备选的多套计划。因此,"计划没有变化快"这句话有它的道理,但是它的意义不是叫你不要做计划,而是叫你做多套计划。正所谓:计划并不能保证你成功,但能够让你为将来做好准备。

二、大学生社会实践计划的含义与特征

(一)大学生社会实践计划的含义

大学生社会实践计划是实践者在开展社会实践活动前撰写的一份予以指导、规范实践行为的计划书。其除了对实践活动项目起计划指导作用外,还是项目能否成功申报的关键因素。因此,大学生社会实践计划的撰写是社会实践开展前的关键一环。一份完整的社会实践计划书主要包含以下几个部分:活动背景、目的及意义、活动时间与地点、活动日程、人员安排、安全应急预案以及实践活动后的总结等内容,撰写一份具体的计划书应该依据实际项目情况而定。

（二）大学生社会实践计划的特征

在社会实践活动日益成熟的过程中，社会实践计划书已经成为不可或缺的一个环节，其主要特征如下：

1. 目的性

一般说来，无目的性的行为便无成果而言，确立明确的目的是顺利进行社会实践活动的首要前提。为什么要开展社会实践活动，进行社会实践活动要达到一个什么目的，学生心中首先要清楚这些问题，然后把目的通过一定的形式贯穿下去。那些无目的或有"模糊性"目的的社会实践活动非但不能产生多大的正面教育作用，反而会引起一些不应有的负面影响，随意性更是社会实践活动之大忌。社会实践计划是在社会实践活动前必须完成的工作。在社会实践计划的制订中，一项重要工作就是要明确社会实践活动的主题、目的及预期成果，让团队成员朝着既定目标共同努力。

2. 可操作性

可操作性是指事情或项目的组织管理程序、方法在具体实施前及实施过程中是否能很好运用起来、运用是否流畅，以至于最后的行动能否实施得下去。社会实践计划不仅是参加社会实践所必需的，也是指导社会实践所必需的。它对整个社会实践活动起到的是引领作用。因此，社会实践计划应该具有可操作性，才能在具体实践过程中更加完美地实现它的作用。

3. 实用性

实用，即指实际使用价值，语出《商君书·农战》："今世主皆忧其国之危而兵之弱也，而强听说者。说者成伍，烦言饰辞而无实用。"社会实践计划的实用性就是指计划具有实际使用价值。随着大学生社会实践活动关注度和普及性的提高，申请条件越来越严格，一些主题不明确、内容陈旧的社会实践项目必然会被淘汰。因此，社会实践必须要基于社会热点、客观事实，并且要通过这些实践项目为社会做出一定贡献。

4. 不确定性

社会实践计划是在活动开展前制订的，无论是活动日程安排、人员安排还是资金支出都是对实践活动的一种规划或者设想。因此，社会实践计划只是对社会实践活动的初步安排，具有不确定性。具体活动事项和细节要根据实际情况而定，当客观实际情况发生了变化，社会实践计划也同样要随着具体实际情况的变化而做相应的调整。

三、大学生社会实践计划制订的必要性

计划是管理活动的重要组成部分，只有制订了完善的计划，才能更加有效地开展某项管理活动。人们常说，有些事没法做。这样只能解释为制订的计划不科学。俗话说，计划赶不上变化，但做计划正是为了应对变化，降低事件的不可预见性。《孙子兵法》又讲："夫未战而庙算胜者，得算多也；未战而庙算不胜者，得算少也；多算胜，少算不胜，而况于无算乎！吾以此观之，胜负见矣。"而哈罗德·孔茨也认为，计划工作是一座桥梁，它把我们所处的此岸和

我们要去的彼岸连接起来,以克服这一天堑。这都说明计划的制订对工作的正常开展具有重要作用。古人讲:"凡事预则立,不预则废。"所有活动无论大小、重要与否,事先都必须有计划。在社会实践活动过程中,制订计划的必要性主要表现在以下几方面:

(一)指明了社会实践活动的方向

人们常说,如果一个人没有了希望,也就没有勇气;如果没有了目标,也就没有了动力。而计划之中,恰恰包含着一个人的希望和目标,对这种目标和希望,计划之中虽然没有过多地进行修饰和描绘,但实际上它里面已经包含着一个灿烂的前景和美好未来。同样,计划明确了社会实践活动的目标和具体的步骤,这样就可以让大家朝着共同目标而努力,增强社会实践活动的主动性,减少盲目性,从而使社会实践活动有序进行。

(二)提高了社会实践活动成功的可能性

我们知道每一个企业都有自己的计划,这些计划明确了我们的生产任务、质量任务、管理任务、节资降耗任务等,以便企业在工作中围绕这些任务开展工作。同样,社会实践活动的开展也需要一个计划,来明确我们要做什么、要完成哪些事。计划为社会实践活动的具体实施提供切实可行的解决方案,因此,按照计划进行的社会实践活动,达成社会实践预期目标的可能性会大大提高。

(三)增强了社会实践活动的效率

从经济学的观点看,人总是追求效用最大化,也就是说让每一分钱都花得值,并且效用越大越好。从这一目的出发,制订计划更是有必要。通过计划,对社会实践活动的轻重缓急进行合理安排,使得社会实践活动更加有效率。

(四)提高了资源利用率

一切都在计划范围内,就能做到游刃有余。此外,在实现目标的过程中,没有计划而导致的各种损失也不可忽略,例如,宝贵的时间以及其他直接经济损失。因此,在社会实践活动开始之前制订计划时,应通过各种方案的分析,选择最有效的方案用于实施社会实践活动,使有限的资源得到合理的配置,从而减少资源浪费,提高资源利用率,以更好地完成社会实践活动的目标。

四、大学生社会实践计划制订中应遵循的原则

社会实践计划是保证社会实践顺利开展的第一步,社会实践计划直接关系到社会实践开展的情况,甚至是实践项目开展与否的决定因素。因此,社会实践计划的制订首先要确保内容的合理性和可行性,同时又要将整个社会实践的细节考虑在内,要始终把安全放在首位。社会实践计划编写的原则主要有以下几个方面:

（一）坚持"以人为本"原则

坚持"以人为本"原则,就是在制订社会实践活动计划时,牢固树立实践育人的思想,把提高大学生思想政治素质作为社会实践活动的首要任务,使大学生在实践过程中受教育、长才干、做贡献。

（二）坚持理论联系实际原则

坚持理论联系实际原则,就是在制订社会实践计划时,注意将理论与实际相结合、课堂与社会相结合、集中与分散相结合,尽可能多地让每一个大学生深入基层,双向受益,提高社会实践的针对性和吸引力。

（三）坚持安全第一原则

坚持安全第一原则,就是在制订社会实践计划时,根据学生个体和地域实际,分析活动安全风险,提出较为详细的安全预防方案,并预留多个活动方案,确保整个社会实践活动的安全。

（四）坚持就近原则

坚持就近原则,就是在制订社会实践计划时,在团队组成方面坚持团体性并采取就近原则,即注意由家乡所在地一致或相近城市、地区的人员组成团队,并在其家乡所在地附近围绕一个或多个主题开展社会实践活动。

（五）坚持自由申报与重点组队相结合原则

坚持自由申报与重点组队相结合原则,就是在制订社会实践计划时,坚持社会实践的自由申报与重点组队相结合,在发挥重点团队导向作用的同时,充分发挥大学生的主动性和创造性,确保每一个大学生都能参加社会实践。

五、大学生社会实践计划制订的步骤

（一）社会实践目标的分解

美国哲学家、诗人爱默生说:"一心向着自己目标前进的人,整个世界都为他让路!"由此可见,目标对一个人顺利完成某项活动具有重要作用。主要表现为,目标为人们的行为明确了方向,使人们充分了解自己的行为所产生的影响;可以让他们意识到什么是最重要的事情,有助于人们合理安排时间;可以清楚地评估每个行为的开展情况,对每个行为的效率做出积极正面的评价;可以提前预测结果,稳定成员的情绪,从而产生持续的信心、热情和动力。

社会实践计划的制订是为了完成具体的社会实践目标,而根据社会实践目标的时间跨度和范围,要将社会实践目标进行分解。如果是长期目标,则需要划分成若干个短期目标;或将大的团队目标分解成小的个人目标。这样,分解后的社会实践目标就为具体社会实践计划的制订提供了坐标。目标的分解就是将一个大目标划分成若干个小目标,再把小目标分解成多个更小的目标,这样一直分解下去,一直到知道能干什么、该干什么。注意目标分解的原则是:小目标是大目标的条件;大目标是小目标的结果;小目标是大目标实现的桥梁。

(二)社会实践事项或任务的排序

某一项社会实践目标均对应着具体的工作事项或任务。做任何事情总有个轻重缓急,与大学生社会实践活动相关的事项或任务也有个先后顺序。如大学生在进行社会实践调研时,他需要完成电话预约、查询路线、准备社会实践方面的资料、拜访社会实践相关单位(或部门)的相关人员、填写差旅或交通发票、撰写社会实践日志等事项。另外,他可能还有其他事情要处理,比如到社会实践相关单位(或部门)进行实地查看、对社会实践相关单位(或部门)的相关人员进行拍照等。而这些事项,都需要进行适当的排序,以促使当天的任务能够妥善完成。为使社会实践活动顺利进行,对社会实践事项或任务进行排序非常重要。在对社会实践事项或任务进行排序时,要注意以下几点:

1.轻重缓急,要事第一

(1)紧急的事情,要立即去做。对社会实践活动过程中出现的紧急事情要非常重视,并立即去做,直到问题解决或任务完成时为止。例如,设备出故障,与重点对象进行的访谈,有期限压力的计划,偶发事件(看病、救火),等等。

(2)重要的事情,要定出时间去完成。这类事务看起来一点都不急迫,可以从容地去做,但却是师生要下苦功夫、花大精力去做的事,是师生的第一要务。例如,社会实践规划的制订,社会实践技能的提升,创新能力的培养,人际关系的建立,新机会的发掘,安全隐患的防范(锻炼、防火),等等。

(3)不重要的事情,要打发时间去完成。先想一想:这件事如果根本不去理会,会出现什么情况呢?如果答案是"什么事都没发生",那就应该立即停止做这些事。例如,并不重要的电话或信件的回复,无谓的交际应酬,个人嗜好的沉迷,点滴时间的浪费,等等。

(4)其他事情,需要授权他人去做。这类事务也需要师生赶快处理,但不宜花过多的时间,最好是授权他人处理或另约时间。例如,下属请示及汇报,临时会议及邀约,某些电话及邮件,日常文件批阅,不速之客到访,等等。

2.追求效率,统筹安排

效率就是单位时间内完成的工作量。据说,一个效率糟糕的人与一个高效的人的工作效率相差可达10倍以上。人们在生活或者工作中无论做什么都应当有较高的效率,这在无形中就可以延长时间,这是注重效率的好处。同样是一天,同样是一样的工作目标,有的人完成得就比别人好、比别人快,这是为什么呢?除了工作技能的娴熟之外,很重要的一个方面,就是高效率的人懂得统筹安排。我们都知道一个"先装石头还是先装沙子才能发挥罐子最大容量"的故事模型。类比到时间的统筹安排上,则就是利用大块的时间处理"大块"的事情,利用琐碎的时间处理琐碎的事情,利用等待的事件兼做其他的事情(比如在旅途中可以打电话或者构思计划)。

(三)确定社会实践活动方案

1.社会实践活动方案的含义

方案是进行工作的具体计划或对某一问题制订的规划。方案一词,来自于"方"和"案"。"方"即方子、方法。"案",书案,读书、写字都是案。案的等级比桌高,反映到词汇中就是案件、文案,过去我们说审案子,就是在案子面前审理这件事,后引申为考虑问题、正式的商议,都和"案"有关。"方案",即在案前得出的方法,将方法呈于案前,即为"方案"。

社会实践活动方案是指大学生为完成社会实践活动所制订的书面计划,包含具体活动实施办法细则及步骤等,对具体将要进行的社会实践活动进行书面的规划,对每个步骤的详细分析与研究,以确保社会实践活动的顺利进行。一份完整的社会实践活动方案应该明确以下问题:社会实践活动的主题是什么?具体在什么时间段开展某项社会实践活动?社会实践活动的目的及意义是什么?有哪些人员参加这项社会实践活动?社会实践活动的具体内容有哪些?社会实践活动的过程如何设计?人们对社会实践活动开展情况有什么评价?社会实践活动是否达到预期的效果?社会实践活动过程中存在哪些困难和问题?对今后开展类似的社会实践活动有什么建议?等等。

2.社会实践活动方案的主要内容

对事项或任务排序以后,要对每个事项或任务拟定具体、清晰的行动方案。行动方案包括七大要素("5W2H"):What——做什么?事项清单?Why——为什么做?目的是什么?Who——谁去做?联系谁?Where——在哪里做?When——何时做?何时完成?How——怎样做?实施战术?How much——所需资源?需多大代价?具体分析如下:

(1)社会实践活动计划书的名称。这部分内容尽可能具体地写出实践活动的名称,如"关于舟山金塘留守儿童问题的调研活动方案",格式为页面居中。当然也可以在写出正标题后,再添加一个副标题写在下面,如"温暖留守儿童,关爱农村教育——关于舟山金塘留守儿童问题的调研活动方案"等。

(2)社会实践活动背景。这部分内容应根据策划书的特点在以下项目中选取内容重点阐述,具体项目有:基本情况简介、主要执行对象、近期状况、组织部门、社会实践活动开展原因、社会影响以及相关目的和动机。然后应说明问题的环境特征,主要考虑环境的内在优势、弱点、机会及威胁等因素,对其作好全面的分析,将内容重点放在环境分析的各项因素上,对实践活动所涉及的情况进行详细的描述,并通过对情况的预测制订计划。如环境不明,则应该通过调查研究等方式进行分析。

(3)社会实践活动的目的、意义和目标。社会实践活动的目的与意义要用简洁明了的语言将其要点表述清楚。在陈述目的要点时,该社会实践活动的核心构成或策划的独到之处及由此产生的意义(经济效益、社会利益、媒体效应等)都应该明确写出。社会实践活动的目标要具体化,并需要满足重要性、可行性、时效性等要求。

（4）社会实践需要的资源。社会实践活动所需的人力资源、物力资源、需要的场地等都要详细列出，而且可以列为已有资源和需要资源两部分。

（5）社会实践活动的开展。作为策划的正文部分，表现方式要简洁明了，使人容易理解，但表述方面要力求详尽，写出每一点能设想到的东西，避免遗漏。在此部分中，不仅仅局限于用文字表述，也可适当加入统计图表等。对策划的各工作项目，应按照时间的先后顺序排列，绘制实施时间表有助于方案核查。人员的组织配置、社会实践活动对象、相应权责及时间地点也应在这部分加以说明，执行的应变程序也应该在这部分加以考虑。

（6）社会实践经费预算。社会实践活动所需要的各项费用，应该根据实际情况进行具体、周密的计算后，用清晰明了的形式列出。

（7）社会实践活动中应注意的问题及细节。内外环境的变化，不可避免地会给方案的执行带来一些不确定性因素，因此，当环境变化时是否有应变措施、损失的概率是多少、造成的损失多大、应急措施等也应在策划中加以说明。

（8）社会实践活动负责人及主要参与者。在方案中要注明社会实践活动的组织者、参与者、社会实践走访的单位及联系方式等（如果是小组策划应注明小组名称、负责人等）。

（四）撰写社会实践活动计划书

为保证社会实践活动的正常进行，参与者都需要撰写不同类型的计划书。比如，简单的计划书，只需要的一个简单的 Excel 表即可，而正规一点的计划书，通常都包括三部分：标题、正文、结尾。

1. 标题

计划书的标题有两种写法：一个是"三要素"写法，即由发文机关、计划内容和文种三部分组成，如《×××大学五年发展规划总体方案》；一个是"两要素"写法，即省略发文机关，但这个发文机关必须在领头的"批示性通知"（文件头）的标题中体现出来，如《发挥学生主体性，开展社会实践活动方案》。另外，为郑重起见，方案的成文时间一般不省略，而且要注在标题下。

（1）全称标题。全称标题包含以下四项：制订计划单位的名称、计划的适用时间、计划的主体内容和计划的类型，如《水产养殖系 2016 年暑期大学生社会实践活动方案》。

（2）简称标题。简称标题为全称标题的缩写。有的省略时间，如《管理学院大学生社会实践活动方案》；有的省略单位，如《2016 年度大学生社会实践活动工作要点》；有的省略单位和时限，如《大学生社会实践活动工作计划》。

（3）文章式标题。文章式标题按照计划的内容或要达到的目标来制定。如《开展社会实践活动，提高学生的实践能力》，如果该计划尚未得到批准，则要在标题后或正下方注明其成熟度，如"草案"、"讨论稿"等字样，并加上圆括号。

2. 正文

计划书的正文一般有两种写法：①常规写法，即按"指导方针"、"主要目标（重点）"、"实施步骤"、"政策措施"、"要求"几个部分来写，这个较固定的程序适合于一般常规性单项工作；②变项写法，即根据实际需要加项或减项的写法，适合于特殊性的单项工作。但不管哪种写法，"主要目标"、"实施步骤"、"政策措施"这三项是必不可少的，实际写作时的称呼可以不同，如把"主要目标"称为"目标和任务"或"目标和对策"等，把"政策措施"称为"实施办法"或"组织措施"等。在"主要目标"一项中，一般还要分总体目标和具体目标；"实施步骤"一般还要分基本步骤和关键步骤，关键步骤里还有重点工作项目；"政策措施"一般还要分"政策保证"、"组织保证"和"具体措施"等。计划书也可以是下级或具体责任人为落实和实施某项具体工作而形成的文件，然后报上级或主管领导批准实施。写法要求同上。正文一般由前言、主体和结语构成。

（1）前言（指导思想）。前言是计划书的总纲，回答项目"为什么做"和"能不能做"的问题，语言应准确鲜明、简练扼要。

（2）主体（计划事项）。主体是计划的核心内容，要求任务具体、目的清楚、落实到人、措施得力、时限明确等。

（3）结语（执行希望）。结语一般写希望和意见两项，也有的不写结语。如有结语，要有鼓动性和号召力。

3. 结尾

结尾一般包括两项：制订计划的单位名称和完成计划的日期。日期写在正文的右下方，一定要详写，包括年、月、日，如有必要，最后应加盖公章。

第二节 大学生实践活动的设计

随着社会对大学生实践能力的重视，大学生社会实践已经成为其求职和就业的敲门砖。基于此，大学生社会实践活动愈发地被各大高校及广大学生所重视。社会实践活动的设计是大学生进行社会实践的第一步，也是大学生实践活动实施的重要前提。本节主要阐述如何设计实践活动，以便提高社会实践活动的效率。

一、大学生社会实践活动设计的流程

大学生实践活动流程是实践活动设计的基本框架，根据实践活动不同的侧重点，可灵活地调整活动流程的顺序，使实践活动更加贴合实际情况，达到预期理想的结果。

（一）了解实践活动的相关政策

每年各大高校的暑期社会实践活动一般是以五月中下旬的宣讲工作和布置为开始，一直到暑期社会实践活动总结为结束。大学生可通过暑期社会实践宣讲会初步了解社会实践活动的主题、内容及政策，也可从各学校网站下载相关文件，或者咨询各院系团委老师或是负责社会实践工作的学生干部等，以充分了解关于社会实践的工作安排和相关要求。

（二）开展前期咨询

在社会实践活动准备工作之前，学生可向学校团委、各院系分团委、各院系社会实践指导教师详细咨询社会实践的主题、内容、流程等。要提前与带队教师和团队成员研讨实践活动相关的具体事宜，也要向曾参与过暑期社会实践的同学了解活动过程中可能会遇到的问题，从中更详尽地了解暑期社会实践活动的经验教训，以利于社会实践活动更顺利地开展。

（三）确定社会实践活动的主题

社会实践活动在开展之前，确定其主题是一项非常重要的工作。确定社会实践活动主题之后，就需要确定社会实践活动的方案、内容等。如何确定社会实践活动的主题？社会实践活动组织者主要根据每年校团委暑期社会实践活动的选题范围，结合个人兴趣、相关专业、组织特性以及指导教师的意图，初步确定选题范围。主题初步确定后，可与团队指导教师商洽，最终确立社会实践活动的主题。

（四）发起活动倡议

社会实践活动组织的核心是寻找活动的核心人员。社会实践活动的组织者可根据课题性质确认团队的核心人员，也可通过同学介绍、学生会等社团部门推荐或者全校性招募等方式选择团队核心成员。核心成员不宜过多也不宜过少，要结合社会实践活动的性质、活动内容、成员能力等多方面因素，综合考虑，注重合理搭配。

（五）制订社会实践活动方案

社会实践活动应由活动核心成员共同制订。一个完整的方案应该包括以下内容：社会实践活动的宗旨、目的、意义，团队其他人员的招募，队员的体能培训方案，社会实践活动进程安排，团队应急预案，活动资金预算等内容。方案应具有可行性，社会实践活动成员应分工明确，经费预算合理，社会实践活动进度要和学校团委要求的暑期社会实践时间安排相适应。社会实践活动方案初步完成后，可找专业的指导教师和团队的带队教师对方案进行可行性评估，并提出修改意见，确定最终方案。

（六）组建实践团队

团队组成人员一般包括团队队长、指导教师、联络员、卫生安全员和财务管理员等。因团队性质的不同，各团队的成员结构也各异。应按照团队制订的社会实践活动计划，有针对性地在全校范围内招募其他团队成员，最终成立实践团队。招募结束后，再次明确团队成员的分工情况，成员间达成共识，共同完善团队社会实践活动方案。

（七）上报社会实践活动申请

实践团队负责人可以到其所在院系的分团委领取社会实践活动申请的相关材料，在规定的日期内完成申报材料并上交学校主管部门。社会实践活动申报材料要根据校团委的要求认真、仔细、规范地填写，具体要求可参照当年《暑期社会实践活动通知》中的申报说明。社会实践活动申请材料主要包括:《暑期社会实践活动申报书》、《暑期社会实践团队立项审批表》、《暑期社会实践团队经费预算表》、《暑期社会实践活动方案》、《安全承诺书》、《应急预案》等。

(八)开展团队培训工作

团队培训是社会实践活动开始前最重要的一部分。团队可邀请有相关经验的教师或往届暑期社会实践的优秀人员对团队成员进行培训。团队培训的主要内容包括生存技能、专业知识、体能、安全知识和紧急医疗知识等。例如,体能训练是开展良好社会实践活动的前提。对队员们进行针对性的体能训练,既是为了增强他们的身体素质,也是为了培养团队成员间的合作精神,同时也为长时间、高强度的社会实践做好准备。再如,安全、医疗知识培训是暑期社会实践活动的必要条件。安全知识培训可有意识地培养队员们的安全意识,使活动发生危险事故的概率降低到最低。另外,医疗知识培训可加强团队应对突发事件的能力,在紧急时刻确保团队成员的身体安全。

(九)做好出发准备

社会实践活动出发前,团队负责人需要再次确认路线、社会实践的内容、是否购买保险、社会实践过程中需要的证件和证明是否备齐等。出发前夕,团队负责人要进一步与实践地取得联系,确保社会实践活动的顺利开展。另外,团队安全管理员需要准备好相关医疗应急用品;各组队员需要自行准备好生活必需品,如相关证件、通信工具、笔记本电脑、笔、笔记本、雨具、水杯、摄影工具以及一般常用药品等。

(十)开展社会实践活动

实践团队根据实践活动主题统一安排实践活动,力求务实创新,取得实效,切忌走马观花。在实践活动过程中,每位成员每天必须完成不少于一篇的暑期社会实践活动日志,字数不少于 200 字,活动结束后认真做好总结,总结材料的字数不少于 2000 字。在此基础上,撰写社会实践的调研报告,字数不少于 4000 字。有条件的实践团队,还要整理相应的录音材料或摄像记录,并对社会实践活动进行实时报道。实践团队的队长必须每天定时向校团委汇报实践活动的进展,有条件的团队还可以向校团委上传社会实践活动的图片资料。在实践活动开展过程中要特别注意安全,确保社会实践活动稳定有序地进行。如出现紧急情况,应冷静沉着面对,并及时上报学校,以共同解决相关问题。另外,社会实践活动要按照预先设计的方案执行,具体细则视具体情况而定,但要确保在规定时间内完成规定任务,若确实无法完成任务,要及时向校团委做好说明。

(十一)整理实践活动材料

社会实践调研活动结束后,各团队要及时整理调研活动的相关材料。材料主要包括:社会实践登记表、调研图片、录音材料、个人日志、团队总结、社会实践调研报告、社会实践活动鉴定表(加盖实践地点的公章)等。社会实践相关材料汇总后,由团队负责人撰写社会实践验收报告。验收报告主要包括:社会实践活动总结、团队经费列表、个人日志、个人总结、暑期社会实践活动实践单位鉴定表、暑期社会实践成果、新闻宣传报道截图或活动音像图片资料等。

(十二)提交验收材料

实践团队要按照学校团委的相关要求,在规定的时间内送交社会实践的相关材料,存档备案,为下一年度开展社会实践活动提供依据。

二、几种主要的社会实践活动的设计

对于社会实践活动的设计,可以从以下几个方面考虑:此次活动是否具有一定的实际效益?开展此活动是否适合大学生的实际情况?在社会实践活动过程中是否存在一些安全隐患?在经费的预算方面是否存在问题?实践活动与当地的一些风俗习惯是否有冲突?对这些问题的分析与思考是设计社会实践活动的必要环节。下面对几种主要的社会实践活动的设计进行简单介绍:

(一)学术研究活动的设计

学术研究活动主要是针对当下的社会热点问题,开展的一系列调研、调查以及研究活动,具有鲜明的时代特色。在设计学术研究活动时,要注意分析以下问题:

1.了解所选课题的时代背景

对于学术研究活动而言,了解时代背景是非常重要的。在了解时代背景的过程中,我们要着重关注一些权威的媒体报道,如央视的各类新闻节目、各地区卫视的新闻节目、各大期刊的新闻报道等,从一些时事热点中发掘出一些有价值的东西。社会实践内容可以贴近民生,比如一些惠民政策的实施状况、一些民生工程的建设情况、老百姓对当地的经济发展与社会进步有什么看法与意见等。当然也可以是一些国家的重大热点难点问题,比如雾霾空气污染情况、水资源的开发与保护工程等。当确定了实践活动的主题后,我们要查找相关的文献资料,更深入地研究该课题的相关内容,此外可以通过互联网来查找关于这一主题的相关报道,以及各种媒体、网友对此类问题的评价,从中进一步发掘其内在的调研价值。

2.预测学术研究活动所产生的效益

预测学术研究活动开展后所产生的效益,对于实践活动的顺利进行具有很大的帮助。学术研究活动对于大学生而言,不仅仅是一次实践活动,更是一堂课外的教学活动,是将理论用于实践,在实践中检验真理的过程。学术研究活动的开展必须要有一定的意义,开展后无论对于参与者本身还是对整个调研主题而言,都要具有一定的价值。学生要在某项学术研究活动开展之前,广泛收集相关信息,预测该类学术研究活动实际能产生的效益。深入分析学术研究活动的效益,可以使参与者在学术研究活动中有明确的目标,从而更好地激发他们的积极性与主动性,使之更用心地去完成实践任务。同时,明确学术研究活动可能产生的效益,也能激发参与者内心的一种自豪感,从而促使他们更好地参与学术研究活动。

3. 做好应急预案

俗话说:"凡事预则立,不预则废。"只有在充分考虑到学术调研活动中可能遇到的问题后,做好应急预案,才能在日后的实施中,有的放矢、安全有效地完成学术调研活动的各项任务。一般来讲,学术调研活动中可能遇到的重大问题可分为人身安全问题、心理安全问题以及财产安全问题等。

(1)可能出现的人身安全问题。在学术调研活动中,由于各种因素的影响,可能出现人身安全问题。例如,有的团队成员可能会因水土不服而身体不适,或者因被蛇和蚊虫叮咬等原因而导致意外伤害;在调研活动期间,有的团队成员可能不慎被盗或被抢,也可能遭受人身伤害;有时团队成员可能会接近危险设施或与社会人员发生纠纷,导致受伤或者发生意外交通事故;有时在调研活动中,由于突发情况,团队成员与所在队伍失去联系;有时在活动中发生人群踩踏或火灾等突发事件等。这些问题的出现,都可能影响到学术调研活动参与者的人身安全,导致学术调研活动不能顺利进行。

(2)可能出现的心理安全问题。在学术调研活动中,由于内外环境的变化,加上大学生社会经验不足,处理突发情况的能力有限,因而容易产生心理安全问题。例如,有的调研单位地理位置偏远,交通不便,在活动之余缺乏娱乐活动,导致队员容易产生厌倦情绪,心理比较压抑;在另外一些情况下,因调研过程中可能会发生一些意外情况,队员之间可能会因意见不同而产生分歧,甚至出现不必要的争吵,致使一些队员容易出现急躁情绪;有时候在一些调研过程中,也会遇到大量的陌生人群,不免会遇到一些不配合或是情绪激动的人,这往往会打击队员的信心,一些队员也可能会出现悲观失望的问题;特别是女同学在调研过程中,可能会遇到一些心怀叵测的人,致使女同学的心理会产生一些紧张情绪,从而导致在问卷调查或访谈活动中出现犹豫不决或者盲目排外的问题等。这些情况的出现,都可能会引发学生产生一些心理安全问题,影响学术调研活动的顺利进行。

(3)可能出现的财产安全问题。大学生的财产安全,主要是指大学生在学术调研活动中所带的现金、存折、购物卡、学习及生活用品等不受侵害。由于大学生涉世不深,不善于保管自己的钱物,又处于集体生活的特殊环境,大学生的财产就成了不法分子侵害的重点对象。例如,在学术调研活动中,队员在乘坐公共交通工具时,可能会遭遇一些扒手,导致队员的财产损失;有时候在旅店住宿时,可能碰到一些安全管理不是很完善的旅店,储放在屋内的物品可能被窃,其他一些人为原因也可能导致财产的损失,如由于财产管理员的疏忽,导致经费遗失。大学生财产一旦受到侵害,不但给家庭带来一定负担,而且会给大学生的学术调研活动造成消极影响。这些情况的发生,都可能引发财产管理的安全问题,影响学术调研活动的正常运转。

4. 充分发挥团队优势

如何充分发挥团队优势?这可以从指导教师的带队经验、团队成员的组成、实践地与团队的联系、学校的支持等方面考虑。团队的核心成员可以选择一些往年参加过类似活动的队员,选择在写作方面、交际方面和领导力方面突出的同学,这样可以发挥他们的示范效应。团队可以选择一些往年参与过学术调研活动的教师为指导,这样可以更好地发挥他们对学术调研活动的指导作用。调研活动地尽量可以选择一些熟悉的地方或者经常联系的地方,这样可以从当地获得更多的帮助。比如,指导教师与当地某干部有联系交往,这样便可以请求当地干部的支持;调研单位有一些优秀的校友,在调研过程中可以寻求校友的帮助。这些对学术调研活动的开展都会有很大帮助。在学校支持方面,尽量帮助团队申报省重点项目或者校重点项目,这样在经费支持、理论指导、团队宣传上占有一定的优势,有利于学术调研活动的进行。

5. 确定团队目标及具体实施方案

学术研究活动要想取得一个较好的成绩,就必须给团队确定一个切实可行的目标。漫无目的地做一件事情,结局注定是徒劳无功的,而一个清晰明确的目标往往能起到事半功倍的效果,起到良好的示范效应。当然,每一项学术研究活动在进行充分的可行性分析后,接下来必不可少的步骤就是撰写学术研究活动实施方案,即学术研究活动计划书。计划书的撰写要尽可能详细、具体,涵盖学术研究活动的各个方面,让其可以作为整个学术研究活动的行动指南。在完成计划书的撰写工作之后,要经由指导教师的修改补充,使之更加完善,以充分发挥学术研究活动计划书的指导作用。

(二)社团活动的设计

1. 确定社团活动的主题

社团活动主题的选择是至关重要的,在主题的选择上要做好设计工作,比如主题范围的拟定、活动细节的制订等。一个好的社团活动必定有一个出色的主题,主题一定是既有新意又不浮夸的。具体主题的拟定可以参考以下几个方面:①主题的确定宜小不宜大。这里所说的"大"和"小"是指主题的内容和范围。主题的"大"与"小"是相对的,因为研究者的身份、研究的经验和其所处的客观环境的不同而有所区别。一般情况下,主题小涉及的范围小、变量少。大学生缺乏相关社会经验和调研技巧,因此主题宜小而不宜大。实践主题小,实践目标就较集中,实践内容就相对具体,实践调查方法也较为方便,这有助于更深入地解决社团活动中的问题,从而更可能得出具有较高实践价值的成果。②确定活动主题要有创新意识。社团活动主题内容要体现创新的元素。这里说的创新并不是指所有的研究都是前无古人的,事实上,任何科学研究都是基于前人研究和实践进行的。因此,我们说将一种理论、一个观点应用到实际中是创新,将已经在某一领域得到应用的理论,再运用到另一新的领域也是创新;用新方法探索别人研究过的问题是创新,寻求一个新的角度对过去或别人研究过的问题再进行研究,也是一种创新。因此,我们在确定社团活动主题时,应尽量选择新颖的、具有特色的主题作为调研的起始环节,要做到这一点,一个重要的途径就是要在主题内容的设计上突出创新性。

2. 制订社团活动的具体实施方案

制订社团活动具体的实施方案需要注意以下几点:社团活动的课题名称要规范,要注意使用科学概念和规范语言;活动的意义要切实,不吹嘘夸大;理论依据要充实;社团活动的目标要明确,社团活动的内容要具体;前期一定要多搜集一些相关的文献,开展的方法要科学,要遵循科学规律;具体操作的步骤要详备,要做好各种应急预案等。

3.结合社会热点开展社团活动

社团活动类社会实践必须结合自己所在社团的功能开展调研,因为只有先明确了社团的功能定位,才能制定出适合社团特点的实践课题。明确社团功能定位的关键,就是选题必须贴近时代主题、贴近社会热点。贴近社会热点增加了社会实践团队的吸引力,使团队所取得的成果更容易被大家所接受,影响力也更为广泛。同时,贴近社会热点也增强了社团活动的特色,而这个特色必须根据自己的社团功能来决定。一个团队在有了自己的特色之后便会在众多团队中脱颖而出,建立自己的优势,做出更好的成绩。值得注意的是,了解和定位社团活动的范围,是一项非常重要的工作。从社团活动的范围中寻找与社会热点之间的结合点,并与之建立一种关联,利用热点提升社团活动的总体水平,可以使团队取得更加出色的成绩,促进社团影响力的扩大。

4.总结社团活动的成效

通过总结分析以往开展的社团活动,可以从中吸取一些经验教训,以便在今后的社团活动中规避类似的问题。社团活动的基本属性是不会改变的,所以以往开展的社团活动对于当下的社团活动具有极高的参考价值。通过对以往社团活动的总结分析,结合当下的社会热点,在原有的基础上进行观念的革新,能够使社团活动的主题更新颖、更有创新性。同时,社团活动的总结材料可以作为社团的一份宝贵资料进行保存,这对于下一届的社团实践活动有着重要的借鉴意义,对于社团活动今后的发展也非常重要。在社团活动结束后,可以在社团内部开展实践活动的经验交流会。这样一方面可以扩大活动的影响力,另一方面还可以加强社团成员之间的交流与沟通。

(三)志愿服务活动的设计

确定志愿服务活动的主题既要大胆创新,又要切实可行、具有操作性。在设计志愿服务活动时要注意以下几点:

1.确定志愿服务活动的主题

志愿服务活动主题的设计要弘扬"奉献、友爱、互助、进步"的志愿者精神,本着志愿性与制约性相结合、无偿性与公益性相结合、组织性与业余性相结合的原则,积极倡导志愿服务精神,大力弘扬助人为乐美德,努力营造"有困难找志愿者,有时间做志愿者"的良好氛围,为发展公益事业、完善社会服务、促进社会主义精神文明建设、构建社会主义和谐社会做出贡献。例如,开展社区志愿服务活动,是弘扬中华民族传统美德和志愿者精神的行动体现,是构建和谐社会、创建文明社区的重要手段。社区志愿服务活动要以"服务社会发展进步,服务社区群众需要"为宗旨,不断拓展服务领域,努力使社区志愿服务活动成为和谐社会建设中具有广泛影响力的特色和亮点。

2.确定志愿服务活动的类型

志愿服务活动的类型有很多,如支教类活动、环保类活动、大型赛事的服务类活动等。

根据不同的分类标准,可以将志愿服务活动分为不同的类型。若根据服务的时间来划分,可以将志愿服务活动分为长期连续的志愿服务和短期不连续的志愿服务;若根据服务的空间距离的远近来划分,可以将志愿服务活动分为校园内外、跨市乃至跨省志愿服务活动;若根据是否具备专业关联性来划分,可以将志愿服务活动分为专业性和非专业性志愿服务活动。选择何种类型的志愿服务活动是开展志愿服务活动之前必须认真考虑的问题。在确定志愿服务活动的类型时,我们可以根据当年的政策导向,从一些时事新闻中获取相关信息。但最重要的一点就是要鼓励志愿服务者到祖国最需要的地方,做群众最需要的事,服务于广大人民。当然,开展一项稳定且特色鲜明的志愿服务活动是非常重要的。因此,大学生应该根据自己所在学院的专业特点,依据国家的政策导向,结合自身的兴趣爱好、服务对象的特点等情况来选择志愿服务活动。

3.选择合适的志愿服务活动基地

志愿服务活动基地是大学生志愿服务活动开展规范化、常态化的必然要求,也是志愿服务活动经验总结和不断创新的有力保障,建立健全相对稳定的志愿服务实践基地对大学生开展志愿服务活动具有重要意义。如何结合社会及时代热点问题,基于专业特色、学生的特点和特长选择合适的志愿服务活动基地,是志愿服务活动设计必须要考虑的问题。在确定了志愿服务基地之后,就必须事先与服务基地的居委会、政府机关进行联系,增强与当地政府部门的交流与沟通。一项完善的志愿服务活动,需要建立稳定的人际关系并做好充分的准备。例如,在志愿服务活动开展之前,须与当地相关人员进行充分的交流,考虑志愿服务活动过程中的食宿问题,以及遇到突发状况时的医疗救助问题等。

4.志愿服务活动的实施

志愿服务活动的实施要坚持以相互关爱、服务社会为主题,始终把公益性放在首位,充分体现无偿、利他的基本要求。坚持与政府服务、市场服务相衔接,有针对性地设计项目、开展活动,做到量力而行、求求实效。坚持志愿服务与实现个人全面发展相统一,让大学生在为他人送温暖、为社会做贡献的过程中经受锻炼、增长才干、提高思想道德素质。坚持自愿参与和社会倡导相结合,既尊重学生的服务意愿,鼓励学生自主参与,又强调学生的社会责任,不断扩大志愿服务活动的覆盖面和影响力。坚持社会化运行模式,把党政各部门、社会各方面组织动员起来,各负其责、各展所长,齐抓共管、整体联动,形成全社会关心、支持和参与大学生志愿服务活动的生动局面。

第三节　材料阅读与思考

社会实践出发前一定要做好相关的计划安排,提前与实践单位取得联系,规划好实践路线和行程安排,做好预算及应急预案,以促使社会实践的顺利进行。请阅读下面两篇短文,谈谈为什么要制订社会实践计划? 如何制订社会实践计划? 制订社会实践计划时需要考虑哪些问题?

阅读材料 3-1

高校如何做好社会实践顶层设计①

今年暑期调研大学生创新创业现状时的一个场景，令北京某高校学生吴晶晶颇为无奈，"在调研之前，我们精心准备了一个采访提纲，还找指导老师打磨了几次，没想到对方在采访之前给我们演示了一个 PPT，几乎回答了所有问题，之后的采访大家都很沉默，气氛异常尴尬。"

记者调查发现，类似的尴尬在大学生社会实践过程中并不鲜见。高校在社会实践的前期培训、审核等环节存在明显短板，不仅让学生在实践中不得要领，也为一些想"钻空子"的学生提供了通道。

前期培训不足，后期审核不严

"一个社会实践项目要想成行，需要经过学校的立项审核，这个环节是最严格的。"湖南某高校学生郭雯告诉记者，但立项答辩结束后，学生们就要自行安排大部分事宜，而临行前的大培训也都是"面上"的告诫与提醒，缺乏因项目而异的针对性。

从某地煤矿调研回来，撰写一份 6000 字的调研报告成了山西某高校学生杨方的"大难题"。"由于前期缺乏实践手段和报告撰写的培训，导致我们在那儿像'无头苍蝇'一样，根本没有获得足够且到位的信息，更不知如何下笔。"

尽管东北某高校学生孙强的社会实践存在很大"水分"，但他一点不担心拿不到这门课的学分。"就像师兄、师姐介绍的那样，只要按要求写完调研报告，肯定能过关。"

一位常年从事社会实践工作的高校辅导员承认，成果审核不严是大学生社会实践中比较突出的问题，"学生只要上交社会实践登记表和社会实践报告，学校不会进一步审核。"

缺乏全校层面的统筹机制

实践环节凸显的种种短板，原因何在？

"学校力量有限，真正负责社会实践的老师不多，而参加社会实践的学生数量庞大、项目众多，项目内容又有很大差别，因此很难做到点对点的服务与指导。同样，学生们上交的报告，我们也很难做到一篇篇仔细审读、修改，只能从中挑选一些比较好的进行展示、宣传。"一位高校老师向记者透露。

"这些问题使得有些学校只是将社会实践当成暑假作业布置下去，学生则通过上交实践报告获得学分。"天津科技大学包装与印刷工程学院教师王腾月说。

"高校缺乏对大学生社会实践宏观流程层面的梳理，也没有为此建立一套行之有效的教育教学模式。"山西师范大学教师赵洁说。

华中科技大学公共管理学院副教授童文胜还指出，一些高校的社会实践考核体系往往重结果轻过程、重形式轻内容、重数量轻质量，导致学生社会实践情况得不到真实反映，还会

---

①　晋浩天.高校如何做好社会实践顶层设计[N].光明日报,2016-08-23.

诱导学生作假。

东北师范大学教授王占仁强调，多数高校都将社会实践的相关工作划归团组织，缺乏全校层面的统筹机制、科学管理机制、资源保障措施，直接影响了社会实践的科学化、规范化。

赵洁对此表示认同："问题的根源在于部分高校对学生社会实践缺乏科学规划和系统管理，仅仅视其为一项'短、平、快'的学生工作。如果高校认识不到社会实践在课程设置以及高等教育中的特殊性，只会造成学生等着学、缺乏主观能动性，进而暴露自己知识储备不够、前期准备不足的问题。这样一来，效果必然大打折扣。"

亟须加强全程指导、动态管理

在杨方看来，前期的培训、指导不做好，实践效果很难提升。而孙强则坦承，后期审核不严格对待，像他这样"钻空子"的学生仍会很多。

对此，天津外国语大学国际商学院创新创业中心主任李名梁强调，大学生社会实践是一项系统工程，学校相关管理部门理应从实践项目选择、实习队伍组建、实施方案制订、项目执行以及后期成果评估、展示与传播等方面做一个全方位、全过程的策划与指导，特别应该引入专业教师对大学生进行专业化、规范化与实战化的培训。

"培训课程如何安排，单靠高校肯定不能解决全部问题。"北京师范大学教育学部教授洪成文指出，通过约请实习企事业单位的相关人员参与实习前培训的设计，也是解决培训难题的可行性办法。

在实践中学习知识、检验知识，发现问题、解决问题，是社会实践不同于其他课程的魅力所在。正因为此，云南大学高等教育研究院教授罗志敏建议，加强实践过程中的动态管理。"学校要在严格成果考评的基础上，加强对整个过程的监督和管理。如利用微信、QQ群等新兴网络平台的优势，建立暑期社会实践信息发布平台，要求参加实践的学生根据计划安排，每天发布调研日志，并即时上传现场图片，做到实时跟踪，及时发现并纠正出现的问题。"

阅读材料 3-2

关于大学生社会实践的六对关系的分析[①]

社会实践是学校与社会沟通的桥梁，是理论与实践结合的纽带，是青年学子受教育、长才干、做贡献的有效途径。要提高大学生社会实践活动的整体效果，真正实现大学生社会实践的育人功能，首先应认清和处理好大学生社会实践中存在的六对关系。

一、大学生在社会实践中认识自我、提升自我与认识社会、服务社会的关系

社会实践是大学生认识自我、提升自我的一种教育形式。大学生在思想上、心理上、学业上往往不够成熟，但由于多方面原因，大学生们常常以自我为中心，自我感觉良好，常有"天生我才必有用"的豪气。可实际上，很大一部分大学生的素质与真正意义上的成才有极

① 于红，林凌斌.关于大学生社会实践的六对关系的分析[J].科教文汇(上半月刊)，2006(4):15-16.

大的差距。大学生们通过社会实践活动检验自身的能力，往往会发现存在自身经验不足，观察问题、分析问题、解决问题的能力不够等诸如此类的问题，常常会遇到所学知识不够应对现实工作难题的状况。同时，社会实践是大学生们认识社会、服务社会的大舞台。大学生们通过社会实践开阔了视野，接触了社会现实，了解到国情民意，在社会这个大舞台上感受和体验许多书本上学不到的东西。社会实践活动让学生跳出主观主义，消除对社会一些阴暗现象的消极困惑情绪，对改革开放等政策有了正确的认识。

社会实践中大学生认识自我、提升自我与认识社会、服务社会之间的关系是密不可分的，也是相辅相成的。树木要成材，不是在温室，而是要在肥沃的土壤中吸收天地日月精华，经受风霜雨雪考验。大学生要成才，不应只是在大学这座象牙塔里"风声，雨声，读书声，声声入耳"，而应在社会这个广阔天地里自我历练，做到"家事，国事，天下事，事事关心"，真正在认识自我、提升自我、认识社会、服务社会的社会实践中成长为社会英才。只有认识了自我、提升了自我，才能更好地认识社会、服务社会；只有在认识社会、服务社会的过程里才能更好地认识自我、提升自我。这一对关系在社会实践中相统一、相互补、相促进。

二、大学生社会实践的外在效应与本质效果的关系

目前，有一些团队社会实践片面强调实践的外在效应（外在形式），求大求全，花大精力搞社会影响和媒体效应，甚至评奖也以媒体档次来作为主要参照依据。有一些个体的社会实践，学生的态度马虎，随便找个单位在实践联系函上盖个公章，随便写一篇实践论文或报告交回学校就应付了事。这样就与社会实践的本质意义相违背了。

社会实践的实质是通过实践使学生受教育、长才干、做贡献。高校教育工作者应该让每一位学生充分认识到实践的实质。我们说，本质效果是根本，外在形式应讲究"度"。如果过分强调外在形式，一方面社会实践会失去真正意义，另一方面往严重的程度来说，在教育学生脚踏实地做事方面会起反教育作用。如果在抓住实践育人的根本的基础上，适当地讲究一点外在效应，那就是进一步教学生锦上添花的做事艺术了。社会实践的外在效应与本质效果之间的关系可以这样说：本质效果是不能没有的，外在效应不是必须追求的。本质效果是基础，外在效应是附加。

三、社会实践中的教师指导与学生自主活动的关系

大学生社会实践应该以学生为主体，应尊重学生的主体地位，充分调动学生的主动性、积极性、自觉性，同时，教师在大学生社会实践中的指导作用也不可或缺。随着社会实践的不断发展和新形势下对高校育人要求的不断提高，我们需要一支相对稳定的专门从事社会实践研究的教师队伍，来具体负责社会实践的指导工作。当代大学生有很多优点与长处，比如，接受新事物能力强、有热情、有干劲等，但往往也有不尽成熟、不尽完善的一面。在社会实践活动过程中，教师的指导是非常必要和重要的，教师的指导不能停留在一般性的号召层面上，而应是实质性的指导。教师应运用自身知识优势和能力资源，给学生以适当的指导，引导学生顺利开展实践活动。教师的指导应是点拨性的和建设性的，而不应是"保姆"式的，如果教师指导过多，包揽过多，大学生在实践中失去主体地位，他们就难以发挥才华和优势，体验不到创造的快乐，更不用说培养综合能力了。社会实践流于形式，也就失去了锻炼人和造就人的意义。在教师指导与学生自主活动这对关系中，学生自主活动始终是扮演主角，而教师指导则始终是扮演配角。红花还需绿叶配，没有绿叶就没有红花的美丽。

四、专业实习实践与德育实践活动的关系

目前,社会实践形式多样,内容丰富。比如,社会调查、暑期"三下乡"活动、青年志愿者活动、社区服务、参观走访等。但总体来说,偏重德育色彩的活动居多,而关于专业实习实践的活动很少。应该说,学校组织开展的社会实践活动与学校的思想政治教育的目标任务和内容结合在一起是必要的。此类社会实践能促进学生认识社会,了解国情,理解党的方针政策,树立正确的价值观、人生观、世界观,增强社会责任感和历史使命感。但是,在社会实践活动中我们还应引导大学生将学校的专业教育与实践结合起来,进行专业实习实践。大学生在校内学到的是书本上的理论性知识,它们需要在实践中寻找结合点和得到检验。大学生们在专业实习实践中能发现所学专业知识与实际结合所突显的问题,激发深入研究问题的热情,能捕捉灵感,开启创造性思维,从而进一步树立学好专业、学精专业的信心,也为将来步入社会能顺利学以致用做好准备。

在专业实习实践与德育实践活动这一对关系中,我们认为两者并不是水火不容的。在专业实习实践中,学生也可培养自身求真务实、与人合作、不怕艰苦的良好品质;在德育实践活动中,也可发挥学生的专业特长。专业实习实践与德育实践活动得到的重视和支持以及活动比例应各占半壁江山,甚至专业实习实践稍微偏多一些也未尝不可。

五、团队实践与个体实践的关系

目前大学生社会实践从参加人数上,可划分为团队实践与个体实践。

一般来说,高校会相对重视团体实践。团队实践往往会有意识地挑选高校里各方面较突出的学生会干部和学生组成小分队,学校在教师指导、资金支持和社会关系等方面都会有倾向性。团队实践在展示高校良好形象,提升学院的社会知名度和美誉度,展现大学生良好风貌,培养一支优秀学生干部队伍,从而用这支优秀干部队伍搞好团学建设等诸方面的作用是非常显著的。个体实践也有做得较好的例子,但有较大一部分同学缺乏主动性和自主性,做社会实践时浮在面上简单应付,写的实践论文流于空泛,甚至是从报纸杂志、网上拼凑而来。或者,由于缺乏指导加之受自身观察、分析、解决问题能力不够的限制,写出的报告和论文往往缺乏真正的价值和意义。

针对目前的现实状况,我们认为应从做好宣传教育、有计划有总结、有教师指导三方面来做。学校应编写关于社会实践的指导书和参考资料,发给学生学习,给学生上社会实践指导课,做好关于社会实践的宣传动员工作,调动学生的积极性、主动性,把每位大学生对社会实践的认识提高,从"学校要我去实践"转变到"我要去实践"。学校可以要求参加实践的每个大学生制订实践计划,在实践结束后组织学生开实践感受座谈会。教师要对学生实践给予建设性指导,使学生能在实践中少走弯路,掌握一些科学方法,提高社会实践的实效。对于团队实践和个体实践,学校都应给予充分的重视,尤其是个体实践,相对团队实践来说基础较薄弱,应加大建设的力度。

六、社会实践中做贡献与创收益的关系

社会实践以往的一大目的是服务社会,展现大学生的奉献精神和雷锋精神,比如社区服务、"三下乡"活动等。学生在为社会做贡献的实践中,精神境界得到了升华,道德情操得到了培养。在新的形势影响下,大学生社会实践出现了有偿性的、创收益的形式,比如做翻译、导游、广告宣传、家教等。此类创收益的社会实践使学生增长了知识,锻炼了能力,还在一定

程度上增加了学生收入用以补贴生活和学习费用。

在做贡献与创收益这一对关系中,我们应引导学生正确处理两者关系,既要避免学生对待实践时唯利是图、功利至上的不良态度,也要避免学生脱离当今社会新形势,只讲社会效益,摈弃经济效益的片面性和封闭性。这一对关系并非对立的,而是在学生的意识层面上可以做到互动性。也就是说,我们高校教育工作者应使学生在意识上摆正做贡献与创收益的位置,让每一位学生都能在各种形式和内容的社会实践中有所成长,有所收获。

复习思考题

1.尝试根据实践活动的整体流程制订实践活动计划。

2.通过参加具体的社会实践活动,感受社会实践带给自己的体验,并分析大学生参加社会实践活动的真正意义。

3.在参加社会实践活动时,你会遇到哪些困难,而你又是如何解决的? 可以在班级同学中进行讨论与分享。

拓展阅读

1.郑畅,李俊.社会调查与社会实践[M].武汉:湖北科学技术出版社,2008.

本书通过理论的探索、实践的积累,借鉴国内外的模式和经验,对当前的大学生社会实践活动起指导作用。该书"专业规范,系统实用",帮助大学生学会应用社会调查与实践的方式方法,学会通过社会调查提升研究能力,学会更好地完成社会实践任务;以简明易懂的叙述语言详细地论述了在社会调查应用与社会实践过程中应注意的各种事项;以大量的社会实例对实践中的具体操作过程进行了形象说明。这些无疑有利于加深大学生对社会调查与社会实践的理解,提升其社会调查与社会实践的应用能力。

2.许建钺.高等教育与社会实践[M].北京:教育科学出版社,1993.

本书是一部系统研究大学生参加社会实践制度的专著,由长期从事高等教育的多位同志编写。本书认真总结了40多年来的实践经验,而且针对实际工作中的困难和问题提出了具体实施方面的意见和建议,并草拟了大学生参加社会实践的条例,因而具有较强的实用性。

3.焦满金.大学生社会实践研究[M].兰州:甘肃人民出版社,2007.

本书从理论上对大学生社会实践进行了探索和研究,对高校如何进一步加强和改进大学生社会实践,使之在大学生思想政治教育中发挥更加积极的作用进行了深入的探讨,并通过大量生动的实例,为高校团学组织全面深入开展"三下乡"和"四进社区"社会实践活动提供了科学的工作思路和可资借鉴的工作方案,也为高校探索建立大学生社会实践的长效机制提供了较为科学的理论依据。

4.王树成.大学生社会实践有效途径的探索[M].咸宁:西北农林科技大学出版社,2009.

本书是关于人文社科专业大学生探索多元化的具有实效性的社会实践途径的书籍,富有一定的创新性。多元化表现在学科的多元化、学生主体层次的多元化和探索角度的多元化;利用马克思主义唯物辩证理论,从不同专业对实践的要求概括出社会实践途径创新所需要的共性条件。该书以教师为指导,充分发挥学生主体作用,重点论述了社会实践的途径和成效,很能引起大学生们的思考和共鸣。

❋ 本章主要参考文献

[1]倪福全,邓玉,周曼.大学生社会实践教程[M].2版.北京:中国水利水电出版社,2016.

[2]王小云,王辉.大学生社会实践概论[M].北京:中国经济出版社,2005.

[3]屈陆.大学生思想政治理论课社会实践指南[M].北京:科学出版社,2015.

[4]王员.十七大以来科学发展观在中国经济社会实践中的新发展[M].北京:人民出版社,2014.

[5]陈超,赵可.国外大学实践教育的理念与实践[J].外国教育研究,2005(11):33-38.

第四章
大学生社会实践的实施

学习目标

- 掌握大学生社会实践的原则及主要步骤。
- 了解大学生社会实践实施的基本环节。
- 掌握大学生社会实践实施中偶发事件的处置要求。

2005 年 3 月,中共中央宣传部、教育部印发《关于进一步加强和改进高等学校思想政治理论课的意见》,该意见强调指出,在对大学生社会实践进行了有效的计划、组织之后,要积极、有序地推进和实施社会实践。通过形式多样的实践活动,提高学生思想政治素质和观察分析社会现象的能力,深化教育教学的效果。本章就以大学生社会实践的实施为核心,对社会实践实施的内容和基本要求、突发事件的处理与预防等内容作简单阐述。

第一节 大学生社会实践实施概述

大学生社会实践的实施是社会实践活动得以顺利完成的重要环节,总体来说,其对大学生社会实践的重要性不言而喻。本节主要阐释了社会实践实施的含义和特点、社会实践实施的意义、社会实践实施的原则以及具体的实施步骤等内容。

一、大学生社会实践实施的含义及特点

(一)大学生社会实践实施的含义

大学生社会实践的实施是指大学生社会实践活动的实际施行,也就是社会实践活动的具体操作、实际展开。大学生社会实践的实施意味着社会实践活动的正式展开。社会实践实施的主体是大学生及指导教师、学校团委等相关部门。大学生社会实践的形式主要有具体的走访、实地考察、问卷调查等。大学生社会实践实施面向的对象为走访的企业、农村居民等通过调研所确定的目标群体。

(二)大学生社会实践实施的特点

大学生社会实践的实施是社会实践活动在现实生活中的展开,具有现实性、计划性、科学性等特点。

1.现实性

实践,是直接改造客观世界的活生生的物质活动,它能给人们直接提供看得见、摸得着的现实成果。大学生社会实践的实施具有明显的现实性。社会实践有利于大学生了解国情、了解社会,增强社会责任感和使命感。社会实践对象的选定一定要指向社会现实需要,实践的实施一定要结合实际来开展。否则的话,社会实践根本不可能进行下去,更不要设想社会实践能够取得良好的效果。

2.计划性

社会实践活动为现代大学生打开了一扇接触社会现实生活的窗口。社会实践活动实施之前必须进行详细的计划和布置。列宁曾经指出:"任何计划都是尺度、准则、灯塔、路标。"社会实践实施的计划性,是指其对社会实践团队所组织的活动的未来进行规划和安排,其任务是在预测实践活动未来发展趋势的基础上,对社会实践活动在未来一定时期应达成的目标和如何最有效地实现该目标做出决策,并把决策具体化为行动方案。唯有如此,社会实践才能顺利推进,才能避免走弯路,避免对实践团队成员的时间和精力造成不必要的浪费。

3.科学性

大学生社会实践发展到现在,参与的学生规模在不断扩大,良好的社会效应在日益显现。大学生社会实践的实施,具有科学性的特点,也就是说在大学生社会实践实施中存在着一定的客观规律。只有遵循客观规律的社会实践活动才能实现预期的目标,违反客观规律的社会实践活动是不可能取得成功的。我们开展社会实践,一定要遵循社会实践实施的科学性,积极探索社会实践运行规律;在创新中不断发展,积极扩大社会实践的影响力。

二、大学生社会实践实施的意义

对社会实践活动本身和实践活动的参与者——大学生而言,大学生社会实践活动的实施具有重要意义。

(一)有利于社会实践活动得以顺利完成

社会实践是青年学生健康成才的必要途径。我国的教育方针决定了教育要与生产劳动相结合。理论来自于实践,实践是检验理论的试金石。理论的思考对于完善社会实践方案具有重要意义,这一点不容否认。但是,我们更应当看到只有当社会实践付诸实施才能体现其价值,才能完成社会实践。只有在现实生活中开展的社会实践,才真正具有价值。

(二)有利于加深大学生对思想政治理论课教学内容的理解

社会实践的实施能够加深大学生对思想政治理论课教学内容的理解,增强对中国特色社会主义理论和党的路线、方针、政策的理解;通过社会实践的实施可以引导学生客观、辩证地认识国情、认识社会,了解我国改革开放的历史、现状和发展趋势;能够令学生正确分析和认识我国改革开放的发展历程和社会现实存在的各种问题,增强其热爱祖国、热爱社会主义的信念以及振兴中华的责任感和使命感。

(三)有利于提高大学生分析问题与解决问题的能力

社会实践的实施能够提高大学生用中国化的马克思主义原理、观点、方法来分析和解决社会存在的各种实际问题的能力。大学生通过参加社会实践活动,包括参观、访问、考察、志愿者活动等,可以锻炼自己的组织能力、活动能力、人际交往能力。同时,青年学生全面素质的提高不全是靠在课堂上、校园里所能实现的,还必须依靠社会实践。素质教育的重点就是提高学生的实践能力和创新精神。社会实践的实施,要求学生综合运用思想政治理论课所学到的理论知识,在教师的指导下,以一个确定的实践目标来完成一项调研活动,在这一过程中,培养学生辩证地、客观地、历史地、科学地分析和认识社会现实问题,以达到综合运用知识、提高能力、促进提升综合素质的目的。

三、大学生社会实践实施的原则

在大学生社会实践实施的过程中,为顺利推动社会实践活动开展,要注意把握好以下原则。

(一)目的性原则

作为能够让大学生开阔视野、增长才干的重要活动,社会实践必须要有明确的目的。每一次组织大学生参加社会实践活动,学校都要有明确的主题和要求,要注意活动的思想性、科学性、知识性,要有所得益,能促进学生身心健康发展。调研活动开展前,要拟定好具体的调查提纲,选择合适的实践活动内容、地区和单位。以某高校为例,该校历来重视大学生社会实践活动的组织和引导。2015 年,该校主动与当地政府相关部门和单位对接,秉承"基层和社会需要什么,我们做什么"的工作理念,使得活动的主题更加突出,组织形式更加多元化,服务领域更加注重融入城乡的经济建设和社会发展,增强了学生社会实践活动实施的效果。

(二)针对性原则

大学生实践活动要从学生的思想、学习、身心特点等实际情况出发,有针对性地进行,要避免形式主义。关于实践地点的选择,注意针对学校和专业的特点、学生的兴趣和需求,选择对口的工厂、企业、农村等有关单位作为社会实践活动地点;关于实践内容的选择,注意针对学生普遍关心的热点问题,作为社会实践调研的对象。例如,一些学生只看到社会上的消极面,片面地认为现在的干部贪污、腐败很严重,从而对社会主义产生一些糊涂认识,学校就可以组织学生到部队考察,去走访模范人物,走访杰出校友。同学们在部队亲眼看到战士的忘我精神,在军舰上看到舰队勇士与风浪搏斗的英勇行为,在工厂、实验室里看到干部、科研人员默默无闻、夜以继日地工作着,深有感触地说:"一个个动人事迹使我认识到社会的主流是好的,干部的主流是好的,我们坚定了对中国特色社会主义的信念,增强了对中国共产党的信心。"

(三)服务性原则

大学生有一定的专业知识,在社会实践中应创造一种能够让他们发挥专业才能,能够为社会服务的环境。大学生参加社会实践活动,可以把所学知识与社会服务更紧密地联系起来,既能起到加深和促进理论知识学习的作用,又能提高学生的思想觉悟。有些学生在服务中看到用自己的知识为社会主义建设发挥作用后,认识到"人生的价值在于奉献"。有些学生在服务中看到我国经济和科技的落后面貌,以及人民群众渴求人才、渴求知识的迫切心情,更增强了自己的社会责任感和使命感。有些学生在服务中获得的亲身体验和感受,促使其思想不断转变和升华。这也是最有效的思想政治教育方法之一。

(四)教育性原则

社会实践活动是课堂教育的延伸,也是思想政治教育的延伸。在组织大学生参加社会实践活动时,应选择有教育意义的内容,并且在实践活动中注意加强思想教育。应该明白,大学生参加社会实践,不会自然而然地提高思想觉悟,由于每个人的素质、思维方式以及世界观、人生观、价值观的不同,对同一事物的感受也不会相同,因此,在实践活动中必须进行正面引导、价值导向。如果仅停留在社会实践活动本身,而忽视必要的政治思想教育,是达不到预期效果的。德育有正效应、负效应、零效应,不是每次教育活动都会产生正效应,若组织得不好,也会产生负效应或零效应。教育性原则就是力求正效应,这是社会实践活动的出发点,教育的效果也是检验社会实践活动质量的标尺。①

四、大学生社会实践实施的步骤

大学生社会实践的实施要通过一定的流程和操作来开展。一般来说,社会实践通过行前准备、活动实施、方案调整、活动记录、活动宣传等步骤来实施。接下来,我们对社会实践实施步骤进行具体分析。

(一)行前准备

行前准备是大学生社会实践活动实施的重要保障。俗话说,在家千日好,出门一日难。当走出校门,踏上社会实践的旅途,衣食住行及有关文件资料等相关准备工作都要做好。

1.衣食住行的准备

(1)衣:以轻便实用为原则。为防天气骤变,应当根据当地的气候准备一两件较厚的衣服,最好有一套防雨的外套。准备一双舒适的运动鞋,一顶遮阳帽,它们可是要陪伴你征战大江南北的伙伴。留意天气动向,及时增减衣服。各地天气变化无常,我们要做好充分准备。另外,条件允许时要勤换衣服,干净整洁会让人自信倍增、潇洒迷人。

(2)食:以卫生为原则。出门在外,由于周围环境的改变、乘坐交通工具的颠簸以及身体的劳累,很容易造成消化功能紊乱。若不讲究饮食卫生,可能导致"病从口入",以及发生各种胃肠道疾病或食物中毒。所以一定要注意卫生,预防食物中毒。饮食要有节制、有规律,不要乱吃不明的食物。

饭菜宜清淡。在外吃饭最好有蒜、生姜、食醋等作为佐餐,它们不仅有健胃消食的作用,而且对肠炎、痢疾、感冒等有预防作用。瓜果蔬菜一定要新鲜,而且最好是去皮的。凡是有口苦、咽痛、心烦、便秘等症状的患者,应吃些凉性的瓜果蔬菜,如西瓜、苦瓜、黄瓜、梨、柑、紫菜、冬瓜、芹菜等。

同时,一定要多喝水。在进行社会实践活动过程中,走路较多时容易出汗。如果有比较长的行程最好带上饮用水。如果有条件,喝适量淡盐水,这一点十分有必要。1克盐加500毫升水,可补充机体的需要,平衡汗液带走的无机盐,同时也可预防电解质紊乱。旅途中喝水要少量多次,口渴时不要一次猛饮,应分多次喝。天气即使再炎热也不要喝5℃以下的水,10℃左右的凉开水最好,可达到降温解渴的目的。但是,最应引起重视的是饮水卫生。不要喝生水,尤其是被污染的河水、井水等。

(3)住:以安全为原则。在选择住宿地点时,一定要谨慎,以安全、卫生、少花钱为宜,如企事业单位的招待所、高校留宿处等。注意保证睡眠充足,按时作息,以养精蓄锐。住宿时财物要保管好,贵重物品随身携带,谨防偷盗。不要把行李放在宾馆房间提供的柜子里,以免离开匆忙忘记携带。

---

① 杨德广.社会实践活动的重要意义及实施原则[EB/OL].(2008-08-05)[2017-08-17].http://sh.eastday.com/qtmt/20080805/u1a458577.html.

（4）行：以简易方便为原则。临行前要检查生活必需品是否齐备，如衣物、洗漱用具、防晒驱虫用品、雨具、常用药品等。行李压缩打包，精简为宜。为防行程颠簸，应当对晕车、晕船等症状有所准备。疲劳会增加晕车、晕船的机会，因此在出发前，必须保证充足的睡眠，不要与你的室友彻夜卧谈。在旅途中小睡片刻对晕车、晕船也有帮助。颠簸中切忌饮食过量，最好坐在通风的地方，新鲜空气可以防止作呕。在晃动中应尽量避免阅读，印刷字体会随车、船跳动不定，这可能使人感到眩晕。若是非读不可，应尽可能固定和书本的距离。

2.相关方案准备

大学生社会实践活动实施之前要准备好相关的活动方案，比如，社会实践活动实施总体方案、社会实践活动应急预案等。此外，还要准备好相关的文件资料、证明等材料。证明材料主要是介绍信、实践地接收证明等。其他文件资料主要包括学生证、身份证、社会实践活动考核表等。

3.思想准备

大学生在进行社会实践活动之前，应当在思想上做好充分准备。要把自己的角色从一个学校的学生转换成一个能够融入环境的社会人。社会实践大多是在寒（暑）假中进行，夏季进行实践时，高温、暴雨等恶劣天气给社会实践活动带来了一定的阻碍，给参加社会实践活动的部分大学生造成了较大的压力。大学生要从思想上正确认识社会实践活动中遇到的困难，不要因为生活环境、物质条件等外在条件的变化而变得不适应、垂头丧气，甚至退出社会实践。参加社会实践的大学生要坚信不经历风雨怎会见彩虹，相信自己有能力、有毅力克服困难，圆满地完成社会实践活动的各项任务。

4.体质准备

社会实践的地点有可能会选定在某些大学生的家乡或附近地区，但也有可能会离开家乡到比较远的地方，有可能会从都市走向农村、从平原走向山川。为了社会实践能够顺利开展和进行，拥有良好的身体素质是必不可少的。毛泽东同志曾语重心长地说出了"身体是革命的本钱"的至理名言，他深知身体对工作的重要性，所以十分注意自己的身体健康，每日坚持锻炼。好的身体才能给我们一个精彩的人生。为了保障社会实践活动顺利进行，圆满完成社会实践活动的各项调研任务，大学生要在实践活动开展之前做好体质上的充分准备。例如，加强身体锻炼、调整饮食习惯等。这些充分的准备有助于社会实践活动的顺利开展。

5.知识准备

经过系统学习，大学生自身已经具有了一定的知识储备。但是在社会实践开展之前，还是应当有针对性地进行相关知识准备。这里所指的知识准备是指大学生对社会实践涉及的专业等方面的知识要有更为深入的了解和掌握，尤其在开展专业型或者学术型社会实践活动时，这方面的准备就更为重要。参加社会实践的大学生还应当对实践地的风土人情、生活习俗等有深入了解，尤其是少数民族地区存在着一些禁忌，这一点更是大学生要知道和注意的，以免发生误会，甚至导致伤害事故的发生。

此外，行前准备还可能有其他方面的准备工作，这都要根据外界环境和客观条件的变化做相应的调整。例如，关于社会实践活动经费问题，在实践活动开始之前，要根据实践活动的需要提前做好经费预算，在实践活动开展前准备好相应的活动经费。但当物价上涨或交通费用上调后,社会实践活动经费就要相应进行调整,后期的社会实践活动就可能需要追加活动经费,以保障社会实践活动的正常进行。

(二)活动的实施

在进行了充分的行前准备工作之后,学生个人或各实践团队就要根据计划奔赴实践地开展社会实践活动。在社会实践活动实施时,一般情况下,要紧密结合原定计划、按步骤展开。大学生社会实践活动一般可分为三类,即学术研究活动型、社团活动型以及志愿服务活动型等。由于内容、条件、特色等方面的不同,每一类社会实践活动的实施既有共同之处,同时在内容等方面也有所区别。接下来,我们对其分别进行阐释。

1.学术研究活动的实施

学术研究活动能够提升社会实践的"学术"分量,能够融汇人文精神和科学精神。学术研究活动的实施,一般通过学生参与教师课题或者结合专业特点自行选题来开展学术实践调研或研究。学术研究活动的指导教师负责指导学生课题申报和设计,传授给学生必要的专业知识和调研方法,指导学生分析调研数据、提炼学术成果、撰写调研报告。学术研究活动开展时,学生将按照项目申报书上的活动设计开展社会调查,统计调研数据,并及时向学校团委等部门报送新闻稿。在调研报告撰写阶段,学生将进一步分析调研获得的第一手资料,形成理性认识。学术研究活动的调研课题多为当下政治、经济、社会、文化、生态发展过程中出现的热点问题,调研所获得的第一手资料具有珍贵的价值,可作为政府部门决策时的参考信息。

2.社团活动的实施

社团活动是依托学校各类社团为基础而开展的实践活动。相比而言,该类型的实践活动具有一定的典型性,具有较明显的特点和优势。学生社团一般是以大学生的兴趣、爱好或者专业为基础建立起来的,通过学生社团开展社会实践能够增强学生社团的凝聚力和向心力,扩大学生社团的影响力。同时,通过学生社团活动也能提升社团成员的思想认识水平,引导大学生在实践中深入社会、了解国情、树立对国家和人民强烈的责任感。社团活动可以社团为单位单独组队,也可与其他学生社团联合组队。一般来说,同一社团可以组建多支团队,但团队成员不得同时交叉参与不同的团队。就流程而言,社团活动和学术研究活动的实施是大同小异的。活动开展时,学生将按照项目申报书上的活动设计开展社会调查,统计调研数据,提供社会服务,并及时向学校团委等部门报送新闻稿,完成相关调研报告的撰写。

3.志愿服务活动的实施

志愿服务泛指利用自己的时间、技能、资源、善心为邻居、社区、社会提供非营利、无偿、非职业化援助的行为。志愿服务是指任何人志愿贡献个人的时间及精力,在不为任何物质报酬的情况下,为改善社会、促进社会进步而提供的服务。志愿服务活动是大学生社会实践最常见的形式。开展志愿服务活动,既是对大学生的磨炼,能够增加大学生的阅历,提高大学生的思想觉悟,也是一种积极报效祖国的实际行动。如义务支教、环保宣传、便民服务、医疗保健服务等各类志愿服务活动,不仅能够传递爱心,更是传递了一种构建和谐社会的坚定信念。以某高校为例,2016年暑期该校共派出了舟山群岛新区"妈妈去哪儿——女权小卫士"宣传调研团等 21 支队伍开展志愿服务活动,参与师生近 400 名,分赴舟山定海、普陀、岱山、嵊泗等地,开展节能环保、感恩教育、国情教育、理论普及等一系列内容丰富、形式多样的志愿服务活动。广大学生在志愿服务活动中切实了解了国情,开阔了视野,得到了锻炼,为建设团结友爱、平等互助、共同前进的和谐社会贡献了青春力量。志愿服务活动通常按照以下步骤和环节展开:了解志愿服务需求→招募爱心志愿者→明确志愿服务内容→明确服务对象→明确服务形式→开展志愿服务→填写志愿服务记录→活动总结。

(三)活动方案的调整

为了顺利完成社会实践活动既定的计划和任务,一般而言,社会实践活动方案在报学校团委等相关部门批准、确定之后便不再进行更改。但是,如果遇到一些特殊情况,则有必要进行调整。这些特殊情况可以分为两类,即客观情况和主观情况。客观方面的情况主要有:天气变化、突发的地质灾害等。遇到这些因素,尤其是地震、台风等自然灾害时,一定要及时调整实践方案,确保实践队员的人身安全。主观方面的情况主要有:因某种原因不能完成预先协商好的接待任务,造成实践对接单位的衔接不畅;实践队员突发疾病等。对于这种突发事件应该灵活应对,及时调整社会实践活动方案,确保社会实践活动的顺利进行。

(四)活动的记录

大学生社会实践活动一般要经历 2～4 周时间,集中实践时间一般为 2 周左右,做好实践情况的记录对于事后整理和归纳相关材料非常重要。社会实践活动的记录,既可以采用纸质材料书写记录的方式,也可以利用先进的通信媒介,如录音笔、手提电脑、智能手机等进行录音、拍照。记录下来的资料既是社会实践活动开展的证明,也是顺利完成社会实践活动总结的重要保障。

(五)活动的宣传

在大学生社会实践活动开展过程中,要做好宣传报道和信息报送等相关工作。要根据本团队实践活动的开展情况及时与报纸、电视台、网络等新闻媒体联系,深刻挖掘社会实践活动内涵及活动新闻亮点,扩大实施活动的影响力,争取在国家级、省级、市级各主要新闻媒体上进行报道。同时,要及时上报工作材料,切实有效地推进社会实践活动的深入开展。以某高校为例,学校组织的每一支社会实践团队,都建立了专属微博、网站、QQ 群及微信群等网络系统,在腾讯网站上,根据实践进度情况,实时发布活动情况、展示实践团队风采。实践团队也通过关注"浙江团省委学校部"腾讯官方微博或者"浙江省学生联合会"新浪官方微博并及时向其发送有关社会实践活动的相关信息,让社会及时了解大学生社会实践活动的开展情况及取得的成果。

(六)活动实施的总结

社会实践活动在实施后,要进行全面总结和分析。社会实践实施后的总结,能够让实践的参与者从不同的角度分享实践活动中的所见所闻、认识及感想;能够让参与者回忆、思索社会实践过程中的点点滴滴；能够让参与者充分认识到"实践是检验真理的唯一标准"的真谛。在实践中，参与者能够发现自身存在的缺点和不足，更好地提升自己。社会实践实施后的总结也能够凝练社会实践开展过程中取得的经验，能够帮助大学生发现社会实践实施中存在的不足，为下一次社会实践活动的顺利开展奠定基础。

第二节　大学生社会实践实施的基本环节与基本要求

在对大学生社会实践的实施有了初步了解之后，我们接下来研究社会实践实施的基本环节和基本要求，以便同学们对社会实践活动的实施有更为全面的理解和把握。

一、大学生社会实践实施的基本环节

社会实践实施的基本环节是大学生社会实践活动顺利实施和开展的操作步骤，其主要由以下几方面组成：

（一）协调

协调是一项重要的管理技巧，也是大学生社会实践实施过程中的重要内容。社会实践中的协调是指"社会实践实施的管理者在实践的实施管理过程中，引导内部组织与外部环境，以及内部组织的人与人之间建立良好的相互作用、相互协调、相互配合的关系，以实现社会实践实施预定目标的行为"①。从协调所指向的对象范围来看，大学生社会实践实施过程中的协调，可分为内部协调与外部协调两类。

1. 内部协调

内部协调就是指处理好社会实践团队成员之间的相互关系，也就是组织内部人与人之间的关系。内部要协调好，就要求团队的领队要想办法让团队成员拧成一股绳，共同朝着社会实践设定的目标前进。一般来说，由于每个大学生的生活环境、知识储备有所不同，其看问题的角度和深度、提出的建议和办法均有所区别。这就容易导致在问题处理过程中团队成员之间容易产生分歧、矛盾甚至冲突。如果不能有效地化解矛盾，必将会加剧个体之间的冲突，导致组织松散，给社会实践活动带来的负面效应是显而易见的。因此，在社会实践实施过程中，团队领队等作为团队的核心一定要高度重视和谐团队的构建，要努力化解成员间的分歧和冲突，合理分配工作任务，使社会实践活动能够不断顺利向前推进，以实现内部协调，完成社会实践活动的目标。

2. 外部协调

外部协调意味着社会实践团队要处理好与社会的关系。社会实践的开展、实施既需要

---

① 李同果.大学生社会实践研究［M］.成都：天地出版社，2008.

稳定的实践基础,也需要合适的、固定的场所。这就需要由实践团队组织之外的社会来提供。同时,社会实践所必需的其他材料,如介绍信、人身保险等都需要学校各个部门、各个单位的积极配合和大力支持。实践团队组织处理好、协调好与学校各部门、各单位的关系,就能为大学生提供食宿等方面的便利。这必将能够激发大学生投身实践的积极性,能够调动大学生参与实践的热情,为实践活动的顺利开展奠定坚实的基础。

(二)沟通

沟通是人与人之间、人与群体之间思想与感情的传递和反馈的过程,其目的是要使思想达成一致,实现感情的通畅。人与人之间的沟通是非常必要的,有效的沟通能够提升工作效率,实现社会实践团队成员之间的人际和谐,有利于社会实践活动的正常开展。按照沟通所指向对象的不同,沟通也可以分为内部沟通和外部沟通。内部沟通是指社会实践团队成员之间的信息交流和传递。外部沟通是指社会实践团队与学校有关部门、社会有关组织、公民等的信息交流和沟通。在社会实践实施过程中,沟通是我们进行指挥、控制的重要手段,是改善人际关系的一种有效途径。有效的沟通能够保证学校与社会,学生与各部门、各单位,学生与学生之间关系的协调,保证社会实践活动预定目标的实现。如果沟通不顺畅、信息传递不流畅,那么社会实践团队成员之间、团队与外界之间将不可避免地出现误解。如果没有足够的相互了解和支持,就会引发人际关系紧张,导致冲突的出现,影响社会实践活动的顺利开展。

(三)控制

管理学中的控制是指根据组织的计划和事先规定的标准,监督检查各项活动及其结果,并根据偏差或调整行动或调整计划,使计划和实际相吻合,保证目标实现的行为。[①] 从一般意义上说,控制是指控制主体按照给定的条件和目标,对控制客体施加影响的过程和行为。在大学生社会实践实施的过程中,控制是一种保证实际工作与决策方案一致的行为。当社会实践实施中出现了与决策方案有差异或偏移的情况时,我们就要通过控制来实现对行为的纠正,以使行为与决策相符,努力促进决策的实现。

学校要把社会实践活动方案的实施看作是一个动态的过程,不能仅仅看成是一种静态的行为。在社会实践实施过程中,团队成员在知识储备、经验、个人能力等方面都是存在明显差异的,实践方案的实施就必须进行动态调整。这就需要我们对社会实践活动的全过程进行动态的跟进和控制。另外,在社会实践过程中,经常会出现突发情况,出现活动开展与活动方案不一致的情形。当这些情况出现时,必须通过控制才能实现活动方案的目标。如果活动方案的实施过程失去控制,则不能有效地实现社会实践活动的预定目标。

现代社会里,人们的思想观念、自我意识逐渐增强,突破了以往的偏重定量控制,较多地依靠行政手段,带有刚性强制和权威的传统控制模式。现代管理中的控制,向人们提供了更为丰富的内容。它要求有适度的强制性,要求根据时间、对象的不同,适当变化控制量来进

---

① 马仁杰,王荣科,左雪梅. 管理学原理[M]. 北京:人民邮电出版社,2013.

行控制。它更多地依靠有效的信息沟通、人际关系的协调、人与人之间的相互理解和协商以及情感交流等方式来达到控制的目的,来激发学生参与社会实践的主动性和积极性,以保障社会实践活动的顺利进行。

(四)检查

检查是大学生社会实践活动运行过程中的一个重要环节,也是保证社会实践活动实施的重要手段,是社会实践活动目标得以实现的重要保障。通过认真细致的检查,能够真实地反映社会实践活动方案的开展情况,能够观察到大学生社会实践活动任务的完成情况,了解他们对社会实践活动的认可度,了解他们在具体实施中遇到的困难和问题所在。就实质而言,这种检查是在社会实践活动中对大学生的一种考核和监督。检查的方式多种多样,从内容上看,有全面检查、抽样检查;从时间上看,有平时检查、定期检查;从方法上看,有口头汇报检查、书面检查等。在大学生社会实践实施过程中,究竟采用哪种比较合适的检查方式,应根据实际情况来判断。若要真正地达到检查的目的,我们应注意以下几点:

1.检查要深入实际

要想真实地了解社会实践活动的开展情况,必须深入到实际工作中去,必须掌握第一手的真实材料。只有掌握全面真实的情况,才能进行科学分析,为实践活动的改进打下坚实基础。

2.检查既要注重结果,也要注重过程

在对大学生社会实践活动开展情况进行检查时,如果只看结果,不看过程,很可能被假象所迷惑,做出错误判断。只有着眼于实践活动过程的检查,才能找出产生实践活动结果的真实原因,也才能正确地指导社会实践活动的实施。

3.注重检查后的整改工作

检查不是目的,检查的目的是为了更好地推进社会实践活动的开展。我们应当在检查的基础上,找到社会实践活动实施中存在的主要问题,提出整改的措施和建议。

二、大学生社会实践实施的基本要求

为保证大学生社会实践的顺利实施,激发大学生的参与热情,促使实践活动取得预期效果,社会实践的实施应当按照以下要求来开展:

(一)高度重视,整合优势

社会实践是锻炼大学生的重要平台,是增进大学生才干的重要机遇。高校团委、宣传部等各部门和各个社会实践团队成员都要充分认识组织开展大学生社会实践的重要价值和意义,充分认识到社会实践的实施对实践活动圆满完成的重要性。为此,社会实践活动的主管部门——各高校团委等部门要为社会实践的实施提供充分的保障,如资金、人员、物资等多方面的支持。在社会实践开始时,要鼓励跨专业、跨年级、跨学院的学生组成团队,资源共享、整合优势、协同推进。在条件允许的情况下,鼓励社会实践团队积极参与学校教师的科研课题。把社会实践与教师的科研课题结合起来,开展多样化研究,以拓宽大学生的学术视野,加深大学生对现实问题的关注程度,使其承担应有的社会责任。同时,在社会实践与科学研究互动的过程中,突破专业局限,进行跨学科合作研究,以提高大学生的创新能力和实践能力。

(二)注重宣传,扩大影响

为了进一步增强社会实践活动的实效,扩大社会实践活动的社会影响力,提升学校的知名度和美誉度,各个社会实践团队一定要高度重视社会实践的宣传工作。为此,各社会实践团队应当坚持传统媒体与现代新媒体相结合、面上宣传与重点宣传相结合、动态播报与经验提炼相结合。在做好校内宣传交流的同时,重点加强对外宣传。在开展社会实践活动宣传时,应当突出特色鲜明的活动创意、活动内容、活动成果、活动成效及其创新亮点;突出实践活动中涌现出的优秀学生事迹;突出关于创新社会实践活动的好做法、好经验和新探索。在社会实践活动实施时,各社会实践团队要认真规划全程新闻宣传方案,并做出相应的工作部署,尤其要制定好对外宣传工作方案。注意组建得力的宣传报道组,选派新闻写作、新闻摄影水平较高的学生担任组长,具体负责本实践团队活动的校内外宣传报道。各社会实践团队要积极有效整合各类资源,充分利用各种媒体和渠道对社会实践活动进行全面的宣传报道,例如,要确保获得省级、市级电视台、报纸等新闻媒体的报道,力争获得新华社、中国青年网、《光明日报》、《中国青年报》、《中国教育报》等国家级新闻媒体的报道,以扩大社会实践活动的影响力。

(三)落实措施,确保安全

有效的安全措施能够为社会实践活动的顺利完成提供重要保障。大学生社会实践活动涉及人员多、地域广、流动性强,各高校、各个社会实践团队要加强安全意识教育,高度重视师生的人身和财产安全等方面的教育工作,努力确保参与师生的人身安全。各个社会实践团队要做好社会实践安全应急预案,以防安全突发事件的发生。各社会实践的领队应提前向队员就实践内容、日程安排、注意事项、突发事件紧急处理、安全应急预案、联系方式等进行具体而详细的告知,确保每个参加实践的同学对于社会实践活动的各个细节有清楚的了解。各高校团委应当为参与社会实践的师生及时购买相关的保险,以解决师生的后顾之忧。同时,各高校要给每支社会实践团队配备一名安全管理员,配合团队负责人及带队教师做好社会实践的安全保障工作。

第三节　大学生社会实践实施中突发事件的处置

在社会实践的实施过程中,难免会遇到突发事件。在这些情况发生之前,我们应当事先做好防范、拟定应急预案,为大学生社会实践活动的顺利开展提供保障。当突发事件发生时,我们要及时跟进和处理,确保社会实践参与者的人身、财务等安全,将事件带来的危害和影响降到最低程度。

一、突发事件的含义及特征

突发事件,是指突然发生,造成或者可能造成严重社会危害,需要采取应急处置措施予以应对的自然灾害、事故灾难、公共卫生事件和社会安全事件。[①] 总体来看,突发事件涉及的类型众多,每一类突发事件都具有各自独有的特性。但突发事件也具有一些共同特征,现简单介绍如下:

(一)突发性

通常而言,突发事件是在人们没有充分准备的情况下发生的,其发生必然会干扰社会的有序发展,影响人们的正常生活。由于事发突然,人们未做好充分的思想准备,容易产生烦躁、恐惧等情绪。同样,若政府相关部门没有充分准备,也容易导致各类应急措施的缺乏,如各类应急物资的急缺、应急人员配备不齐、应急经费的短缺等。

(二)破坏性

突发事件的破坏性通过多方面得以体现,如对公共财产造成损失、对社会公众的生命构成威胁、对社会秩序造成紊乱、对自然环境产生破坏等。突发事件所带来的破坏有的是暂时性的,随着突发事件处置的结束会逐步消除。但是,有的破坏是长期性的,突发事件造成的影响短期内无法消除。若对突发事件处置不当,可能还会带来严重的政治危机、经济危机、文化危机、社会危机和生态危机,造成难以预计的后果。

(三)不确定性

突发事件的不确定性,既包括突发事件在何时、何地、以何种形式和规模暴发通常是无法提前预知的,也包括事态发展进程的不确定性。突发事件发生之后,由于信息不充分和时间紧迫,绝大多数情况的决策属于非程序化决策。响应人员与公众对形势的判断和具体的行动以及媒体的新闻报道,都会对事态的发展造成难以预料的影响。由此导致事态的发展具有不确定性。

(四)社会性

突发事件的社会性主要体现在其对社会系统的基本价值观和行为准则构架产生影响,由此导致人们的行为方式和生活方式发生改变。突发事件影响的主体是公众,在突发事件的应对过程中,社会公众会重新审视以往的价值观念、思维方式及生活习惯。通过认识和思考,社会公众会重新调整社会系统的行为准则和生活方式,重新塑造自身的基本价值观。

[①]　中华人民共和国突发事件应对法[M].北京:中国法制出版社,2010.

(五)扩散性

随着社会的进步和现代交通与通信技术的发展,全球一体化的进程不断加快,国家之间、地区之间、人与人之间的依赖性更为突出,使得突发事件造成的影响不再仅仅局限于发生地,而会通过各方面的内在联系引发跨地区的扩散和传播,波及其他地域,形成更为广泛的影响。而且有些突发事件本身带有一定的国际性色彩,其产生的背后具有某些国际势力的支持,自然会出现联动效应,比如恐怖事件、社会骚乱等。这些都会给突发事件的应对带来更大的难度。

二、突发事件的分类

根据《中华人民共和国突发事件应对法》中的相关规定,按照社会危害程度、影响范围等因素,自然灾害、事故灾难、公共卫生事件分为特别重大、重大、较大和一般四级。法律、行政法规或者国务院另有规定的,从其规定。突发事件的分级标准由国务院或者国务院确定的部门制定。① 具体而言,自然灾害,主要包括水旱灾害、气象灾害、地震灾害、地质灾害、海洋灾害、生物灾害和森林草原火灾等;事故灾难,主要包括工矿商贸等企业的各类安全事故、交通运输事故、公共设施和设备事故、环境污染和生态破坏事件等;公共卫生事件,主要包括传染病疫情、群体性不明原因疾病、食品安全和职业危害、动物疫情,以及其他严重影响公众健康和生命安全的事件;社会安全事件,主要包括恐怖袭击事件、经济安全事件和涉外突发事件等。根据相关法律法规的有关规定,结合实际情况,下面我们将对大学生社会实践中的突发事件作简单介绍。

(一)一般性突发事件

在一般性突发事件中,有些是由于饮食卫生或天气变化等因素导致实践团队成员身体不适的;有些是由于交通安全问题(如交通事故、行进当中的摔倒等)导致出现轻微的交通事故,造成社会实践团队人员皮外伤的;有些是在从事社会实践活动过程中出现纠纷(如争吵、打架等),造成社会实践活动无法开展或成员出现皮外伤的;有些是在从事实践活动中遇到自然灾害(如洪水、地震、滑坡、病疫等)造成人员轻微受伤的;有些是由于其他事故(如电击、火灾等)造成人员轻微受伤的;等等。在该种情况下,社会实践团队成员的人身安全或财产受到了一定的影响,但对社会实践活动的正常进行影响有限。在一般情况下,一般性突发事件可以自行解决,有时会需要得到外界一定的帮助。

(二)较大突发性事件

在较大突发性事件中,因为外界因素、人为原因及其他不可抗拒力等因素造成社会实践

---

① 中华人民共和国突发事件应对法[M].北京:中国法制出版社,2010.

团队成员在实践过程中突患急病且较严重的,或受中度伤害事件的,或因遇到较严重的自然灾害导致被困的,等等。在该种情况下,社会实践团队成员的生命、财产安全受到了一定的威胁,但成员可以坚持一定的时间。从事件发生的严重性来看,较大突发性事件带有较大的危险性,往往无法自行解决,需要得到外界的帮助。

(三)重大突发性事件

在重大突发性事件中,因为外界因素、人为原因及其他不可抗拒力等因素造成社会实践团队成员在实践过程中患突发急性病且病危的,或受重伤事件的。在该种情况下,社会实践团队成员的生命、财产安全受到了较为严重的威胁,急需外界的帮助。如果外界的帮助不能及时到来,则有可能造成人员死亡或财产受到较大损失等恶性后果,此时情况较为危急。重大突发性事件急需得到外界的及时帮助,不能迟疑,否则会导致难以预料的恶果发生。

(四)特大突发性事件

在特大突发性事件中,因为外界因素、人为原因及其他不可抗拒力等因素造成社会实践团队成员在实践过程中伤亡事件的,或者财产受到巨大损失的。在该种情况下,社会实践团队成员的生命或财产安全受到了严重威胁,或者个别团队成员的生命安全没有了保障,其后果是极为危险的。此类事件的发生,有可能是成员本身造成的。但是,大多数情况下特大突发性事件是外来因素所造成的,如突发的地震、泥石流、塌方、被毒蛇咬伤等自然灾害或者交通事故等人为因素。特大突发性事件非常需要得到外界的紧急援助,单独依靠学校或实践单位往往根本无法解决问题,这时往往需要政府相关部门出面进行协调。

三、突发事件的处置要求

在《国家突发公共事件总体应急预案》中,强调指出了突发公共事件处置的六大原则:"以人为本,减少危害;居安思危,预防为主;统一领导,分级负责;以法规范,加强管理;快速反应,协同应对;依靠科技,提高素质"。我们可以参照以上原则来处理大学生社会实践中的突发事件。

(一)一般性突发事件的处置

该类型事件的发生较为常见。对该类事件的处置,社会实践团队要做好充分准备。在实践活动实施之前,要积极开展全面、全方位、全员的安全教育。实践团队一定要配备可以预防和治疗常见身体不适和轻微受伤的日常药物。当此类事件出现时,团队成员可以较为冷静、理性地对待和处理,能够及时控制事态发展,及时消除该类事件对社会实践活动的影响。

(二)较大突发性事件的处置

该类型事件发生的概率低。当此类事件发生时,团队成员尤其是团队负责人一定不能慌乱,要冷静对待,必要时可根据情况终止社会实践活动。团队负责人首先要确保团队成员的人身安全,要及时将相关情况报告给带队教师及学校主管社会实践工作的职能部门。需要联系交管或公安部门的,应与当地110或交管部门取得联系,将病患送到附近医院进行相应治疗,待病情好转后再重新开展社会实践活动。

(三)重大突发性事件的处置

该类型事件发生的概率较低。当此类事件发生时,一般情况下可能造成部分人员受伤或财产损失。团队负责人、指导教师一定要立刻终止社会实践活动,立刻将相关情况报告学校主管社会实践工作的职能部门,并立刻联系当地120,将病患马上送到附近医院进行抢救。及时通知学生家长,让家长及时赶赴现场处理相关事务。如果需要联系交管部门或公安部门的,应立即与当地交管部门或公安部门取得联系。

(四)特大突发性事件的处置

该类型事件发生的概率很低。当此类事件发生时,极有可能造成较多人员伤亡或财产损失。团队负责人、指导教师要立刻终止实践活动,要在第一时间将相关情况报告给学校主管社会实践工作的职能部门。迅速联系当地120,将有生命迹象的患者或伤员马上送到附近医院进行抢救。迅速联系当地110,与当地交管部门取得联系,让交警及时赶赴现场处理相关事务。迅速通知学生家长,让家长及时赶赴现场处理相关事务。迅速联系当地政府及学校相关职能部门,成立特大突发性事件应急工作组,共同解决特大突发性事件发生后的相关问题。

四、突发事件处置的注意事项

在大学生社会实践实施过程中,有些注意事项应当知晓,这有助于社会实践的顺利完成。下面对社会实践中应当注意的问题进行简单分析。

(一)做好充分准备

行前准备工作要做好、做足,只有这样才能给自己及社会实践团队提供更多保障。作为社会实践团队的负责人,应当在宏观上运筹帷幄,使整个实践团队运作有序;注重实践团队内部的管理与协调,注意团队分工明确,及时解决好团队内部矛盾;遇到困难的时候,多一些耐心,多请教别人;注意扎扎实实开展实践活动,不要急于求成;注意激发队员的责任心,保障实践顺利进行;注意分工合理,促进成员间的交流与沟通,让大家及时了解实践团队的运作情况。对社会实践团队成员而言,要做到遵纪守法,坚持集体行动、不搞个人主义,有团队意识与奉献精神,注意团队及个人的形象,尊重当地的风俗习惯;注意协助团队负责人做好相关物资、材料的准备工作;出发前要准备好必需的防暑降温药品,如藿香正气丸、清凉油、感冒发烧药;等等。

（二）做好安全教育

有效的安全措施能够为社会实践活动的顺利完成提供重要保障。大学生社会实践活动涉及人员多、地域广、流动性强，各高校、各个社会实践团队要加强安全意识教育，高度重视师生的人身和财产安全等方面的教育工作，努力确保参与师生的人身安全。由于社会实践大多在暑期进行，天气炎热，实践团队一定要注意饮食卫生、交通、住宿安全等，确保团队的人身、财产安全。

（三）制定应急预案

各个社会实践团队要做好社会实践的安全应急预案，以防安全突发事件的发生。各社会实践领队应提前向队员就实践内容、日程安排、注意事项、突发事件紧急处理、安全应急预案、联系方式等进行具体而详细的告知，确保每个参加社会实践的学生对各安全事项有清楚的了解。万一遇到突发事件，不要慌张，要保持冷静，要及时向老师、学校或者当地有关部门寻求帮助。

（四）加强联系与沟通

在社会实践活动开始之前，各学院分团委应当以短信的形式通知学生家长，确保学生家长清楚了解学生将要参加社会实践活动的任务、时间及地点等各方面的基本情况，同时，也要争取当地政府的支持与配合。在社会实践过程中，学校要与当地政府相关部门、实践团队、家长、指导教师及学生等保持密切联系，以确保社会实践活动的顺利进行。若遇突发情况，要及时与学校、当地政府相关部门及家长联系，妥善处理相关问题，防止事态的扩大，降低对社会实践活动的负面影响。在社会实践活动结束后，要做好相关总结汇报工作，如整理调研材料、撰写调研报告、做好社会实践总结大会的相关准备工作等。另外，学校也要及时与媒体联系，报道自己团队开展社会实践活动的情况，以扩大社会实践活动的影响力。

第四节　材料阅读与思考

在社会实践实施的过程中，存在着多种不确定因素，有可能会遇到危险或突发事件。比如，有的同学突然生病了，有的同学中暑了，有的同学脚扭到了等。遇到这些情况时，怎么处理比较合适？如何避免这些问题的出现？了解和掌握相关急救知识的重要性就显而易见了。通过阅读下面的材料，你看看，对处理以上问题是否有所帮助？

阅读材料 4-1

如何预防晕车、晕船[①]

　　外出旅行乘车、船时,有些人会出现头晕目眩、恶心呕吐等不适症状。这主要是因为有些人内耳中调节人体体位平衡的前庭器官过于敏感,车、船稍加运行震动就会出现较强烈的生理反应,或者是因某种因素的刺激诱发所致。

　　这种晕动症只是一时性的病理反应,采取相应的防治措施便可得以避免或缓解。一是旅行前要充分休息好,保证睡眠,并保持旅途中心情愉快、精神松弛;二是乘坐前不宜空腹,也不要吃得太饱,最好吃些易消化、含脂肪少的食物和水果;三是坐车、船前最好束宽腰带或系紧腰带,以减少内脏的动荡,尽量选择较靠前的座位,以减少颠簸,并尽量少活动,让头部紧靠座椅,身体取斜靠位,闭目养神,尽量不去看窗外飞逝的景物;四是保持车、船内清洁卫生,注意通风,以减少污浊空气引起的恶心,尽可能靠近窗口,避免汽油味造成的恶性刺激;五是在上车、船前半小时,先服一片乘晕宁;上车、船前可在鼻子周围擦些风油精或清凉油,以减轻因车厢内空气混浊刺激而引起的头晕;长途乘车、船可于每次饭前服一片乘晕宁,但一日不可超过三次,也可服用东莨菪碱 0.3~0.6 毫克,可保持 5~6 小时不呕吐。此外,仁丹也有防治头昏脑涨、镇定神经、防止晕动的效果。口含生姜片可防止恶心呕吐,生姜片具有祛风解毒的功用,可带些在身边以备应急之用。长途旅行要保持良好的心情。

阅读材料 4-2

急救知识[②]

一、晕倒昏厥

　　此时千万不可随意搬动患者,首先观察其心跳和呼吸是否正常,若正常,可轻拍患者并大声呼唤使其清醒。如患者无反应则说明情况比较严重,应使其头部偏向一侧并稍放低,取后仰头姿势,然后用人工呼吸和心脏按压急救。

二、关节扭伤

　　切忌立即搓揉按摩,应马上用冷水或冰块冷敷约 15 分钟。然后,用手帕或绷带扎紧扭伤部位。

---

　　① 　胡劲波.出行如何防晕车、晕船[N].湖南日报,2012-02-01.
　　② 　钟婷婷.安全出行锦囊　为你保驾护航[N].现代金报,2012-03-12.

三、心绞痛

有心绞痛病史的患者,出外应随身携带急救药品。如遇到有人发生心绞痛,先不可搬动患者,要迅速给予硝酸甘油让其含于舌下。

四、胆绞痛

旅途中若摄入过多的高脂肪和高蛋白饮食,容易诱发急性胆绞痛。患者发病后应静卧于床,并用热水袋在其右上腹热敷,也可用拇指压迫刺激足三里穴位,以缓解疼痛。

五、胰腺炎

发病后患者应严格禁止饮水和饮食。可用拇指或食指压迫足三里、合谷等穴位,以缓解疼痛、减轻病情,并及时送医院救治。

六、急性肠胃炎

外出由于食物或饮水不洁,极易引起各种急性胃肠道疾病。如出现呕吐、腹泻和剧烈腹痛等症状,可口服诺氟沙星、黄连素(也称盐酸小檗碱片)等药物,或将大蒜拍碎服下。

七、紫外线辐射

就日光对人体的损害而言,紫外线是"主犯",会使皮肤发生日晒伤(日光性皮炎)和引发雀斑。紫外线辐射还会抑制人体免疫系统,使潜伏的病毒感染复发。预防紫外线辐射症,一是要合理安排时间,尽可能避免中午外出;二是尽量穿色浅、质薄的衣服,服装以宽松、吸汗性强的长袖衣服为好;三是在烈日下头戴草帽或其他防护帽,为保护眼睛,还应戴上太阳镜;四是减少"日光浴"。

八、花粉过敏

花粉过敏症多由各种树木、蒿类或其他植物的花粉引起,多表现在呼吸道及眼部,鼻塞、流涕、打喷嚏,鼻腔、眼角以及全身发痒。有的人皮肤上会生出一团团的风疹块,严重者还会出现胸闷、憋气,如不及时治疗,有可能并发肺气肿和肺心病。如需外出,要备上脱敏药物。

九、高山反应

由于高山和高原地区地势高,空气较稀薄,氧气含量低,到这些地方旅游有可能会出现头痛、胸闷、呼吸短促、脉搏增快等症状。去高海拔地区旅游之前,必须对身体进行一番认真检查,凡患有严重心血管疾病、冠心病、心绞痛、高血压、慢性肺部疾病、急性中耳炎以及怀孕的妇女,最好不要去高海拔地区旅游。

十、腹泻

旅游性腹泻大多是饮食不洁,感染痢疾杆菌、沙门氏菌等所致。大便呈稀水状,伴有腹痛、发热、恶心呕吐、食欲大减等症状。为预防腹泻,除注意起居和饮食卫生外,在旅游外出时应随身备带复方新诺明、诺氟沙星等药物。

十一、缓解疲劳

从食疗角度看,应该适当多吃一些碱性的食物,如海带、紫菜、各种新鲜蔬菜、各种水果、豆制品、乳类和含有丰富蛋白质与维生素的动物肝脏等,这些食物经过人体消化吸收后,可迅速地使血液酸度降低,达到弱碱性,使疲劳消除。另外,热茶、咖啡、巧克力也有类似作用。维生素B和维生素C有助于把人体内积存的代谢产物尽快处理掉,故食用富含维生素B和维生素C的食物,能消除疲劳。

复习思考题

1.大学生社会实践活动实施前应该做好哪些准备?

2.大学生社会实践实施过程中应该注意什么?

3.在大学生社会实践实施过程中,如何有效确保人身、财产安全?

拓展阅读

1.刘晓东.大学生社会实践理论与实务[M].北京:高等教育出版社,2014.

本书结合近年来我国高等教育的实际,对大学生社会实践的相关理论、基本知识与技能、管理运行与思考进行了简明通俗的介绍。内容安排上分为六章,包括大学生社会实践概述、社会实践的选题与策划、社会实践的方法与技能、社会实践的实施与执行、社会实践的总结与成果转化、社会实践的管理运作与探索思考等。本书以理论解析为主,辅以实践案例和拓展阅读,注重思想性、理论性、原创性与可读性、实用性、规范性的统一,材料丰富,内容系统,语言流畅,操作性强。本书可作为普通高等学校大学生社会实践的理论讲授教材,也可供独立学院、高职高专师生,以及高校的专兼职学生思想政治工作者、学生辅导员和相关研究人员参考。

2.冯艾,范冰.大学生社会实践导读[M].北京:社会科学文献出版社,2005.

本书深入分析了社会实践在高等教育中的地位和作用,考察了影响社会实践的时代、社会、信息等多元环境,探索了建立社会实践的保障体系和实践育人的长效机制,并以生动的案例展示了大学生社会实践丰富多彩的活动类型,如社会调查、教学考察、科技创新、志愿服务、公益活动、学生社团、勤工助学等。特别对教学实习、"挑战杯"竞赛、社区服务、"三下乡"活动等作了重点介绍。本书更从理论联系实际的角度对大学生从事社会实践经常遇到的课题方案、组织实施等问题作了经验总结,介绍了实践方案的设计、调查研究的定性和定量方法、项目的总结及成果评估,最后还对实践的宏观管理和模式改革进行了理论探讨。本书既注重学术理论性,又兼顾实用操作性;既有逻辑推演,又有感性表述;既有国内外典型案例,又有照片及实用图表。本书可作为大学生社会实践课程和活动的必读教材。

3.张青.走在社会实践路上[M].青岛:青岛出版社,2007.

本书介绍的是一种全新而规范的学生社会实践活动模式,主要是通过"提供有效参与政府管理所需要的知识和技能、提供旨在形成能力和效率观念的实际经验、发展学生对公民参与政府管理重要性的认识"三个途径,达到培养学生作为积极公民和管理者的使命感。更重要的是,本书弥补、解决了综合社会实践中研究型学习形同虚设、学校思想政治课中公民教育单纯说教这两个基本问题,在未成年人思想道德建设方面也探索出一条行之有效的方法。

❀ 本章主要参考文献

[1]宫留记.布迪厄的社会实践理论[M].开封:河南大学出版社,2009.

[2]王树成.大学生社会实践有效途径的探索[M].咸阳:西北农林科技大学出版社,2009.

[3]刘晓东,都基辉,胡智林.大学生社会实践理论与实务[M].北京:高等教育出版社,2014.

[4]王秀玲,宋颖.大学实践教育的理性思考[J].黑龙江高教研究,2001(3):25-26.

[5]李雅杰.中国梦引领下的大学生社会实践创新[J].教育探索,2015(5):16-18.

第五章
大学生社会实践的指导与评价

学习目标

- 理解大学生社会实践指导的意义和主要内容。
- 掌握大学生社会实践评价的作用和基本原则。

　　社会实践活动是高校德育的重要载体,是深入推进素质教育的有力抓手。组织大学生开展社会实践活动,是加强学校德育工作、深化实践教学改革、完善实践课程体系的内在需要,有助于学生接触自然、了解社会、拓宽视野、丰富知识、提高社会实践能力和综合素质,是培养学生兴趣爱好、丰富学生课余生活的重要渠道。高校要从全面实施素质教育、培养创新型人才的高度,组织和鼓励学生到社区、工厂、农村和爱国主义教育基地等开展丰富多彩的社会实践活动。在社会实践活动中,培养广大学生的创新精神与实践能力,增强学生的社会责任感,促进学生身心全面发展。为此,高校要加强大学生社会实践活动的指导与评价工作,以提高大学生社会实践活动的实效性。

第一节　大学生社会实践的指导

　　汉荀悦在《汉纪·宣帝纪一》中写道:"因人不胜痛,则饰妄辞以示之;吏治者利其然,则指导以明之。"《汉书·路温舒传》作"则指道以明之"。因此,指导的含义就是指示教导或指点引导。大学生社会实践活动涉及面广,具有系统性、实践性及复杂性等特点,要使大学生社会实践活动顺利进行,取得良好的效果,达到预期的目的,教师对社会实践活动的指示教导或指点引导是必不可少的。目前我国大学生社会实践在不断创新中已初具规模、渐成体系,产生了广泛的社会影响。但是,大学生社会实践指导工作仍然存在不少问题,例如,在大学生社会实践指导过程中,机构设置不够健全、运行机制不完善、新体制还没有完全建立等。因此,加强大学生社会实践活动指导的研究,对提高大学生社会实践活动的效果具有重要价值。

一、大学生社会实践指导的意义

(一)引导学生明确社会实践的目的

学习的目的是为了掌握知识,运用知识,为自己将来的发展打好基础。正如人们常说的"学以致用",学习就是为了将来更好地运用知识,获得更好的发展。因此,明确学习目的对一个人的发展具有重要价值。学习目的明确的人,一般都在追求长远的目标,因而能够激发出强烈的成就动机。他们往往乐于选择有难度、有把握的目标,对人人都能达成的目标不屑为之;有冒险精神,对学习、工作全力以赴,为了成功能约束自己的行为,希望得到公正的评价;在失败面前不低头,乐观地对待挫折,对未来充满信心,对成功有自豪感;工作效率高,能科学地运用时间,珍惜时间,不轻易浪费时间;能够抓住机遇,创造机遇,获得成功。正因为如此,在社会实践活动进行之前,教师要耐心细致地做好大学生思想引导工作,明确社会实践活动的目的,激发学生高质量完成社会实践的动机。让他们明确社会实践活动是引导学生走出校门、接触社会、了解国情,使理论与实践相结合、知识分子与工农群众相结合的良好形式;是大学生投身改革开放,向群众学习,培养实践能力的重要渠道;是提高思想觉悟、树立正确的世界观、人生观、价值观,增强大学生服务社会意识,促进大学生健康成长的有效途径。

(二)培养学生进行社会实践的兴趣

兴趣来源于认识和需要,兴趣也称求知欲,是学生学习中最现实、最活跃的成分,也是最早成为学生意识的动机。学习兴趣具有始动性,在学习中是一种动力源,能决定学习的强度和维持学习活动的力度。大学生是最具活力、最有学习热情的群体,他们基于对知识的渴望和自身能力展现的需要,求知欲望强烈,学习兴趣浓厚。他们的这种认识兴趣倾向是动态的,是随个体发展和时代变化而变化的。因此,为了提高实践教学质量,增强大学生的实践能力,教师在实践教学中应将培养大学生浓厚的兴趣作为实践教学的重要内容。通过调查发现,多数大学生对社会实践有浓厚的兴趣,因为大学生进行社会实践总是受到一定的动机支配,很多大学生已经不再满足于书本知识的积累,他们有一种学以致用、学用结合的主观需要。实践教学正体现了这一特点。教师在教学中注意联系实际进行针对性教育,可以极大激发大学生进行社会实践的兴趣,唤醒他们好奇探索的精神,使其感到所学的知识有用,知识就是力量,知识就在身边,能够看得见摸得着。这样会促使大学生将积极主动参加社会实践变成他们的自觉行动,成为他们成长成才的内在需要。

（三）激发学生进行社会实践的动机

行为主义心理学认为如果学生因为学习而得到强化（如教师表扬、家长称赞等），就会增加学生的学习动机。如果学生因为学习受到了惩罚（如教师批评、同学嘲笑等），就会产生厌恶学习的动机。在学习过程中，教师合理地运用一定的奖惩措施来培养学生的学习动机，对于学习的成功具有重要作用。因此，在社会实践教学过程中，教师也可以合理地运用一定的奖惩措施来培养和激发学生进行社会实践的动机。首先，了解学生的合理需要，激发学生进行社会实践的动机。社会实践活动的需要是学生进行社会实践活动的基础。教师要了解学生进行社会实践活动的需要，并给以个性化的指导，激发学生进行社会实践活动的动机（认知需要），使学生积极主动地参与社会实践活动，以促进学生社会实践活动的健康发展。其次，积极利用社会实践成果的反馈作用。教师正确利用社会实践成果的反馈作用，可以激发学生进行社会实践的积极性和主动性。学生及时了解自己的社会实践活动的成果，就可以进一步激发其进行实践活动的动机，产生良好的进行实践活动的愿望，克服实践过程中遇到的困难与矛盾，促使社会实践活动的顺利进行。最后，合理应用奖惩措施。教师合理运用奖惩措施来强化或抑制学生的行为是调动学生的积极性与主动性的重要手段，有利于社会实践活动的顺利进行。一方面，在社会实践活动中，教师应建立一套明确的奖赏方法，对学生的奖赏要与学生实际付出的努力相一致，让学生感到无愧于接受教师的奖赏。另一方面，对于触犯社会实践教学秩序的行为，必须给予相应的惩戒，以引起学生内心的斗争，并产生内疚与羞愧的情感体验，最后达到抑制不良行为的目的。

二、大学生社会实践指导的内容

高校必须建立科学有效的指导体系，将社会实践活动贯穿于整个大学生活，形成个人分散实践、团队集中实践与日常项目实践相结合的全员参与、全程实践的体系，以提高大学生社会实践活动的效率。根据不同时期的特点，因时制宜地组织开展不同形式的大学生社会实践活动。

（一）个人实践活动指导

在个人实践方面，高校要让大学生对自己的知识、能力、性格等对社会实践活动影响较大的因素有较清晰的认识和评价，指导学生发挥自身的专业优势，并依据自身的长处、社会需要、个人爱好有侧重地开展个人分散的实践活动。教师要注意组织开展针对不同年级学生的个人实践活动的指导。针对大一年级学生而言，因其社会化程度低，对大学生活不熟悉，可以开展青年志愿者服务、走访校友等体验式的公益服务活动；针对大二、大三年级学生而言，因其基本熟悉大学生活，具备一定的发现问题和解决问题的能力，具有一定的专业优势，可与科研立项、"挑战杯"全国大学生课外学术科技作品竞赛相结合，开展专业实践、学术研究和社会调研等实践活动；针对大四年级学生来说，因临近毕业，社会化程度较高，专业知识较扎实，具有较强的动手能力，应以顶岗实习、就业创业性实践为主，为毕业生就业择业提供良好的平台。

(二)团队实践活动指导

团队是由组织内部员工和管理层组成的一个共同体,该共同体应合理利用每一个成员的知识和技能协同工作,解决问题,达到共同的目标。美国管理学家罗宾斯认为,团队就是由两个或者两个以上的,相互作用、相互依赖的个体,为了特定目标而按照一定规则结合在一起的组织。团队的特点主要是,团队以目标为导向,以协作为基础,需要共同的规范和方法,团队成员在技术或技能上形成优势互补。因此,在团队实践活动指导方面,学校应注意充分发挥团队的优势,相互合作,相互帮助,共同提高。在具体实践活动中,注意引导团队成员关注民主政治、市场经济、先进文化、和谐社会及生态文明建设等方面的热点问题,指导团队成员进行项目分析、规划设计等活动。同时,注意规范实践活动的申报、立项及组织流程,形成项目式、精品型的团队实践活动培育机制。

(三)公益服务活动指导

公益服务活动是指在教师指导下,让大学生走出教室,参与到社会的政治、经济、文化生活之中,强化对国情和省情的认识,传播科学技术和文明新风,为地方经济和社会发展做出积极贡献。通过公益服务活动,学生一方面用自己所掌握的知识与技能为社会服务,加强实践的锻炼,使公众受益;另一方面使自己了解社会、体验社会、丰富自己,达到为社会服务、锻炼自己、提高自己的综合素质的目的。公益服务活动的内容主要包括社区服务、环境保护、知识传播、公共福利、帮助他人、社会援助、社会治安、慈善活动、社团活动、专业服务、文化艺术活动、国际合作等。在公益服务活动中,教师要指导和组织青年志愿者走进社区、服务社会,参与文明城市建设,为地方经济建设和服务社会贡献力量。例如,学校可以组织返乡大学生依照"就地就便"原则,充分利用所学专业知识,开展法律咨询、支教扫盲、环境保护等科技、文化、卫生服务等活动,为城市、乡村的发展贡献自己的一份力量。

(四)专业实践活动指导

专业实践活动又称专业实习,指大学生在校期间,结合专业特点和课程的进展,深入工厂、医院、矿区等社会实际工作环境中,把所学的知识运用于实际,完善知识结构,培养实际专业技能的过程。专业实践活动强调把专业理论知识运用于实践上,使理论与实践相结合,达到学以致用的目的。专业实践活动的主要功能就是通过实践教学活动,使大学生在巩固理论知识的同时,培养其动手能力、创新精神和创新能力,全面提高其综合素质。因此,在专业性实践活动指导方面,教师要结合大学生的专业特点,引导大学生注重在实践中发挥专业优势、培养专业能力,将专业知识应用于社会实践。专业实践活动的指导与学科课程的教学有较大差异,简单移植学科教学的原则将造成专业实践活动的低效或无效。专业实践活动指导教师需要在自己的专业结构中建构适应专业实践活动的理念与教学指导原则:在思维方式层面,兼具科学态度与人文精神,强化问题意识与创新精神;在教学方式层面,注重指导而非传授,倡导教学的对话与合作,强调学生自主的探究与实践;在评价层面,注重激励而非奖惩,关注发展而非甄别;在师生关系层面,以开放、乐观、友善的个性品质感染学生,加强交流与沟通,建立良好的师生关系。这些教学指导是学生专业实践活动取得成功的基础和前提。

(五)实践活动社区化指导

高校要主动加强与社区和家庭的联系,组织学生到社区开展文明创建、交通协勤、公益劳动、社区调查等活动。通过融入社区、接触生活,促进学生对社区的认识与理解、体验与感悟,不断增强学生的社会责任感。有条件的高校还可以在勤工俭学、职场训练等方面,探索大学生社会实践活动社区化的新途径和新方法。大学生社会实践活动立足于本地社区,可以降低活动成本,便于充分了解地方实际,使社会实践活动更具可行性和可操作性。学校、家庭、社区三结合是提高德育工作实效的重要途径。在社会实践活动社区化指导方面,教师应利用各种条件,通过多种途径为学生提供社会实践社区化的情境,拓宽学习的空间,让学生走出课堂,置身于社区生活中,亲身接触和感知各种人和事,使大学生体验于社区、服务于社区,成长于社区,使他们通过亲身经历、实际操作与活动来获得探究问题的兴趣,培养与人交往的能力以及正确的价值观。

(六)社会实践基地建设的指导

社会实践基地是课堂理论教学的延伸和补充,满足了学生运用知识于实际的强烈愿望,巩固并拓展了理论知识,对培养学生实践能力、挖掘学生潜能起到了很好的作用。社会实践基地活动还是高校德育十分有效的重要手段和途径。"随风潜入夜,润物细无声。"基地课程无不蕴含着德育的元素,体现着德育的功能。绢花制作、陶艺制作、创意模型、纸模服装等手工类课程,培养了他们的动手能力和创新精神;电子百拼、电子制作等课程激发了他们对科学的热爱与追求;室外素质拓展训练,培养了他们不怕吃苦、不怕困难的坚毅品格和互助协作的团队精神;交通、消防及生存急救知识的学习,提高了他们的安全意识和自我保护能力。总之,社会实践基地活动让大学生找到了自我,找到了自信,培养了他们健康乐观的人格,是他们健康成长成才的重要平台。因此,在社会实践基地建设指导方面,高校应借鉴国内外大学基地建设的模式和经验,积极探索与国情、校情相结合的特色基地,按照互利原则实现社会实践活动基地的良性发展,调动各方力量,构建相对稳定的校外社会实践活动基地。例如,学校可以充分发挥爱国主义教育基地的资源优势,以研究性学习或班团活动的形式,组织学生利用各种法定节日、传统节日、历史人物和重大历史事件纪念日等,走进爱国主义教育基地,接受革命传统和民族精神教育,增进爱国情感,提高道德修养。有条件的学校可以组织学生到省内外爱国主义教育基地以夏令营、冬令营等形式开展考察体验活动。总之,通过一系列基地化的社会实践活动,学生增长了才干,在探究中感受了快乐,在风雨中砥砺了意志,在体验中丰富了人生。

三、大学生社会实践指导的注意事项

(一)健全大学生社会实践指导的组织机构

高校有关部门和领导要重视大学生社会实践的指导工作,建立和完善指挥有力、分工明确、实施得力的校院(系)两级指导机构。在学校层面,要设置专门的由学校分管领导在内、有关部门负责同志组成的大学生社会实践领导机构,加强对内组织指导和对外联络沟通,建立科学的管理制度,保证社会实践的指导思想、规划等步骤的有序进行。在院(系)层面,应发挥院(系)的专业优势、整合社会资源,成立由有关领导、团组织负责人和指导教师组成的大学生社会实践领导小组,定期召开协调会,统筹大学生社会实践指导工作,充分考虑不同院(系)学生自身特点,采取"全程实践—全员参与—公开选题—培育辅导—立项选拔—专业辅导—规范开展"的工作思路,全面拓展大学生参与社会实践的形式。同时,高校要注意规范社会实践课程设置,真正把社会实践纳入教育教学的总体规划,加强社会实践活动的科学研究和学科建设,注意调动团委、学生处、教务处、科研处等有关职能部门以及各院(系)参与社会实践活动的积极性。

(二)寻求高校社会实践多元化的支持渠道

高校要强化资源意识,在充分挖掘自身潜力的同时,努力寻求社会实践与社会资源的最佳结合点,积极争取社会力量参与高校社会实践,不断拓宽高校社会实践的内容设置领域,丰富实践内容。资金不足是大多数高校在组织大学生社会实践过程中遇到的普遍问题。在目前学校经费有限的情况下,积极争取政府、企业的扶持,积极创造条件,努力形成"学校扶持一点,学院配备一点,政府、企业支持一点,个人自筹一点"的多层次资金筹措渠道,实现社会实践活动经费从以高校投入为主向学校、社会实践单位和学生个人分担的多元化投入体系的转变,保障社会实践的顺利进行。同时,高校要注意利用好自身的师资力量、科研条件及信息资源,加强与社会的联系,积极利用社会资源,支持和鼓励大学生走进社会,进行角色尝试、创业活动,参与科技文化活动,为其最终融入社会、服务社会打下基础。

(三)充分发挥共青团组织的指导作用

高校要充分发挥共青团对大学生社会实践的组织、指导优势,调动学生会组织以及各种社团、协会等外围组织的力量,共同推进大学生社会实践活动的正常进行。共青团组织应结合学校的培养目标、专业设置等方面的具体情况,制定大学生社会实践活动的指导规划,包括开展社会实践的意义、对学生参加社会实践的总体要求以及对不同年级、不同专业学生的分阶段实施计划等内容。社会实践涉及面大,组织指导工作复杂,共青团组织在积极发挥作用的同时,还必须紧紧依靠党委和行政的领导,加强同有关部门的配合,构建社会实践活动的长效机制。

(四)注意处理好集体实践与个体实践的关系

社会实践活动的组织形式有集体实践形式和个体实践形式两种。选择何种组织形式开展社会实践活动是高校组织者必须认真研究的课题。组织社会实践活动应根据活动的性质和具体的情况决定其组织形式。集体形式的社会实践有利于发挥集体的智慧,联合攻关,培养团队合作的精神。一般情况下,对具有一定的难度、涉及面复杂而广泛的主题,可以采取集体形式的社会实践。反之,个体形式的社会实践活动有利于调动学生个体的积极性与主动性,具有灵活性高、参与性广泛及可操作性强的特点。一般情况下,对涉及面相对较小及难度相对较低的主题,可以采取个体形式的社会实践。这里需要注意的是,无论是集体形式的社会实践,还是个体形式的社会实践,都要将教师的主导作用与学生的主体作用有机结合,也就是说,既要充分发挥学生的主动性和自主精神,同时,教师也要给予适当的指导和帮助,以提高大学生社会实践活动的实效性。

第二节　大学生社会实践的评价

评价是人们对价值关系的认识或反映,实际是以人为主体、以价值关系为客体的一种新型关系。① 大学生社会实践评价是依据社会实践活动目标对社会实践活动教学过程及结果进行价值判断并为社会实践活动决策服务的活动,是对社会实践活动现实的或潜在的价值做出判断的过程,也是研究教师的"教"和学生的"学"的价值判断过程。社会实践活动评价一般包括对教学过程中学生、教师、实践教学内容、实践教学方法和手段、实践教学环境、实践教学管理等诸因素的评价,但主要是对学生实践效果的评价和教师实践教学工作过程的评价。

一、大学生社会实践评价的作用

高校实施科学合理的评价,用积极的态度看待学生,从每个学生发展的内在需要和实际状况出发,评价他们各自的发展进程,让每个学生都得到赏识,体验到成功,对社会实践活动的顺利进行以及达到预期的目标具有重要作用。

(一)为改进实践教学提供依据

著名教育评价家斯塔佛尔姆强调:"评价不在于证明,而在于改进。"因此,科学合理的评价要求教师评价时不只是简单地判断或褒奖,而应注重具体引导,应更多地从内容、方法等方面去点拨和启发。教师利用评价的结果可以明晰社会实践教学目标的实现程度,实践教学活动中使用的方式方法是否有效,以及学生的接受程度和学习状况,从而随时调整自己的教学行为,反思和改善自己的教学计划与教学方法,不断提高实践教学水平。实践教学评价是以实践教学目标为依据的,如果评价后的学习结果与预期的教学目标相符,则表明教师完成了教学任务,教师的教学方法是成功的。如果评价后学生的学习结果与预期的教学目标不相符,那么教师就必须重新考虑教学目标的适当性及教学方法的有效性,考虑如何进一步改进实践教学。

(二)增强师生的内部动因

德国教育家第斯多惠说:"教学的艺术不在于传授本领,而在于激励、唤醒和鼓舞。"学生

---

① 王汉澜.教育评价学[M].开封:河南大学出版社,1995.

需要教师的激励,激励能激发人的潜能,能使人心智开启,灵感涌动。学生在宽松、和谐、民主的自由空间里与教师、同学进行心灵的碰撞、生命的融合,不断获得成功的体验,并在成功中走向成熟。科学的、合理的评价对教师和学生都具有激励和强化作用。通过评价反映出教师的实践教学效果和学生的社会实践活动效果。经验和研究都表明,在一定的限度内,科学的、合理的教学评价可以调动教师的积极性和主动性,激发学生学习的内部动因,使教师和学生都把注意力集中在教学目标的达成上。科学合理的评价要遵循实践教学规律。定期对实践教学情况进行检查和评价,判断哪些做法符合规律、哪些做法违背规律、实践教学是否达到预期目标、达到程度如何,这都有利于调整实践教学过程,促进实践教学过程的科学化。对教师来说,适时的、客观的教学评价,可以使教师进一步明确实践教学工作中存在的问题,令其明确如何改进实践教学方法,努力提高实践教学工作效果;对学生而言,适当的、合理的评价可以充分调动学生的主观能动性,帮助学生树立实现社会实践目标的信心,增强学生完成社会实践任务的决心。

(三)有利于提高实践教学质量

实践教学是学校教育的重要组成部分,如何提高实践教学质量,巩固课堂教学效果,确保各项教学任务的顺利完成,是培养合格人才的重要环节。对实践教学进行有效的质量评价,可以促使教师对照评价结果不断地反省实践教学,促进整体实践教学质量的提高。实践教学评价是以实践教学目标为依据,对实践教学进行全面检查,并予以价值上的判断。它的目的不在于区分学生学业成绩的等级差别,而在于评价每个学生对实践教学目标的实现程度。除对学生的成绩进行价值判断外,实践教学评价还要判断学生的性格特点、行为习惯、情感态度、思想道德素质、身体素质等方面的情况。因而,科学合理的评价有利于社会、家庭与学校增强对实践教学内在价值的认识,克服目前存在的只重理论知识学习、忽视实践能力培养的价值观念,从而更好地对学生实施素质教育,促进学生身心健康发展,真正提高实践教学质量。

二、大学生社会实践评价的类型

(一)常用的评价类型

社会实践活动的评价方式多种多样。以功能为依据,社会实践活动评价方式可以分为诊断性评价、形成性评价和总结性评价;以方法为依据,可以分为定性评价与定量评价;以内容为依据,可以分为过程评价与结果评价;以基准为依据,可以分为相对评价、绝对评价与自我评价。但无论以何种方式划分,其运用的目的都是激励和引导。这里我们主要从功能的角度作简要分析。

1.诊断性评价

诊断性评价也称教学前评价或前置评价,一般是在某项活动开始之前,为使计划更有效地实施而进行的评价。它涉及的内容主要有:学生在教学活动之前知识储备的数量和质量;

学生的性格特征、学习风格、能力倾向及对教学活动的态度等。一般来说,教师对学生进行诊断性评价借助的手段主要有:以前的相关课程的成绩记录、摸底测验、智力测验、态度和情感调查、观察、访谈等。诊断性评价实施的时间,一般是课程、学期、学年开始或教学过程中需要的时候。在社会实践活动开始之前,诊断性评价主要用来确定学生的准备程度并对学生进行合理的安置;社会实践活动中的诊断性评价,则主要用来找出存在的问题、确定妨碍学生进行社会实践的原因,并提出针对性的改进措施。在大学生社会实践活动中,诊断性评价最大的优点就是教师能够对自己的教育对象做到心中有数,对学生的已有知识、道德情感、性格特点等都有所了解,以便于在下一步的社会实践活动中抓住有利的时机,有针对性地、及时准确地对学生的社会实践活动行为做出评价,从而为提高学生社会实践活动效果提供依据。

2.形成性评价

形成性评价是相对于传统的总结性评价而言的。所谓形成性评价,是对学生学习过程中的表现、所取得的成绩以及所反映出的情感、态度、策略等方面的发展的评价,是基于对学生学习全过程的持续观察、记录、反思而做出的发展性评价。其主要目的是改进、完善学习过程,使学生获得成就感,增强自信心,培养合作精神。心理学的研究成果和教育实践经验表明,经常向教师和学生提供有关教学进程的信息,可以使学生和教师有效地利用这些信息,按照需要采取适当的修正措施,使教学成为一个“自我纠正系统”。形成性评价就是要使学生“从被动接受评价的人转变成为评价的主体和积极参与者”。形成性评价能及时了解阶段教学的结果和学习者学习的进展情况、存在问题等,以便及时反馈、及时调整和改进教学工作,从而获得最优化的教学效果。在大学生社会实践活动中,形成性评价主要是对学生的实践过程进行的评价,旨在确认学生的潜力,改进和完善学生的实践活动;重视实践的过程,重视学生在实践中的体验;强调教师与学生之间、学生与学生之间的相互作用,强调评价中多种因素的交互影响。在形成性评价中,教师的职责是确定任务、收集资料、与学生共同讨论,在讨论中渗透教师的指导作用。

3.总结性评价

总结性评价又称“事后评价”,一般是在教学活动告一段落后,为了解教学活动的最终效果而进行的评价。学期末或学年末进行的各科考试、考核都属于这种评价,其目的是检验学生的学业是否最终达到了各科教学目标的要求。[①]通常情况下,某一教学单元、章节、科目或学期结束时,运用总结性评价可以帮助教师判断是否达到教学目标,检查教学的有效性和教材、教法的适当性,考核学生的学习效果,确定学生的最终学习成绩。总结性评价重视的是结果,借以对被评价者做出全面鉴定,区分出等级,并对整个教学活动的效果做出评定。在大学生社会实践活动中,总结性评价就是以预先设定的社会实践教学目标为基准,对评价对象达成目标的程度即社会实践教学效果做出评价。社会实践活动中运用总结性评价注重考查学生掌握社会实践这门课程的整体程度,是对学生进行社会实践活动所取得的成果进行全面的价值判断,以便巩固、深化良好的学习习惯或行为习惯。教师应提醒学生社会实践

①　胡中锋.教育评价学[M].北京:中国人民大学出版社,2013.

中的注意事项;总结好的社会实践流程;激发、鼓舞学生进行社会实践的激情;引发学生对社会实践相关问题的深层思考。

(二)大学生社会实践评价变革的走向

社会实践评价是社会实践活动实施过程中的难点,也是关键点。这是社会实践活动本质规定性的内在要求。随着时代的发展,教育评价方式也在不断改革创新。下面介绍几种较有代表性的评价方式。

1.自我展示性评价

自我展示性评价活动是一种师生之间、生生之间共同学习和交流的过程,是学生发现自我、欣赏别人的过程。活动的主题不同,过程和方法也有差别。自我展示性评价形式亦多种多样。在社会实践活动中,自我展示性评价有以下几种形式:①充分利用教室,引导学生进行自我展示评价。社会实践活动的环境是开放的,学生的感受与体验是丰富的,对于它的评价也应该是开放的。在评价中,可使学生将实践活动中的丰富体验与收获通过多种形式展示出来,满足其对评价的需要。例如,可以将学生活动中的照片贴出来,办一个摄影作品展;还可把学生活动过程中的感悟体验、所办的手抄报也展示出来;此外,还可把社会实践成果展示在专栏里,让其他同学一起参与讨论并进行探究。②开展社会实践成果展示交流活动,引导学生感受丰富多彩的社会实践过程。当某一个实践主题或某一个阶段活动结束后,社会实践活动进入成果展示交流阶段,教师要提供机会让学生相互进行交流,让丰富多彩的社会实践成果展现在学生面前。③随机展示,不断激发学生参与的兴趣。有时学生的社会实践成果不一定要实践活动结束时才展示出来,一旦发现学生社会实践活动的闪光点和取得小小的成功时,指导教师就应该满足学生展示的欲望,及时给他们提供展示的机会,以便进一步激发学生参与社会实践活动的积极性与主动性。

2.合作式评价

合作式评价是个人与个人、群体与群体之间为了客观公正地评价学生活动的效果,彼此相互配合的一种联合行动或方式。就合作式评价本质而言,双方具有平等的法人地位,在自愿、互利的基础上实行不同程度的联合。在社会实践活动中,合作式评价的方式主要有:①小组互评。在小组进行评价活动时,可以由学生之间互评,将评价项目和标准等制成表格形式,学生将评价的结果填入表格中;也可以由教师主持互评活动,并结合自己的观察记录,提出自己的观点或意见,师生合作完成评价活动。小组互评往往能够取得意想不到的效果,学生可以进行自我展示,在互评中互相激励和提高,为进一步提高社会实践活动的效果提供依据。②家长或社区评价。家长或社区介入评价活动,可由校方提供评价项目、评价标准和具体要求,由家长或社区管理人员对学生的实践活动成果进行客观性评价。需要强调的是,对于家长和社区的评价,都要运用激励性评价机制,以指导和鼓励为主,帮助学生不断对社会实践活动产生兴趣,以提高社会实践活动的效果。

3.活动档案袋评价

档案袋或学生成长记录袋是指用以显示有关学生学习成绩或持续进步信息的一连串表现、作品、评价结果以及其他相关记录和资料的汇集。其中一般包含了学生学习过程中的学习结果、学业成绩、学习付出、学业进步、学习反思等主要信息。而活动档案袋评价则是指通过对档案袋的制作过程和最终结果的分析而进行的对学生发展状况的评价。从其运用范围而言,档案袋评价多用于表现性评估。此外,档案袋的建立是师生共同协作的结果,为教师对学生的发展进行全面评价提供帮助。

在社会实践活动中,活动档案袋评价具有重要作用。通过运用档案袋,可引导学生将社会实践活动的全过程记录下来,并可将其作为形成性评价或总结性评价的依据。如何引导学生做好活动档案袋评价,具体要求包括:①材料范围的确定。指导学生在档案袋中放入自己的社会实践活动的相关成果。在放入社会实践活动的相关成果之前,教师可引导学生设计一些成长记录的相关活动项目,如收获园、新发现等,让学生根据活动项目自定目标、自设标准、自选形式、自组内容,逐步培养学生的主动性和独立性。②材料的选择。引导学生明确实践活动过程中档案袋需要放入哪些材料。一般情况下,社会实践活动成长记录袋中放入的材料主要有:收集、分析和处理信息的相关资料、项目设计方案、社会实践操作手册、访谈记录、问卷材料、现场参观照片、科技宣传资料、技术服务、调研报告、调研论文等。③材料的评价。指导教师要对学生放入的相关成果提出一定的评价要求,让学生根据教师的要求,引导学生开始评价自己的相关成果,为今后顺利开展社会实践活动提供依据。

4.发展性评价

发展性评价是指依据一定的教学目标和教育价值观,评价者与学生建立相互信任的关系,共同制定双方认可的发展目标,运用适当的评价技术和方法,对学生的发展进行价值判断,使学生不断认识自我、发展自我、完善自我,不断实现预定发展目标的过程。发展性评价的关键是教师要以发展的眼光看待学生,而不是用一把固定的尺子对学生进行分类。它不是为了评价而评价,更多体现的是一种全新的评价理念。发展性评价的标准、内容、过程、方法和手段都要有利于学生的发展。在社会实践活动中,如何做好发展性评价需要注意以下几点:①明确评价的目的。在社会实践活动中,运用发展性评价的根本目的是促进学生实现社会实践的目标。评价是为了学生的发展而非奖惩,评价的结果是要让学生感受到教师的善意和鼓励,是一种师生情感的交流。发展性评价所追求的不是给学生下一个精确的结论,而是要通过对学生过去和现在状态的了解,分析学生存在的优势和不足,并在此基础上提出具体的改进建议,以提高社会实践的有效性。②强调过程评价。发展性评价强调收集并保存可以表明学生如何开展社会实践活动的关键资料,对这些资料的呈现和分析能够形成对学生如何进行社会实践活动过程的认识,并在此基础上针对学生的优势和不足给予学生激励或者具体的、有针对性的改进建议。发展性评价注重学生的思考和发展过程,注重在学生发展过程中对学生发展全过程的不断关注。③关注学生发展的全面性。知识与技能,过程与方法,情感、态度与价值观等各个方面都是发展性评价的内容,并且受到同等的重视。在社会实践活动的评价中,实施发展性评价,关键在于实施的评价要能够促进学生的全面发展。在此前提下,要注意明确社会实践的评价目标和标准;选择并设计合理的评价工具与评价方法;收集和分析反映学生发展过程和结果的相关资料;明确促进学生发展的改进要点并制订改进计划;等等。

三、大学生社会实践评价的原则

(一)客观性原则

客观性原则是指在进行社会实践活动评价时,从评价的标准和方法到评价者所持有的态度,特别是最终的评价结果,都应该符合客观实际,公正公平,不能主观臆断或掺入个人情感。因为社会实践评价的目的在于给社会实践活动教学以客观的价值判断,如果缺乏客观性,社会实践评价就失去了意义,并可能影响社会实践活动的效果。坚持客观性原则,关键要有正确的评价态度,实事求是,反对主观主义。一方面评价者必须排除任何主观附加的成分,对社会实践活动进行如实的评价;另一方面评价者必须排除来自外界的各种干扰,不能为传统的观念、现成的结论、多数人的意见所左右,不唯书、不唯上、只唯实。

(二)整体性原则

整体性原则是指在进行社会实践评价时,要对组成社会实践教学活动的各方面做多角度、全方位的评价,而不能以点代面,一概而论。由于社会实践教学系统的复杂性和社会实践教学任务的多样化,使得社会实践教学质量往往从不同的侧面反映出来,表现为一个由多因素组成的综合体。因此,为了反映真实的社会实践教学的效果,必须把定性评价和定量评价综合起来,学生个人自评、教师评价及实践单位评价结合起来,使其相互参照,以求全面准确地判断评价客体的实际效果,但同时要把握主次,区分轻重,抓住主要的矛盾,特别要注意把握影响社会实践教学质量的主导因素。

(三)科学性原则

"科学的本质是规律性,是不以人的意志为转移的客观实在性。"科学性原则是指社会实践活动的开展一定要按客观规律办事,正确处理主观与客观、理论与实际、传统经验与现代管理科学之间的关系。同时还要以先进的科学理论作为指导,运用合理的技术手段来观察、认识和实施具体的活动,这些都是由实践活动自身的客观性和规律性所决定的。对大学生社会实践活动的评价,坚持科学性原则就是要求评价过程及评价结果要符合社会实践活动自身发展的客观规律。这条原则主要强调的是,在进行社会实践评价时,要从教与学相统一的角度出发,以社会实践活动教学目标体系为依据,确定客观合理的、统一的社会实践活动评价标准,认真编制、修订评价工具;在此基础上,使用先进的测量手段和统计方法,依据科学的评价程序和方法,对获得的各种数据进行严格的处理,而不是依靠经验和直觉进行主观判断。

(四)主体性原则

主体性是指人在实践过程中表现出来的能力、作用、地位,即人的自主、能动、自由、有目的地活动的地位和特性。大学生的主体性就是大学生能够根据自己的需要、兴趣、意志和发展要求支配自己的行为，具有主动、积极的心态以及探索未知和创新的内在需求。具有主体性的大学生能够积极参与生活和教育活动，能够通过实践活动促进他们身体的发展和心智的成熟，能够培养他们探索世界的兴趣，能够促进他们心理过程和个性的发展。开展社会实践活动的大学生作为实践主体，具有目的、兴趣、需要、情感、意志、价值观、审美意识等观念。大学生社会实践评价体系建立的起点和回归点都是为了满足实践主体的需要，即实现大学生的全面发展。因此，大学生社会实践评价体系的建立首先应注重大学生本人的主动性、选择性与创造性，使他们成为实践活动的真正主体。唯有如此，大学生才能真正参与到社会实践活动中去，也才能真正通过社会实践活动促进自身的全面发展。

四、大学生社会实践评价常见的弊端

由于各种因素的影响，在进行社会实践评价时，难免存在诸多问题，主要表现在以下几方面：

(一)强调结果评价，忽略过程评价

社会实践评价过多强调结果，导致忽视社会实践活动的过程和体验，忽视学生的全面发展，忽视学生的个体差异，特别是对学生的实践能力、学生对社会实践的态度、学生采用的社会实践方法、学生的创新精神等更是缺乏重视。例如，在社会实践活动过程中，学生究竟在"解决问题的基本方法"方面获得了哪些发展，缺乏具体的评价指标。这种现状导致了教师和学生在社会实践活动实施过程中对方法的落实和具体操作关注不够，表现在许多学生不知如何设计一份简要的调查问卷、如何进行访谈等。

(二)评价主体单一，学生自评互评流于形式

目前，社会实践评价普遍忽视学生的参与，学生的主体性发挥不够，以教师为主体的评价现象十分普遍。也就是说，评价大权都由管理者即教师独揽，学生只是被动接受的评价客体，只能接受来自于教师的评价和指导。这种排斥被评价者对评价的介入、不允许被评价者之间的相互交流探讨以及反对被评价者与评价者之间的沟通与协商的行为，必然会使评价流于形式，做表面文章，也极容易使被评价者对评价活动和结果产生对立、反感及抵触情绪。学生始终处于一种消极的被动地位；他们的自尊心、自信心得不到很好的保护。虽然有时也组织一些学生自评和互评，但这些评价模式还很不成熟，缺乏实效性；存在没有明确的评价目标与标准，忽视对学生反思能力、比较与观察能力的培养等问题。这些都直接或间接地导致了社会实践评价中形式主义现象的发生。

(三)评价方法单一

在目前的社会实践评价中，还缺乏有效的评价工具和方法，过多地注重定量方法而忽视定性的评价手段。不管是对学生进行哪方面的评价，几乎都是以报告形式进行，因此评价结

果自然是以量化的分数或等级为表现形式。过分注重量化评价,而忽视质性评价;注重横向比较,而忽视纵向比较。在评价中过于重视现实的写作能力,对其他考查方式和质性评价方法不够重视,这不利于激发和调动学生进行社会实践的积极性和主动性。单一化的评价手段会给学生的全面发展带来严重障碍,容易使学生的发展走向片面化。

(四)评价指标模糊不清

由于绝大部分指导教师对社会实践活动总目标如何分解成一系列的阶段性目标研究不够,导致评价的具体指标不明确。比如,学生关于社会实践活动知识方面的指标,关于社会实践活动能力方面的指标,关于社会实践的态度、情感及价值观方面的指标等,都没有具体的、统一的标准,造成在评价的过程中,教师对学生社会实践活动评价的直接依据不足,导致评价过程比较随意。有的教师在评价过程中,由于对其评价指标缺乏系统研究,而仅仅以一个社会实践活动总结报告作为评价依据,使得这种评价随意性较大,并且容易导致作假现象的发生。

五、大学生社会实践评价的注意事项

社会实践评价的改革是一项系统工程,不是一朝一夕所能办到的,目前还缺乏行之有效的评价方法。这就需要教师在新的评价理念的指导下,在实践中积极探索、大胆实验,努力摸索出符合教育规律、符合学生发展需要的更好的评价方式,让学生充分展示自己的才华,为实践能力的提高和创新精神的发展奠定基础。

(一)评价应强调激励功能

评价的根本目的在于促进发展。评价应该淡化原有的甄别与选拔的功能,关注师生发展中的需要,突出评价的激励与调控的功能,激发师生的内在发展动力,促进其不断进步,实现自身价值。因此,在大学生社会实践活动中,评价应关注学生学习过程,诊断学生成长中的问题,发现学生的特长,展示学生的才华,从而充分发挥评价的激励功能,以提高社会实践活动的实效性。评价的目的不是分优劣,而是找出原因后给予正确的指导,评价更应强调改进与激励、促进学生发展的功能,真正体现实践育人的目的。

(二)评价标准多元化

多元智力理论认为学生的智力是多元的,每一个学生都有自己的优势智力领域,每一个学生都可以通过发展自己的优势智力领域而使自己成为人才。受多元智力理论的启示,教育工作者应树立一种全面的评价观,即评价不仅要关注学生的学业成绩,而且要发现和发展学生多方面的潜能。要从德、智、体、美等多方面去全面评价学生,注重学生综合素质的考察,不仅要关注学生的学业成绩,而且要关注学生创新精神和实践能力的发展以及良好的心理素质、健康的体魄、浓厚的学习兴趣、积极的情感体验、较强的审美能力等多方面的发展。在社会实践活动中,教师应针对学生千差万别的发展现状,设置多元化的评价标准,确立适合学生个体发展需要的评价标准,克服评价的随意性,从而加强挖掘学生各方面的潜能,促进学生综合素质的全面发展。

(三)评价方法多元化

评价方法是为一定的评价目标和评价内容服务的。在社会实践活动实践中,受评价目标和评价内容多元化的影响,评价方法必须体现多元化。传统的评价过分注重分数、注重量化、注重等级,强调相对评价,注重学生之间的比较,淡化绝对评价和个体内差异性评价,这种做法根本无法保证评价的客观性,从而使学生在各个方面的发展和进步也被简化。多元化评价提倡多样的评价方法,将量化评价方法与质性评价方法、形成性评价方法和终结性评价方法有机地结合起来,评价更多地关注学生进行社会实践的过程,以此达到对学生社会实践活动进行有效指导的目的,形成对学生社会实践活动发展变化的正确而全面的认识。

(四)评价主体多元化

多元化的评价理念要求学生从被动接受评价转向主动参与评价,逐步扩展评价主体,形成教师、学生、家长及有关方面人员共同参与的交互过程。多主体的评价重视学生的自我评价,允许学生在评价过程中做出解释、说明。这不仅体现了教育以人为本的先进理念,而且使评价信息的来源更为丰富,评价结果更加全面、真实,加强了评价者和被评价者之间的互动。因此,在社会实践活动中,要把学生作为社会实践评价的主体,加强自评与互评,使社会实践评价成为教师、学生、家长等共同参与的交互活动。这既提高了被评价者的主体地位,将评价变成了主动参与、自我反思、自我教育、自我发展的过程,又在相互沟通与协商中,增进了双方的了解和理解,易于形成积极、友好、平等和民主的评价关系。这将有助于评价者在评价过程中有效地对被评价者的发展过程进行监控和指导,帮助被评价者接纳和认同评价结果,促进其不断改进,获得发展。

第三节　材料阅读与思考

社会实践活动是高校学生的必修课,是学生锻炼与成长中不可缺少的重要环节,教师在各方面的关心和指导对社会实践的顺利进行起着非常重要的作用。高校应该担当起大学生社会实践指导和管理的责任,开设相关的课程或讲座,制定针对性强、易于操作的评价机制,提高学生参加社会实践的积极性与主动性。请阅读下面两篇短文,谈谈如何有效地指导大学生进行社会实践活动?如何调动学生参与社会实践活动的积极性和主动性?作为社会实践活动的管理者,你认为应如何对大学生社会实践活动进行考核与评价?

阅读材料 5-1

大学生社会实践的指导[①]

自 20 世纪 80 年代开始,大学生社会实践已经开展了 20 多年,其形式多种多样,内容丰富多彩,教育效果越来越明显,因而越来越受到各个高校的重视,学生参加社会实践的积极性也在不断提高。但是以往的社会实践活动在某些方面存在这样或那样的不足,如:在内容上缺乏深度,与专业结合不紧密,发挥学生主观能动性上不够,在培养学生创新能力和为社会服务等方面尚有很大的不足,社会实践中高校师生高知识层次的特点体现不明显,社会实践的功效没有很好地发挥出来。

对社会实践进行项目化管理,是研究社会实践发展的趋势。结合高校的实际情况,借鉴高校教师科研项目管理的做法,提出一种创新的对社会实践进行管理和指导的有效模式。其基本点是有计划、有步骤地从大量申报课题中抽选出若干课题作为重要课题予以立项。对立项的课题,学校给予重点支持,选派指导教师,划拨必要的活动经费。实践活动的组织由学生自主进行。社会实践结束后,学校对课题进行系统的评估,并评选出优秀课题给予奖励。

在项目管理模式下的社会实践具体步骤为:①选题和申请。学校社会实践项目办提供部分社会实践课题供学生选取,同时学生也可以自行选取题目,填写统一的社会实践项目申报表,上报学校项目办统一审批。②立项。学校项目办根据课题申报情况,按照社会实践评定标准,对所有课题根据其内容的完整性、实践时间安排的合理性、预定成果的可靠性等进行统筹的选拔并最终确定立项项目。③选派指导教师。为了更好地发挥教师的指导作用,指导教师一般由参加实践学生所在系的任课教师担任。立项时将指导教师的情况随立项申请书一起报送校项目办,也可由校项目办帮助实践课题组选派指导教师。④社会实践的开展。假期开始后,各立项课题组成员在指导教师的指导下,根据日程安排开展实践活动。学校高度重视实践活动的过程,要求学生在实践过程中保留证明信、宣传单、宣传册、活动照片、音像资料等,以备评估时进行查验。⑤实践报告的撰写。社会实践活动结束后,学生在指导教师的指导下根据实践情况撰写社会实践报告。新学期开始后两周内各课题组向校项目办提交社会实践报告(打印版、电子版各一份)及相关实践成果。⑥评估。学校项目办组织相关专家对社会实践成果进行评估。评估分两个阶段:一是对实践报告及相关实践成果真实性、完整性、规范性的评定;二是评估专家听取各课题组负责人对实践内容和实践情况的报告,并针对其中的问题进行提问、分析及论证。最后根据评估情况给出相应得分,从而确定最后的结果。

---

① 张忠鹏,王强庆,潘亮.大学生社会实践活动的项目化管理指导模式研究[J].中国电力教育,2008(9):171-172.

阅读材料 5-2

大学生社会实践的评价①

大学生社会实践评价指标是人才培养目标和评价标准的载体与具体体现,它在大学生社会实践的评价过程中具有不可替代的作用。制定科学合理的社会实践评价指标体系,是实现社会实践目标的关键因素,是提高社会实践质量和效果的重要环节。现有的大学生社会实践评价指标体系具有功利化趋势明显、形式化内容较多、可操作性不强等弊端,迫切需要一套以学生满意为本位、以学生获益为目的、以公平公正为标准的客观科学评价体系来保证社会实践的效果,以此增强社会实践活动的实效性。大学生社会实践活动评价指标体系主要涉及以下几个方面。

一是组织策划评价指标。组织策划是活动开展的首要环节和先决条件,对于大学生社会实践而言,组织策划阶段主要包括学校重视、组织动员、主题选择和方案设计等。从宏观层面看,高校首先要将社会实践纳入到人才培养方案的总体规划,规定学时和学分,纳入到学生的综合测评,并保证专项工作经费到位。其次,高校要动员一切社会力量,加大社会实践基地的投资与建设,与实践基地建立良好的关系,形成长效的实践机制,为学生社会实践的开展做必要的准备。从微观层面看,学生要在社会实践中开阔眼界、增长才干,实践活动方案的科学性和有效性是基础前提。组织策划阶段的评价指标至少应包括:一级指标(组织策划),权重占20%。二级指标包括学院组织动员情况与实践基地(单位)联系情况,各占10%;实践方案策划情况、接受学校培训情况、实践经费落实情况,各占20%;实践队伍搭配情况占5%;指导教师参与情况占15%。

二是实践过程评价指标。实践过程是社会实践的核心,是学生在社会实践中自身情感情绪的体验,直接影响实践者的体验成效和收获质量。因此,从学生满意度的角度,实践者的态度和能力是实践评价的重要指标。在社会实践实施阶段,评价指标不仅仅停留在表层成果的产出上,即实践者的态度上,还应该有针对性地体现在实践者的能力上,通过个人自评、小组互评或实践地评价等方式,展现实践者的实践能力,保证实践评价的科学性。实践实施阶段的评价指标应至少包括:一级指标(实践过程),权重占50%。二级指标包括实践者团结合作的情况、实践者爱岗敬业的情况、实践者的积极主动性、实践者沟通的能力,各占10%;实践者应变挫折的能力、实践者资源利用的能力、实践者分析解决问题的能力,各占20%。

三是总结评比评价指标。总结评比是对实践过程的系统回顾和认真梳理,是评价社会实践活动优劣的核心指标。实践者通过社会实践活动,都会产生一定的实践成果,因此,总结评比阶段评价的指标可以围绕实践成果来设置,评价它是否达到预期的效果、是否产生具

---

① 肖述剑.基于学生满意度的大学生社会实践评价指标体系研究[J].学校党建与思想教育,2015(8):58-59.

有价值或影响的物化成果以及实践者答辩的表现情况等。总之,社会实践的总结评比指标一定要引导学生到受教育、作贡献、长才干上去,强调过程的重要性,让学生在社会实践中真正有所受益。总结评比阶段评价的指标至少应包括:一级指标(总结评比),权重占30％。二级指标包括完成实践计划情况、媒体宣传报道情况、高校对实践者的评价情况、实践地对实践者的评价情况,各占10％;总结报告类成果的科学性、创新性、规范性,体会感悟类成果的真实性、生动性、实用性,实践者的答辩情况,各占20％。

复习思考题

1. 联系实际谈谈如何加强对大学生社会实践的指导。
2. 通过案例分析如何做好大学生社会实践的考核与评价工作。

拓展阅读

1. 倪福全,李昌文.大学生社会实践教程[M].北京:中国水利水电出版社,2011.

本书根据创新型人才培养的新要求,全面系统地介绍了大学生社会实践教学体系的主要内容,探讨了目前大学生社会实践存在的主要问题、实施步骤与主要方法。本书共分为11章,主要内容包括大学生社会实践概述、大学生社会实践的发展历程、社会实践基础理论、高校实践教学及社会实践工作、社会实践教学体系、社会实践的设计与组织、社会实践的安全与礼仪、社会调查的定性方法、社会调研的定量方法、社会实践常用文体写作及领队艺术。本教材可作为全国高等院校在校本科生或专科学生的课程教材,也可作为相关指导教师或管理干部的参考用书。

2. 田慧生,冯新瑞.综合实践活动有效实施与评价策略[M].北京:教育科学出版社,2016.

本书分7章,深入剖析了当前综合实践活动课程实施现状与存在的问题,据此提出了有效实施综合实践活动课程的策略——区域推进,完善学校课程规划和管理制度,加强课程资源有效开发,提高教师科学指导水平,并构建了完整的综合实践活动评价模型。本书还通过案例,具体呈现了评价模型的实际应用。

3. 张意忠.教育评价的理论与实践[M].北京:高等教育出版社,2012.

本书在探究教育评价理论基础之上,结合基础教育的实践需要,着重对以下内容进行了系统研究:教育价值与教育评价,在论证教育及其价值的基础上分析教育评价的本质与作用;教育评价的历史发展,梳理了中西方教育评价的发展过程;教育评价的目标与模式;教育评价的过程与原则,教育评价的准备、组织实施、结果处理与基本原则;教育评价的技术与方法;学生评价的类型与方法;教师评价的种类、功能与实施方法;教学评价的功能、依据与组织实施;学校领导管理水平评价的作用、目标内容、原则与方法等。

❀ 本章主要参考文献

[1]苏泽宇.大学生社会实践指导[M].北京:北京理工大学出版社,2011.

[2]罗公利.大学生社会实践管理[M].济南:泰山出版社,2010.

[3]邢强.当前我国大学生社会实践活动问题研究[D].长春:东北师范大学,2007.

[4]陈立力.大学生社会实践评价指标体系与评价方法研究[J].中国青年政治学院学报,
　　2010(2):27-32.

[5]黄平.探讨大学生社会实践评价体系的构建[J].教育与职业,2008(2):117-119.

[6]孙君芳.大学生社会实践考核机制实效性研究[J].济南职业学院学报,2010(1):55-58.

第六章
大学生社会实践的方法

学习目标

- 掌握大学生社会实践中几种主要的定性研究方法。
- 掌握大学生社会实践中几种主要的定量研究方法。

　　实践是社会存在和发展的基础,是认识发生和发展的基础,也是社会科学研究的方法论基础。在实践活动中,运用一定的方法和手段,发现问题和解决问题,对实践经验进行理论概括和总结,通过实践检验理论和发展理论,是社会科学研究应当遵循的基本原则。大学生在社会实践过程中常用的研究方法主要有两大类:一类是定性研究,一类是定量研究。本章主要介绍这两类研究方法。

第一节　大学生社会实践中的定性研究方法

　　定性研究是相对于定量研究而言的。定性研究是对研究对象质的规定性进行科学抽象和理论分析的方法。这种方法通常需要选定较少的样本对象进行深度的、非正规性的访谈。而定量研究是利用各种统计方法对资料进行量化分析和处理的过程。定性研究一般先于定量研究进行,有时候为了解释定性研究的结论,也会补充实施定量研究。

一、定性研究的含义与特点

(一)定性研究的含义

关于定性研究的定义,目前还没有一个统一的观点。国外学术界一般认为定性研究指的是:"在自然环境中,使用实地体验、开放型访谈、参与性与非参与性观察、文献分析、个案调查等方法对社会现象进行深入细致和长期的研究;分析方式以归纳为主,在当时当地收集第一手资料,从当事人的视角理解他们行为的意义和他们对事物的看法,然后在这一基础上建立假设和理论,通过证伪法和相关检验等方法对研究结果进行检验;研究者本人是主要的研究工具,其个人背景以及和被研究者之间的关系对研究过程和结果的影响必须加以考虑;研究过程是研究结果中一个必不可少的部分,必须详细记载和报道。"①它通过观测、实验和分析等来考察研究对象是否具有这种或那种属性或特征,以及它们之间是否有关系等。由于它只要求对研究对象的性质做出回答,故称定性研究。近年来盛行的所谓质的研究方法,实际上也属于定性研究的范畴。

定性研究发端于 19 世纪,在 20 世纪 20—30 年代因社会调查运动而开始得到发展。早期的定性研究是从调查社会中的实际问题开始的。在社会调查运动中,定性研究仍是一种附带性工作,没有人意识到它的价值。但这一种局面由于人类学的兴起而改变,人类学的兴起标志着定性研究开始作为一种独立的社会实践而存在。人类学研究因强调现场调查、人种志研究而使定性研究逐渐得到认可。随着人类学研究的发展,定性研究在社会研究中的作用开始凸现。拉伊提出了在课堂研究中应强调定量与定性方法并重。而真正向社会研究中的定量化倾向发起挑战的是沃勒尔。他认为,儿童和教师不是教与学的机器,而是与复杂的社会联系须臾不可分割的一个完整的人,学校本身也就是一个社会,因为人生活于其中。因此,他主张不要用统计等定量的方法来研究社会。1965 年,皮亚杰对"心理测验"提出了批评,认为只进行数量上的研究,而不进行质量上的分析是没有任何意义的。与此同时,美国的研究者提交了许多使用定性方法的论文,在定性研究者与定量研究者之间出现了大量的对话,一些在定量研究界享有很高声誉的研究者开始探究定性研究的特点、规律并提倡应用。

大学生社会实践中运用的定性研究方法,它主要是根据社会现象或事物所具有的属性和在运动中的矛盾变化,从事物的内在规定性来研究事物的一种方法。它以普遍承认的公理、一套演绎逻辑和大量的历史事实为分析基础,从事物的矛盾性出发,描述、阐释所研究的事物。进行定性研究,要依据一定的理论与经验,直接抓住事物特征的主要方面,将同质性在数量上的差异暂时略去。定性研究有两个不同的层次:一是没有或缺乏数量分析的纯定性研究,结论往往具有概括性和较浓的思辨色彩;二是建立在定量分析的基础上的、更高层次的定性研究。

---

① 陈向明.定性研究方法评介[J].教育研究与实验,1996(3):62.

（二）定性研究的特点

20 世纪 50 年代后，不同领域的研究者开始对长期居于主导地位的定量研究传统进行反思，并从不同的理论传统与学科领域出发，在总结过去研究范式的基础上提出许多新的研究主张，逐渐形成了一个新的研究范式——定性研究（qualitative research，QR），又称质的研究、质性研究。定性研究范式的主要特点如下：

（1）在研究目的上，定性研究更重视对事实的解释性理解，强调"事实"本身必须通过研究者主观的诠释才可能揭示其意义。

（2）在研究情景上，定性研究更强调研究情景的自然性，主张在现有的环境下开展研究，研究者不做预先安排。研究者关心行为发生时的情境，认为只有在发生行为的情境中观察行为，才能更好地理解行为。因此，他们通常会深入到特定的情境中去，而且得到的结论也是独特的、受背景制约的。

（3）在研究策略上，定性研究更为开放和灵活，主张在研究前不对研究问题作详尽的假设，只提出大体的研究思路。

（4）在具体的研究方法上，定性研究更多地采用访谈、观察、档案分析等方法，强调在研究过程中研究者自身的体验，主要以文字化的描述为主。资料的表达通常采用文字或图片的方式，研究中的描述主要依据是交谈记录的副本、现场笔记、照片、录像带等。

（5）在资料分析思路上，定性研究多以归纳分析为主。定性研究形成理论的方式是自下而上式或是归纳式的，研究者将抽象概括或理论假设建立在已经收集到的资料事实的基础上，提出理论来解释资料。

（6）在研究者与被研究者的关系上，定性研究反对定量研究的价值中立原则，主张研究者应当积极与研究对象密切接触、互相影响，研究者通过与研究对象的交往互动，通过移情作用来获取资料信息，并认为这是研究不可缺少的部分。

二、大学生社会实践中几种主要的定性研究方法

在大学生社会实践过程中，目前常用的定性研究方法主要包括观察法、深度访谈法、焦点小组座谈会、文献研究法、投影技法等。

（一）观察法

观察法主要观察人们的行为、态度和情感。它是不通过提问或者交流而系统地记录人、物体或者事件的行为模式的过程。当事件发生时，运用观察技巧的社会调查人员应见证并记录信息，或者根据以前的记录编辑整理证据，包括被调查者使用行为观察、生活形态观察等多种研究方法。观察法的特点表现为：①观察法是观察者有目的、有计划的观察；②观察法是系统性的观察；③观察法是在一定理论指导下的观察；④观察法是借助一定观察工具进行的观察；⑤观察法是对当前正在发生的、处于自然状态下的社会现象的观察。

在社会实践过程中，观察法主要有以下几种形式：①自然观察法。它是指大学生在一个

自然环境中(包括工厂、学校、社区、田野等)观察被调查对象的行为和举止,以获取与调研主题相关的信息。②设计观察法。它是指社会实践团队事先设计模拟一种场景,大学生在一个已经设计好的并接近自然的环境中观察被调查对象的行为和举止。所设置的场景越接近自然,被观察者的行为就越接近真实。③掩饰观察法。如果被观察人知道自己被观察,其行为可能会有所不同,观察的结果也就不同,调查所获得的数据也会出现偏差。掩饰观察法就是在不为被观察人、物或者事件所知的情况下观察它们的行为过程。

观察法的优点表现在:观察能够避免人们在言行上的不一致。通过观察所获取的信息客观真实,能够为社会实践主题的研究提供第一手材料。另外,观察法也可以在定量研究的基础上开展,从而准确地解释定量研究的结果及意义。观察法的弊端表现在:完全参与性的秘密观察会引起被观察者的反感。公开以观察者的身份参与的方法会使被观察的群组或个体意识到这是研究,并且有人在观察自己。被观察的群组或个体可能会隐瞒有关信息,使我们不能获取相对完整的信息。

在社会实践活动中,运用观察法的基本要求:①注意观察的客观性。因为进行社会调研的目的是为了收集到真实可信的资料,然后通过对社会调研资料进行科学分析得出正确的结论。虚假、伪造的观察不但毫无意义,而且会危害社会。因此,观察的客观性要求观察者如实地记录所观察到的情况,不能按着自己的好恶任意增减或歪曲事实,也不能只记载对自己有利的事实而不记载于自己不利的事实,更不能为了充实自己的研究题目凭主观去臆造根本不存在的事情。②注意观察的全面性。社会实践中大学生面对的任何事物的构成都是多方面、多层次的,所以它也就具有多方面的属性、多方面的联系、多方面的表现形式。我们在认识事物的过程中,在进行社会调研时,也必须从不同角度、不同侧面、不同层次进行多方面观察,这样才能认识到事物的全貌。如果只了解事物的某个方面、某个层次、某个角落,就不能全面正确地认识事物,甚至会造成观察的失误。③注意观察的深入性。事物的形成往往都是很复杂的,要想真实地、深入地调查了解某一事物,必须深入进去进行细致的观察,不能走马观花。要透过表面,了解事物真实情况,得出符合事物真实面目的正确结论。④注意观察的持久性。观察事物时必须坚持长期持久。因为短时间不能了解某一事物的全过程。没有长期的观察,了解的情况往往是一时的、片面的,甚至是虚假的。如长期生活在少数民族地区,甚至同当地人结婚,进行深入持久的观察才能获得大量的、真实的感性材料,得出的结论才能符合客观事实。⑤遵守法律和道德。在进行社会调研的过程中,要遵守国家的法律。法律上禁止观察的地方不要去观察,如禁止非法侵入公民的住宅。同时,也要遵守社会道德,不能做违背观察对象意愿的事情,遵守少数民族的风俗习惯和宗教的清规戒律。

(二)深度访谈法

深度访谈是社会实践中经常使用的定性调查方法。它与结构式访谈相反,并不依据事先设计的问卷和固定的程序,而是只有一个访谈的主题或范围,由访谈员与被访者围绕这个主题或范围进行比较自由的交谈。

根据访谈的性质,可以将实地研究中的深度访谈细分为正式访谈与非正式访谈。正式访谈是指调研者事先有计划、有准备、有安排、有预约的访谈。非正式访谈则指的是调研者在实地参与研究对象社会生活的过程中,随时碰上的、无事先准备的、更接近一般闲聊的交谈。

社会实践中运用深度访谈具有以下优势:消除了被访问者的群体压力,因而每个被访问者会提供更真实的信息;一对一的交流使被访问者感到自己是注意的焦点,更容易与访问者进行感情上的交流与互动;在单个个体上的交流时间较多,这可以鼓励他们提供更新更多的信息;可以更深入地揭示隐藏在表面陈述下的感受和动机;不需要保持群体秩序,更容易临场发挥;在一些情况下,深度访谈是唯一获取信息的方法,如竞争者之间的调查和有利益冲突的群体之间的调查等。同时,社会实践的深度访谈,也有一定的不足和劣势。例如,深度访谈成本相对较高,调查速度较慢,相对访问时间较长,相对拒访率较高,调查范围有限等。

在社会实践中运用深度访谈要注意以下的程序与技巧:①访问的准备。根据社会实践调研的目的提出理论假设;准备提纲和问题;获得相关背景知识;了解访问对象的情况;准备工具(笔、纸、录音、摄像等器材)。②进入访问。自我介绍;说明来访目的、如何挑选访问对象、保密措施;先交流双方都熟悉的内容,活跃气氛,再进入访问。③访问控制。在社会调研中运用深度访谈法时,要注意做好访问控制。一方面是提问控制,主要是社会调研题目的转换、对问题的追问、合适的发问与插话、提问的技巧等;另一方面是表情与动作的控制,主要是访谈双方要轻松自然,不拘谨、不冷场。④结束访问。深度访谈要适可而止(时间不宜太长,一般1~2小时),注意把握住结束谈话的时机。⑤访问记录。深度访谈主要包括当场记录和事后记录两种方式。在深度访谈过程中,访谈者要做好访谈的记录,做到客观准确,翔实具体,全面深刻。

(三)焦点小组座谈会

焦点小组座谈会是社会实践中经常采用的一种定性调查方法。它源于精神病医生所用的群体疗法。焦点小组座谈会的形式:一般由8~12人组成,经过训练的主持人以一种无结构的自然形式与一个小组的被测评者交谈,主持人负责组织讨论,从而获得一些有关问题的深入了解。焦点小组座谈会的目的在于了解和理解人们心中的想法及其产生的原因。焦点小组座谈会的关键是使参与者对主题进行充分和详尽的讨论。因此,焦点小组座谈会有利于了解他们对一种产品、观念或组织的看法,了解所调研的事物与他们的生活的契合程度,以及在感情上的融合程度。

一般来说,焦点小组座谈会在已经建立了一定设备的会议室内进行。焦点小组座谈会的调查目的在于了解被访问者对某一社会现象、社会问题、社会焦点或热点问题的看法,从而获取被访问者对有关问题的想法与见解,以更加深刻地了解调查对象的内心世界,从自由进行的小组讨论中得到一些意想不到的发现。焦点小组座谈会通常用于社会公众对社会某一问题、现象、焦点或热点问题的了解、看法,所获得的结果是定性的,也是定量调查之前必要的步骤之一。焦点小组座谈会的结果可以为定量调查的问卷设计提供参考基础。

焦点小组座谈会的优点主要是:小组气氛活跃;团队精神、互动性强;能够激发创造力;突出不同观点的差异;强调观点的自发性;容易表现出社会、文化的影响;操作方便等。焦点小组座谈会的缺点主要是:易受主持人的影响;观点并不一定都具有典型性;可能会压制真实或率真的意见;可能会忽视一些有远见的建议等。

实施焦点小组座谈会时要注意以下几点：

(1)准备焦点小组座谈。一是环境确定。一般是有一个焦点小组测试室，主要设备应包括话筒、单向镜、室温控制、摄像机等，或者是带有闭路电视设备的起居室；此外还应有圆桌或椭圆桌、隔音设备等。二是征选参与者。一般是在商业街上随机地拦住一些人或是随机选择一些电话号码。征选时应极力避免在小组中出现重复的或"职业性"受访者。一个小组一般包括8～12名参与者。注意：并不存在理想的参与人数，应根据小组的类型而定，一般有8～12人。经调查发现，人们同意参加焦点小组座谈会的动机依次是：报酬、对话题感兴趣、有空闲时间、焦点小组有意思、受访者对某一社会问题知道得很多、好奇、它提供了一个表达的机会。

(2)选择主持人。拥有合格的受访者和一个优秀的主持人是焦点小组座谈会成功的关键因素。对焦点小组座谈会主持人的要求主要考虑以下因素：主持人要保持倾听而不是告知；能注意与会者的各种非言语信息；有能力处理不同与会者的争论；能够判断意见是否得到充分讨论和充分表达；具备中断别人谈话的技巧以及使讨论继续和转移问题的能力；能够创造轻松安全的环境；能够随时保持谈话处于掌握中，避免跑题；能够避免与会者中出现意见领袖；能够避免自己的观点介入，影响与会者的观点。

(3)编制讨论指南。编制讨论指南一般采用团队协作法。讨论指南要保证按一定顺序逐一讨论所有突出的话题。讨论指南是一份关于小组交流中所要涉及的话题概要。主持人编制的讨论指南一般包括三个阶段：①建立友好关系，解释小组中的规则，并提出参与讨论的个体；②由主持人激发深入的讨论；③总结重要的结论，衡量信任和承诺的限度。

(4)编写焦点小组访谈报告。访谈结束后，主持人可做一次口头汇报总结或正式的书面报告。正式报告的内容主要包括解释调研目的，申明所调查的主要问题，描述小组参与者的个人情况，说明征选参与者的过程，总结调研结果，并提出建议。如果小组成员的交谈内容经过了精心归类，那么组织报告的主体部分就很容易形成。先列出第一个主题，然后总结对这一主题的重要观点，最后使用小组成员的真实记录（逐字逐句地记录）进一步阐明这些主要观点，以同样的方式总结所有的主题。

(四)文献研究法

文献法是指根据一定的目标通过有关文献收集资料的社会调查方法。文献法的主要对象是文献。文献有广义和狭义之分。广义的文献是指一切文字和非文字资料，包括照相、录音等。狭义的文献是指用文字和数字记载的资料。文献有三个基本要素：第一，要记录一定的知识内容；第二，要有物质载体；第三，要有一定的记录手段，如文字、视频等。

社会调查往往从文献调查开始，因为文献法有以下几方面的重要作用：①通过文献调查得到启发，可以有的放矢地确定研究课题。因为利用文献调查法，可以了解有关问题的历史和现状，可以看到别人研究了哪些方面问题，采用了什么研究方法，哪些研究成果比较充分，哪些方面还有待深入研究。②通过文献调查，可以形成对调查对象的一般印象。在进入实地调查之前，通过查阅文献可以对调查对象有一般的了解，这样在调查中应怎样观察、怎样访问、怎样抽样、怎样问卷，研究者事先心里就有了数，就可少走弯路，提高其他调查方法的效率。

文献法按不同的标准有不同的类型。一是按文献存在的形式分类,文献可划分为:①文字文献,用文字记录的资料,包括公开发行的报纸、杂志、书籍、档案等;②数字文献,即各种统计报表,如统计年鉴等;③有声文献,用声音反映的文献形式,如录音带等;④图像文献,录像、照相、图片。二是按资料性质分类,文献可划分为:①第一手资料,也称为原始资料,是研究者没有经过中介环节而获得的文献;②第二手资料,是指对一些文献进行加工整理,通过中介而获得的资料。

文献收集的主要方法:①参考文献查找法;②检索工具查找法;③专家咨询法。学会查阅目录,是文献调查的基本功,是引导人们查找文献的向导。收集文献的基本要求:①要根据研究课题收集资料;②收集的文献在内容上要尽量丰富和全面;③收集文献的形式要多样;④收集的文献资料要力求准确。收集文献的主要步骤:①根据研究课题,确定文献收集的范围;②做好文献收集准备工作;③文献的收集,即采用一定的方法把资料记录下来;④文献的分析整理。

文献法的优点:①文献法可以超越时空限制,广泛了解社会情况;②文献法可以避免调查者对调查对象的影响;③文献法与直接调查法相比更方便、更自由;④文献法效率高、费用低。文献法的局限性:①文献法缺乏生动性和具体性,是间接得来的材料;②文献资料与实际情况方面有一定差距;③文献调查所得的资料落后于现实。

文献收集完之后,要对收集到的文献进行分析评价,以决定资料的取舍,这是保证调查研究科学性的重要环节。文献的评价需要注意的是:①评价研究者的政治态度,文章著作中渗透了作者的世界观和政治倾向,了解作者的立场,对掌握和利用好文献有益处;②鉴别资料的真实程度;③认识资料的客观性质。文献的取舍要根据文献的适用性和文献的素质来确定。在对文献的认识和评价基础上,根据调查目的的需要,将文献分成必用、可用、备用和不用等几个部分。调研人员在研究过程中要注意挑选有参考价值的文献加以利用。

(五)投影技法

投影技法来源于临床心理学,旨在通过一种无结构、非直接的询问方式,激励被访问者将他们隐藏在内心深处的潜在动机、态度和情感进行真实的表达。实际上,投影技法是穿透人的心理防御机制,使真正的情感和态度浮现出来的一种技术。一般做法是,访问者给被访问者一个无限制的并且是模糊的情景,并要求被访问者做出反应。由于情景模糊,因此被访问者将做出的是根据自己偏好的回答。在理论上,被访问者将他的情感"投影"在无规定的刺激上,因此被访问者并不直接谈论自己,所以就绕过了防御机制,在被访问者谈论其他事情或者其他人的同时,却透露了自己内心的情感。投影技法经常与调查问卷、观念测试法以及广告测试法一并使用。投影技法的关键特点是先展示给应答者某种模糊的非结构性物体、情形、语句或人物,并请他作解释。这种方法的基本依据是人们在谈论他人、从他人角度看问题或处理某些事情时会间接表达他们自己。

投影技法的常用类型主要是词语联系、角色扮演以及第三者角度。词语联系是研究者让被调查者看某个词或短语,并请他回答他最先联想到的一个或几个词或短语。在运用词语联系这种方法的时候,研究者通常会快速念出一连串词语,要求被调查者快速反应,从而不让心理防御机制有时间发挥作用,以此来挖掘被调查者的真实想法。角色扮演是请被调查者扮演他人的角色来处理某件事情。第三者角度是指被调查者被问及他的朋友、邻居或一般人在某场合对某事件或某情形会如何反应、如何想等。研究者可以判断应答者如何把自己投影到这个第三者上，从而揭示出应答者的真实想法。

一般来说，投影技法有以下 4 种常见解决方案：

(1)联想技法。联想法对调研者来说是一种非常实用和非常有效的投影方法。访问者给被访问者"一个词语"或者"一件物件"，然后要求其说出自己的感受。这种方法通常用于产品品牌的选择、广告主题测试等方面。在被调查者面前设置某一刺激物，然后了解其最初联想事物，最常用的为词语联想法。

(2)完成技法。给出一种不完全的刺激场景或者语句，由被调查者来完成，常用的有句子完成法和故事完成法。句子完成法是被访问者拿到一段不完整的句子，根据自己的意愿进行补充完成；故事完成法是给被访问者一个有限制的和一个较有情节的剧情，让其投影在剧情中假定的人物上。

(3)结构技法。最常用的是主题幻觉法，让被访问者看一些内容模糊、意义模棱两可的图画，然后要求其根据图画编一段故事并加以解释，通过被访问者的解释，了解其性格、态度及潜在需求。结构技法有多种用处，可以用来了解被访问者对两种商业机构类型的态度，对这些商业机构与产品之间的协同性的理解；也可以测试被访问者对于某种产品和品牌的态度的强度等。

(4)表现技法。给被访问者提供一种文字或形象化的情景，请他们将其他人的态度和情感与该情景联系起来，具体方法有角色扮演法和第三者技法。

投影技法的优点主要表现是：投影技法是一种无结构的、非直接的询问方式，可以绕过人们的心理防御机制来获取真实的信息，尤其适用于涉及隐私或者敏感性的问题。投影技法的缺点主要表现是：需要专门的、训练有素的调查员；调查成本比较高，投影技法对调查员的素质要求比较高，有时候还需要心理学专家参与答案的分析工作，因此增加了调查成本；解释偏差比较大，投影技法对答案的解释比较困难，具有比较强的主观性，因此可能会存在比较大的解释偏差。

第二节　大学生社会实践中的定量研究方法

在大学生社会实践过程中，除运用定性研究外，通常还使用定量研究的方法。由于定量研究的科学化倾向与社会科学的发展方向契合，自 19 世纪后期以来，定量研究很快取代了思辨研究的位置，在社会科学领域得到了广泛的应用，成为主导性的研究范式。定量研究强调在研究设计、数据收集、结果的处理与解释上必须具备严格的形式。因此，定量研究在大学生社会实践活动中具有重要作用。

一、定量研究的含义及特点

(一)定量研究的含义

定量研究是指研究者事先建立假设并确定彼此之间具有因果关系的各种变量,然后使用某些经过检测的工具对这些变量进行测量和分析,从而验证研究者预定的假设。[①] 西方自启蒙运动以来所产生的科学技术,使人类在征服自然、改造自然方面取得了辉煌成就。在辉煌的成就面前,人们对科学的态度由喜爱而走上了崇拜,进而形成了科学主义。在科学主义指导下,无论是自然还是人都成了科学方法作用的对象,科学成了世界的主宰。科学主义在社会领域的盛行,导致了定量研究在社会研究领域的广泛运用。

德国学者梅伊曼和拉伊在 20 世纪初提出并创立了"实验社会学",他们认为实验社会学研究的对象应是通过对事实的实验研究、分析结果,从中推导出各种社会原则,用以指导并接受实践的检验。与此同时,随着对儿童研究的重视和心理学理论的发展,人们更强调用严格的观察、统计、实验来研究社会。法国心理学家比奈—西蒙于 1905 年公布的《智力量表》,标志着智力测验运动的诞生,它借助于对人类智力的定量描述,在现代社会的"科学化"进程中产生了深远的影响。而桑代克则提出了"所有的存在都表现为一定的数量",强调要对所收集的信息做精确的定量处理。从 20 世纪初到 30 年代,绝大多数社会研究是定量取向的,这个时期可以说是定量研究的全盛时期。之后随着科学技术的进步,许多现代化的技术成果运用到社会研究领域之中,定量研究的地位又一次提升,斯金纳的"机器教学"理论更是使社会研究中定量化倾向走到了极致。

定量研究是指对社会现象的数量特征、数量关系与数量变化进行系统分析。它主要用观察、实验、调查、统计等方法研究教育现象,对研究的严密性、客观性、价值中立都提出了严格的要求,以求得到客观事实。定量研究通常采用数据的形式,对教育现象进行说明,通过演绎的方法来预见理论,然后通过收集资料和证据来评估或验证在研究之前预想的模型、假设或理论。定量研究是基于一种称为"先在理论"的基础研究,这种理论以研究者的先验想法为开端,是一个自上而下的过程。

(二)定量研究的特点

定量研究强调研究情境是预先严格控制的实验情境,要排除先入为主的判断或价值取向;强调多应用自然科学的方法和程序去对所收集的材料进行精确的统计分析,用数字来阐释和证明假设。定量研究在具体运用中特别强调操作化、概括化及客观性,要求在研究过程中不掺杂价值观念问题,要保持价值中立。它依靠的是统计、测量和对变量因果关系的分析,是客观、正式、系统的研究过程。定量研究方法的特点主要表现为:①定量研究者在实验

① 欧慧群.走向多元化的教育研究方法——定性研究与定量研究的比较[J].云南师范大学学报,2001(5):39-40.

室条件下进行研究,以便把研究目标以外的种种影响排斥在研究之外。②定量研究主要应用量化的方法。定量研究收集资料的主要工具是"非人的手段"(如量表、问卷或实验),资料是可测量、可统计的。研究得出的结论是概括性的、普适性的、不受背景约束的。③定量研究只关注事前与事后的测量。④定量研究主要运用演绎法,自上而下地形成理论。在定量研究中,研究者在研究开始就具有明确的问题和研究假设,研究计划是结构性的、预先设计好的、阶段明确的计划。⑤定量研究中研究者与研究对象相互独立,彼此分离。

二、大学生社会实践中几种主要的定量研究方法

在大学生社会实践中,常用的定量研究方法主要有问卷调查法、抽样调查法、实验研究法、统计分析法。

(一)问卷调查法

问卷是调查研究中用来收集资料的主要工具,它在形式上是一份精心设计的表格,其用途则是用来测量人们的行为、态度和社会特征。问卷调查法的优点主要是:问卷省时、省钱、省力;所得到的资料便于定量处理和分析;可以避免主观偏见,减少失误;具有很好的匿名性。问卷调查法的劣势主要是:问卷要求回答者有一定的文化水平;回收率往往难以保证;获得的资料的质量难以保证。

为了达到问卷调查的目标,必须做好问卷的设计。在设计问卷的过程中,要注意以下步骤:①问卷的初步探索。要设计一份调查问卷,第一步工作并不是马上动手去排列调查的问题,而是要先做一定的探索性工作。即先摸摸底,熟悉和了解一些基本情况,以便对各种问题的提法和可能的回答有一个初步的认识。②设计问卷初稿。经过了探索性工作后,我们就可以动手设计问卷初稿了。③问卷的试用和修改。问卷初稿设计好后,不能直接将它用于正式调查,必须对问卷初稿进行试用和修改。试用这一步在问卷设计的过程中至关重要,对于大型调查来说更是不可或缺。

尽管实际调查中所用的问卷各不相同,但是一份完整问卷的基本结构往往都包含这样几个部分:①封面信。封面信是一封致被调查者的短信。在封面信中,我们应该说明哪些方面的内容呢?要说明调查者的身份,即说明"我是谁"。要说明调查的大致内容,即"调查什么"。要说明调查的主要目的,即"为什么调查"。要说明调查对象的选取方式和对调查结果保密的措施。②指导语。指导语即用来指导被调查者填答问卷的各种解释和说明,其作用和仪器的使用说明相似。有些问卷的填答方法比较简单,指导语很少,常常只在封面信中用一两句话说明即可。③问题及答案。从形式上看,问题可分为开放式与封闭式两大类。所谓开放式问题,就是那种只提出问题,但不为回答者提供具体答案,由回答者根据自己的情况自由填答的问题。简言之,就是只提问题不给答案。而封闭式问题则是在提出问题的同时,还给出若干个答案,要求回答者根据实际情况进行选择。根据开放式问题与封闭式问题的不同特点,研究人员常常把它们用于不同的调查中,比如在探索性调查中常用开放式问题构成问卷;而在大规模的正式调查中,则主要采用以封闭式问题构成问卷。④编码及其他资

料。在以封闭式问题为主的问卷中,为了将被调查者的回答转换成数字,输入计算机进行处理和定量分析,需要对回答结果进行编码,即赋予每一个问题及答案一个数字作为它的代码。编码既可以在问卷设计的同时就设计好,也可以等调查完成后再进行。前者称为预编码,后者称为后编码。除了编码以外,有的问卷还需要在封面上印上问卷编号、调查员编号、审核员编号、调查日期、被调查者住地、被调查者合作情况等有关内容。

在设计问卷时,问题的设计要注意以下几点要求:①注意问题的数目。一份问卷应该包括多少个问题,这要依据调查的内容,样本的性质,分析的方法,拥有的人力、财力和时间等各种因素来决定,没有固定的标准。但一般来说,问卷不宜太长。通常以回答者在 20 分钟以内能够完成为宜,最多也不要超过 30 分钟。②注意问题的顺序。在安排问卷中问题的次序时应遵循下列常用的规则:把简单易答的问题放在前面,把复杂难答的问题放在后面。把能引起被调查者兴趣的问题放在前面,把容易引起他们紧张或产生顾虑的问题放在后面。把被调查者熟悉的问题放在前面,把他们感到生疏的问题放在后面。一般先问行为方面的问题,再问态度、意见、看法方面的问题。个人背景资料,一般放在结尾,但有时也可以放在开头。若有开放式问题,则应放在问卷的最后面。③注意"相关问题"的设计。所谓"相关问题",我们指的是在前后两个(或多个)相连的问题中,被调查者是否应当回答后一个(或后几个)问题,要由他对前一个问题的回答结果来决定,即前一个问题作为"过滤性问题"。在问卷设计中,常常会遇到这样的情况:有些问题只适合于样本中的一部分调查对象。比如,"你有几个孩子"这一问题,就只适合于那些已经结婚的调查对象。因此,为了使我们设计的问卷适合每一个调查对象,我们在设计时必须采取"相关问题"(或称为后续性问题)的办法。④其他要求。在设计问卷时,还需要注意:问卷中的问题要简短、准确;避免双重提问;提问避免带有倾向性和诱导性;不要直接提具有敏感性或威胁性的问题;所提问题不得超出回答者的能力;问题中不要用抽象的概念;等等。

(二)抽样调查法

抽样调查是指从所要调查的总体中,按一定方式抽取一部分个体作为样本,通过对样本进行调查得到的结果来推论总体状况的一种调查。这种从总体中选取一部分代表的过程就是抽样,所选取的这一部分代表就称为样本。

按被抽取机会是否相等,抽样调查可以分为随机抽样和非随机抽样。①随机抽样:按照随机原则抽取样本。随机原则完全排除了人的主观因素影响,使每一个单位都有同等的可能性被抽到。其优点一是抽出样本的分布情况接近总体,样本对总体研究具有充分的代表性;二是有助于调查人员准确地计算抽样误差,并有效地加以控制,从而提高调查的精度。②非随机抽样:不遵循随机原则,从方便出发或根据主观判断来抽取样本。其优点是非随机抽样简单易行,尤其适用于做探索性研究。不足之处是非随机抽样无法估计和控制抽样误差,无法用样本的定量资料和采用统计方法来推断总体。

抽样调查与普查相比,调查费用较低、速度快、应用范围广、可获得内容丰富的资料。应注意:①调查对象是部分,不是全部;②调查样本是随机抽取,不是主观确定;③调查目的不是说明样本,而是推断总体;④随机抽样的误差可以计算和控制。

抽样调查的作用主要是:①对一些不可能或不必要进行全面调查的社会经济现象,最宜用抽样方式解决。如对有破坏性或损耗性质的商品进行质量检验;对一些具有无限总体的对象进行调查(如对森林木材积蓄量的调查);等等。②在经费、人力、物力和时间有限的情况下,采用抽样调查方法可节省费用,争取时效,用较少的人力、物力、财力和时间达到满意的调查效果。③运用抽样调查对全面调查进行验证。全面调查涉及面广、工作量大、花费时间和经费多,组织起来比较困难。但调查质量如何? 需要检查验证,这时,显然不能用全面调查方式进行。④对调查主体进行连续调查。

在调查研究中,往往根据研究的目的和内容,决定是否采用抽样调查的方法,在以下几种情况下,常常采用抽样调查:①对于要了解其全面情况但又无法进行普遍调查的社会事物或现象,常使用抽样调查。②对于某些社会现象虽然可以进行普遍调查,但如果使用抽样调查也能取得同样的效果,就没有必要采用普遍调查而只采取抽样调查即可。对于具有较高同质性的社会事物或现象,也同样可以用抽样调查来代替普遍调查。③在对普遍调查进行质量检验或补充修正时,常采用抽样调查。

抽样调查总是按照一定的步骤进行。在总体中抽取一个样本时,总要尽可能地使样本具有代表性。如果样本的统计值近似总体的参数值,则这个样本可以称为一个代表性样本(representative sample)。问题是怎样做才可以减少抽样的误差,求得一个有代表性的样本呢? 这就需要依据下面的步骤来进行抽样调查:①设计抽样方案;②界定调查总体;③编制抽样框;④选择抽样方法;⑤实际抽取调查样本;⑥评估样本质量。

(三)实验研究法

实验研究(experimental study)是根据研究目的,运用一定的人为手段,主动干预或控制研究对象的发生、发展过程,通过观察、测量、比较等方式探索、验证所研究现象因果关系的研究方法。实验研究是各类研究中唯一能确定研究对象因果关系的研究。实验研究特别适合研究范围有限、研究假设明确、概念界定清楚的研究,更适合于解释性研究,而不适合于描述性研究。实验研究在教学研究中常用于教材教法的研究、教学策略的选择、教学方式的运用,通过实验可以证实各种教学方法的适用情境、所产生的效果以及优缺点等。

实验研究法是将调查对象置于非自然状态下,在事先设计的情景下进行实验,然后对比分析。这样收集的资料客观实用,排除了人们主观估计的偏差。同时调查人员可以有意识地使调查对象在相同条件下反复出现,重复试验,以此使调查结果更精确。其主要特点有:①以假设为前提,整个实验过程围绕着验证假设展开;②需要控制条件,没有控制就没有实验;③分离实验因子,使问题简单化;④能揭示因果关系,实验的理论框架和操作程序就是按照验证因果关系而设计的;⑤可重复验证,这是实验研究成果推广运用的必备条件,是评判实验优劣的标准之一;⑥实验结果以精确的数据说明问题,令人信服。

实验研究的优点主要是:①能确立因果关系,认识事物的本质和规律;②能重复验证,研究结果客观、准确、可靠;③能对变量进行控制,提高研究的信度;④能为理论的构建提供佐证和说明;⑤能将实验变量和其他变量的影响分离开来;⑥省时、省力,节省费用;⑦严密的逻辑性是其他研究方法难以比拟的。实验研究的缺点主要是:①应用范围有限,有些问题难以用实验的方法来解决;②可能会有人为造作的痕迹,实验的结果不一定就是现实的结果,缺乏生态效应;③可能会受到法律和伦理道德的限制,如个人隐私、可能造成的身心伤害等;

④影响实验结果的变量太多,难以控制所有的无关变量。

实验研究(设计)的优劣取决于能否成功地操作以下要素:①有效地控制无关变量;②成功地操纵自变量(实验处理);③科学地观察因变量(实验结果)。实验研究的运用和实施主要应从以上三个要素加以考虑和规划,尽可能增大实验处理的强度,使接受实验处理产生的效果明显;尽可能控制无关变量的干扰,减少实验结果的测量误差,只有这样才能获得真实的实验效果。

实验研究的基本操作程序是:①确定实验主题和研究假设;②根据研究主题和假设进行实验设计;③建立实验框架,对因变量的测量进行探索性尝试;④执行实验设计;⑤向被试者说明实验目的;⑥分析所收集的数据,检验研究假设。

(四)统计分析法

统计分析,就是指运用统计学的方法,对调查所得资料的数量特征进行描述,并用各种数学模型揭示调查资料中所隐含的关系、规律及发展趋势。统计分析就是从量的方面来分析事物之间的相互关系和相互作用,并通过对事物量的规定性的分析,来把握和认识事物质的规定性。事实证明,正确恰当的统计分析,已成为现代社会调查研究中不可缺少的一个环节,成为人们认识社会现象的一种重要分析手段。

统计分析的内容可分为两个大的方面,即描述统计和推论统计。描述统计的主要目的在于用最简单的概括形式反映出大量数据资料所容纳的基本信息。它的基本方法包括集中趋势分析、离散趋势分析、相关分析、回归分析等。而推论统计的主要目的,则是要用从样本调查中所得的数据资料来推断总体的情况。它的基本内容包括区间估计和假设检验两部分。

统计分析的作用主要表现为:①统计分析能为社会调查研究提供一套精确的形式化语言;②统计分析使抽样调查成为可能;③统计分析有助于揭示社会现象的规律;④统计分析有助于我们较为精确地预测社会现象的发展趋势。

统计分析的基本步骤主要包括以下几个方面:

(1)设计。设计主要包括专业设计与统计设计。专业设计指选题、建立假说、确定研究对象和技术方法等。统计设计指围绕专业设计确定统计类型、样本大小、分组方法、统计分析指标及统计分析方法。

(2)收集资料。首先,要注意资料来源,主要包括第一手资料与第二手资料。第一手资料指经常性的统计报表(如登记的原始材料、相关报告、工作记录),或者是一时性的材料(如专题调查、相关实验数据)。第二手资料指已公布的资料,如全国、全省卫生统计资料等。其次,要注意资料收集的要求,主要有:①资料收集要完整,观察单位及观察项目要完整(观察单位,即最基本的获取数据的单元,它可以是一个个体,亦可以是一个单位、家庭、地区,或一批样品、一个采样点等);②资料收集要准确,即真实可靠,真实是统计学的灵魂;③资料收集要及时,即强调时限性,如人口普查规定调查开始日期和截止日期。

(3)整理资料。整理资料即原始数据的条理化、系统化的过程。所采取的手段主要是进行合理化分组,如按事物的属性或性质进行分组,或者按数据的大小进行分组。所要达到的目的就是要实现研究目标。

（4）分析资料。分析资料主要包括统计描述与统计推断。统计描述指用统计指标、统计图表对资料的数量特征及分布规律进行测定和描述。统计推断指用样本信息推断总体特征，如参数估计、假设检验等。

第三节　材料阅读与思考

方法虽然也被人们称为活动的手段，但它不是物化了的手段，而是人类认识客观世界和改造客观世界应遵循的某种方式、途径和程序的总和。因此，英国哲学家培根把方法称为"心的工具"。在社会实践过程中，为了实现社会实践的目标，必须运用多种方法和手段，力争取得令人满意的社会实践效果。下面两则材料涉及了两种开展社会实践活动的方法，请你阅读后思考：网络调查与德尔菲法兴起的背景是什么？在社会实践过程中，如何正确运用网络调查？如何正确运用德尔菲法来促进社会实践活动的开展？

阅读材料 6-1

网络调查及其应用①

信息传播媒体是人类文明进步的重要标志，从信件到电视、电话，每种新的信息传播媒体的普及运用都会随之产生新的调查方式。世界已经进入信息时代，以国际互联网络为基础的信息技术正在改变着我们的生活方式、工作方式和商务方式。将互联网技术应用于统计调查工作已成为日益热门的研究话题。网络调查是一种新的数据采集方法，它弥补了常规调查方法的不足，充分利用互联网的信息传播与远程交互功能，将交互网页技术和数据库管理技术等有机结合起来，使得研究者能够通过互联网络来发放、收集和处理调查研究的数据及信息。简而言之，网络调查是以网络为载体，搜集、整理、分析特定对象统计资料的一种新型的调查方式方法。与传统调查相比，网络调查有以下几方面的优势：①时效性。网络调查是一种基于互联网技术的调查方法。由于网络能24小时不停地自动运行，网络调查能持续不间断地进行，并能很快得到反馈，它可以迅捷地实施调查方案，因此相对于传统的统计调查方式，其时效性大大提高。所以它能在短时间内得到足够多的样本进行数据分析，减少调查时间。有些网络调查甚至可以即时看到总体的频率分布结果。随着越来越多的人使用互联网，网络调查所获得的样本也超乎想象。同时，网络调查数据信息可以马上经过统计分析软件初步处理后，得到初步的调查结果。这就保证了调查机构调查信息的及时性，这是传统方式不能比拟的。②低成本性。无论是调查者还是被调查者，只要通过网络就可沟通交流。这样网络调查从问卷的制作到问卷的回收依托的都是无纸化环境，省却了大量的纸张

---

① 张静.谈统计调查的新方法——网络调查及其应用[J].辽宁师专学报（社会科学版），2009（6）：132-133.

费用。调查时不用派调查人员，这样就节省了人员的培训费和交通费，降低了调查成本，减少了调查机构的人力、物力、财力耗费。一般完成相同信息量的收集，网络条件下比传统条件下花费的时间更少。③客观性和可靠性。传统调查一般采用面对面收集数据信息的方法，对于一些敏感性和隐私性的问题，受调查者可能在回答问题时有所顾忌，不会真实地填写调查问卷。但是网络调查的优势是匿名填写问卷，被调查者完成问卷过程不存在调查人员的监视行为，可对调查内容作认真思考之后进行回复，无须面对调查者，是在一种轻松而从容的气氛中回答问题，不受调查人员或其他外在因素的干预或误导，这很大程度上保证了网络调查结果的客观性和真实性。④超越时空性。传统调查一般都会受地域的限制，只能在一定的范围进行调查。相比之下，网络调查具有不受时空限制的优点。基于互联网把分散在世界各地的电脑连接在一起形成的共享网络是处于世界范围并且是 24 小时开通的。被调查者能够在足不出户的情况下，通过网络随时随地回答调查问卷，这就打破了区域制约和时间制约。

网络调查具有很多优势，但同时也存在的很多问题，主要有以下几点：①网络普及程度不够，影响调查取样的范围。随着我国经济的发展，互联网的用户量也在以惊人的速度增长，但是用户分布并不平均。经济发达地区明显比相对不发达地区用户量要多。在做世界范围调查时，各国网络分布也不平衡，这在一定程度上影响了取样范围。②调查样本缺少代表性。由于网络对于用户的资料具有一定的保护，所以我们很难知道调查者的职业、年龄等个人资料，即使知道也不一定是真实资料。这样容易造成网络调查的总体、抽样框难以界定，抽样难以实现调查目的，从而产生代表性误差问题。③网络调查的安全性得不到保障。现阶段网络技术安全还没到达完美的地步，存在技术漏洞。当前主要有两种方式对网络调查的安全性起到威胁：一是电脑病毒对调查系统和数据安全的威胁；二是黑客攻击对调查系统和数据安全的威胁。一旦黑客侵入，实现对服务器的控制导致服务器运行变慢或崩溃，其严重性可想而知。虽然有人说网上调查有相对保密性，但不能肯定互联网的安全性，调查资料容易被盗、被黑。

总之，虽然网络调查自身的局限性使得它的应用领域受到了一些限制，但是我们有理由相信，随着技术的进步和网民比例的增长，网络调查的应用和发展拥有广阔的前景。

阅读材料 6-2

德尔菲法的缺点及其改进①

德尔菲法是一种广为适用的预测方法，它既可用于科技预测，也可用于社会、经济预测；既可用于短期预测，也可用于长期预测，且不受地区和人员的限制，费用较低，能引导思维，提供了一种预测的系统方法。德尔菲法本质上是一种反复匿名函询法，与专家个人判断法

---

① 王晓闽.德尔菲法的缺点及其改进[J].管理现代化,1990(5):15-16.

和专家会议法相比,它有三个明显的特点:匿名性、多次有控制的反馈以及预测结果的统计特性。正是由于这三个特点,德尔菲法集中了专家个人判断法与专家会议法的优点,同时也克服了它们的缺点。在缺乏足够资料的领域中,有时只能使用德尔菲法等这类专家预测方法。尽管德尔菲法有许多优点,但是它也存在某些缺点,主要是:

(1)第一轮是一张白纸。这虽然能运用专家们的力量,避免外行性事件和片面性,但在完全无结构的状态下,专家们会感到无从下手,不知道如何才能符合组织需要,专家可能会提出一些专业范围非常狭小的问题,从而使得多数专家成为门外汉。

(2)专家背景资料不足。在许多情况下,技术的发展取决于政策和经济条件,而参加技术预测的成员一般是某一技术领域的专家,他们可能对政治和经济情况的了解较少。所以,从专家那里所得到的预测结果,必将因专家对这些政治和经济情况的了解程度不同而不同。

(3)德尔费法预测周期长。一般要经过四轮,有时甚至是五轮。

(4)从专家预测结果中不能看出专家对自己的自信程度。这一点也不能从多次反馈修正自己的预测值看出来。事实上,专家自信程度越高,预测精度往往也越高。

(5)在事件发生日期的预测中,如有1/4的人判断"绝不会发生",上四分点就标不出来,截角楔形图也画不出来,从而使"绝不会发生"这一类判断难以进入德尔菲法的统计结果。

(6)给出上、下四分点和中位数后,争论可能会向中位数靠拢。德尔菲法的特点之一,就是小组的统计回答,即用上、下四分点和中位数来表示专家的不同意见的状况。预测组织者一般在第三张调查表上就给出上、下四分点和中位数,这样,有些专家可能会只是简单地向中位数靠拢,有意回避提出新的预测意见。

以上这些缺点必然会影响预测的精度,为了克服以上缺点,可以采用以下改进方法:

(1)改变第一轮是一张白纸的做法。在开始征询意见之前,事先准备一个事件表,这个事件表应事先以其他方式(如面谈)征求过专家的意见。这样做,实际上等于完成了第一轮的工作,把这个事件表转给其他专家,这些专家就好像是从第二轮开始的。在这第二轮,专家可以对事件表进行补充和提出修改意见,以使预测工作更加有效。

(2)向专家提供背景资料及发展趋势的预测。这样就能打破专家思维的局限性,提高预测的精度。对于工业发展预测,提供背景资料尤为重要。但是要保证所提供的背景资料绝对正确,否则,一错百错,造成大家的预测结果都会有同样的偏误。

(3)减少预测轮数以缩短预测周期。一系列短期实验表明,有的事件通过两轮函询和反馈后,意见已相当协调。因而一般采用三轮较为适宜。如果要在短期做出预测,采用两轮也可能得到可靠的预测结果。对于不统一的预测结果可用中位数和上、下四分点来表示。有人主张采取部分改变匿名性的办法来缩短预测周期,即先匿名征求意见,然后公开每个人的观点,面对面口头争论,最后再匿名投票。这种部分地改变匿名性的方法是不适宜的。因为一旦进行面对面争论,就会出现专家会议法的缺点,如顾虑丢面子、有社会压力等,一开始的匿名征求意见的意义就失去了。最后再匿名投票,差不多等于又从头开始,这最后一轮的匿名投票就可能会因轮数太少而不能保证预测结果的精度。美国加利福尼亚大学洛杉矶分校所做的"日历型"实验表明,面对面交流会使预测结果变坏,而匿名反馈则能改进中位数。所以,要想缩短德尔菲法的预测周期且要保证其精度,不宜采用部分地改变匿名性的方法。

(4)要求专家对预测结果进行自我评价。自我评价越高,说明专家的自信程度越高,预测精度也往往随之提高。可以请专家就预测问题对自己的权威程度进行自我评价,预测组织者分析专家的自我评价,进行有关的统计处理,有利于提高用德尔菲法预测的精度。

(5)引用"置信度"的概念。当出现"绝不会发生"这一类判断时,可以从判断总体中减去回答"绝不会发生"的人数,然后再进行往常的统计。例如,当回答"绝不会发生"的人数占总人数的20%时,就说除去这20%的回答后所统计的结果有80%的置信度。

(6)部分取消反馈。实验表明,如果完全取消反馈,则第二轮以后专家将仅限于对自己提出的判断进行重新认识,这种对自己的判断简单地重新认识只能使预测结果变坏,而不会改善。这样做,就丧失了德尔菲法的长处。所谓部分取消反馈,就是只向专家反馈前一轮预测值的上、下四分点,不提供中位数,这样有助于防止有些专家只是简单地向中位数靠拢的倾向。

除了前面所述缺点之外,德尔菲法还有一些缺点,例如,德尔菲法的预测结果受主观认识的制约,其精度取决于专家的学识、心理状态和对预测对象的兴趣程度,德尔菲法在技术上还存在不成熟的地方,如专家的概念没有衡量的标准,因而在选择专家时容易出现偏差,意见征询表的设计难以掌握,致使有的征询表的设计比较粗糙,等等。认识德尔菲法的缺点并想办法加以克服,有助于预测人员更好地使用德尔菲法,使德尔菲法为我们的预测工作做出更大贡献。

复习思考题

1.运用观察法对某一乡村的环境保护状况进行分析,然后就乡村的环境保护写一篇调查报告。

2.问卷法的含义与特点是什么?设计一份大学生社会实践活动的调查问卷,并在班内进行讨论交流。

3.联系实际谈谈定性研究与定量研究相结合在大学生社会实践中的重要作用。

拓展阅读

1.杜智敏.社会调查方法与实践[M].北京:电子工业出版社,2014.

本书以抽样调查为重点,以社会调查研究的工作流为主线,全面介绍了社会调查的理论与方法。第一篇为导论,包括学习指导和社会调查概论;第二篇为调查研究的准备阶段,包括选题、研究设计及文献法;第三、四、五篇,分别给出抽样调查、实地调查和混合方法研究的适用范围、研究特点、资料的搜集与分析过程;第六篇为调查报告的撰写。本书写作的指导思想是"为用而写",坚持理论与实际的结合,突出实践性、可操作性,通过学习本书,读者能够独立完成社会调查的全过程,包括利用软件进行统计分析。作为教材,坚持"教"与"学"的结合,融思想性与知识性为一体,配合课程的教学改革,注重对学生的学习指导,在提高学生调查研究能力的同时,让学生学会学习、学会做人。在写作上,坚持从读者的实际出发,避免抽象的理论阐述。丰富多彩的案例和插图、漫画的引入提高了本书的可读性。

2.潘绥铭,黄盈盈,王东.论方法:社会学调查的本土实践与升华[M].北京:中国人民大学出版社,2011.

本书以中国社会学调查方法中本土经验为依托,着重强调高质量的社会学调查需要本土的调查情境,以及本土的文化、社会、个体因素对于调查质量可能带来的影响。在此基础上,全书对于定量调查与定性调查这两种主要的社会学调查研究方法进行有侧重点的分析,原创性地比较、探讨两者之间的关系,反思目前流行的结合使用两种方法的误区与局限,并建设性地探讨两者结合的可能性与条件,提出可以提高调查质量的一些具体建议。

3.周东明,熊淳.教育科研方法基础[M].武汉:华中师范大学出版社,2012.

本书分为四部分。第一部分是绪论,概述了教育研究的基本问题,这部分的主要内容包括研究的基本概念与要素、教育研究方法的基本范式和主要类型、研究的基本程序。第二部分介绍了量化教育研究的三种基本设计。其中,第二章介绍了教育观察法的含义、特点和主要类型,以及教育观察法的设计和在中小学教育教学研究中的运用。第三章介绍了调查问卷的优势与利弊、调查问卷的设计与编制,并结合具体案例进行分析。第四章讲解了教育实验的概念与类型、教育实验法的设计与实施,以及实验结果的处理。第三部分讲述了质化教育研究的三种基本设计。第五章就教育访谈法的基本步骤与技巧、特点与意义进行了说明。第六章讲述了个案研究步骤与具体操作,同时探讨了个案研究法应该注意的问题。第七章介绍了教育叙事法的概念、操作步骤与特点意义。第四部分对教育研究报告的撰写做了详细介绍。第八章主要介绍教育研究报告的撰写计划。第九章就上述主要类型的教育研究报告撰写方法做了详细说明。为便于读者学习操作,本书第十章分别附录了质与量的两个具体研究报告的撰写实例。

❉ 本章主要参考文献

[1]郝大海.社会调查研究方法[M].北京:中国人民大学出版社,2015.

[2]张彦,吴淑凤.社会调查研究方法[M].上海:上海财经大学出版社,2006.

[3]范伟达.社会调查研究方法[M].上海:复旦大学出版社出版,2010.

[4]谭祖雪,周炎炎.社会调查研究方法[M].北京:清华大学出版社,2013.

[5]谢俊贵.社会调查研究方法[M].北京:北京理工大学出版社,2010.

第七章
大学生社会实践中的社交礼仪

✐ **学习目标**

- 掌握大学生社会实践中常见的社交礼仪。
- 掌握大学生社会实践中社交礼仪的基本原则。
- 了解当前大学生社会实践中社交礼仪存在的主要问题。

　　大学生社会实践是一种学习性、成长性和社会化的实践，是实现人的全面发展的基本途径。它通过形式各样的实践活动让大学生在现实生活和社会交往中学会做人做事，进而促进大学生积极适应社会发展对人的要求，使社会性内化于自己的个性，从而达到个性的分化和自由成长，最终实现自身的全面发展。简单来说，社会实践活动是连接校园活动与校外活动的桥梁和纽带，是大学生走出校门、锻炼社交能力并增长知识才干的一次重要机会。相信每个学生都想在社会实践中给他人留下美好的印象，为自己获得美誉。得体的社交礼仪会让人散发出优雅的气质和无限的魅力，更易获得他人的认同和赞许。因此，每位同学必须充分认识到大学生社会实践活动中社交礼仪的重要性，在熟悉大学生社会实践中社交礼仪现状的基础上认真掌握并积极践行大学生社会实践中社交礼仪的基本原则和基本要求。唯有努力做到"知礼、尚礼、守礼和行礼"，才会使大学生社会实践活动达到"事半功倍"的效果。

第一节　大学生社会实践中社交礼仪概述

　　文明古老的中华民族素有"礼仪之邦"的美誉，在民族发展的历史长河中，各族同胞共同创造了一整套反映中华民族优良美德与优良品质的礼仪习俗，并为广大人民所喜爱、所接受、所遵守、所传承。"讲礼仪,知廉耻"等思想更是牢牢扎根于每一位中华儿女的脑海中。随着我国经济社会的快速发展,现代人的生活节奏明显加快,人们的思维方式和生活方式更加多样化和差异化,社交礼仪已经是现代人进行社会交往的手段,无论做什么事情都离不开社交礼仪。

一、礼仪的含义和基本特征

(一)礼仪的含义

礼仪是人们在社会交往过程中形成并得到共同认可的各种行为规范,它体现了一个国家、一个民族、一个地区的道德风尚和人们的精神面貌。[①] 礼仪是礼貌、礼节和仪式的统称。礼貌是指人们在相互交往过程中表示敬重和友好的行为规范,它侧重于表现人的品质和素养。礼节是人们在日常生活中,特别是在交际场合中相互表示尊敬、祝颂、问候、致意、慰问以及给予必要协助和照料的惯用形式,如握手、鞠躬、拥抱、接吻、致意、微笑等都属于礼节。它实际上是礼貌的具体表现形式。不同民族、国家有不同礼节,礼节也随时代发展而变化。仪式是一种正式的礼节形式,是指为表示礼貌和尊重在一定场合举行的、具有专门程序、规范化的活动。礼仪是指在人际交往中自始至终地以一定的、约定俗成的程序、方式来表现的律己、敬人的完整行为。显然,礼貌是礼仪的基础,礼节则是礼仪的基本组成部分。从内容上讲,礼仪由主体、客体、媒介、环境四项基本要素构成。

礼仪是一个人乃至一个民族、一个国家文化修养和道德修养的外在表现形式,是做人的基本要求。中华民族自古以来就非常崇尚礼仪,孔夫子曾说过:"不学礼,无以立。"就是说,一个人要有所成就,就必须从学礼开始。在现代社会,虽然一个国家、一个民族的综合国力所包含的内容十分广泛,但在评价一个国家、一个民族时,通常是从这个国家、这个民族的人们的言行举止、文明习惯所体现的公民素质与精神面貌入手的。因为,从国家和民族的角度讲,礼仪是一个国家、一个民族的社会风貌、道德水准、文明程度、公民素质的重要标志。从个体的角度说,礼仪是一个人思想觉悟、道德修养、文化教养和精神面貌的综合反映。通过一个人在社会生活中对礼仪运用的程度,可以察知其教养的高低、文明的程度和道德的水准。可见,礼仪的学习对形成文明有礼、道德高尚的高素质人才有着十分重要的意义。

(二)礼仪的基本特征

礼仪的基本特征概括起来讲有以下几个方面:

1.普遍性

古今中外,从个人到国家,礼仪无时不在,无处不在。凡是有人类生活的地方,就存在着各种各样的礼仪规范。远古时候,人类为了求生存而祭神以求保护,这种礼仪形式在一些地

---

① 吴静,莫创才.社交礼仪实用教程[M].北京:清华大学出版社,2011.

区至今依然存在,如在春节时,家家户户要摆起烛台祭祖宗,祭天神、地神和灶神,以求来年风调雨顺、阖家幸福,这是人类美好愿望的一种寄托。现代社交礼仪的内容已渗透到社会的方方面面,从政治、经济、文化领域,到人们的日常生活方面,礼仪活动普遍存在。比如,大到一个国家的国庆庆典,小到一个企业的开张志喜,再到人们日常生活中的接待、见面谈话、宴请等,均需要讲究礼仪规范,遵守一定的礼仪行为准则。礼仪是人类在社会生活的基础上产生的行为规范,全体社会成员均离不开一定的礼仪规范的制约。在生活中,许多礼仪是不随人的意志为转移的,它的存在本身具有很强的普遍性,无时无刻不约束着人们的行为规范,反映着人们对真善美的追求愿望。比如最简单的问候语"你好"、"再见"等,这几乎是全世界通用的一种问候礼节,具有绝对的普遍性。

2. 继承性

身为"礼仪之邦",中国的礼仪文化自然也源远流长。在礼仪发展的源流中,礼仪文化的发展是一个扬弃的过程,一个剔除糟粕、继承精华的过程。那些反映劳动人民的精神风貌、代表劳动人民道德水平和气质修养的健康高尚的礼仪得到了肯定和发扬;而那些代表剥削阶级帝王将相封建迷信的繁文缛节得以根除。比如古代的磕头跪拜早已被现代的握手敬礼所替代,至于古代朝见天子所需的三跪九叩,更是早已被抛进历史的垃圾堆。而那些"温良恭俭让"、"尊老爱幼"的行为规范则得到了弘扬。以往老人生日寿辰时,晚辈得行祝寿礼仪,置办寿辰酒宴以祝老人福寿无疆、万事如意,而如今的年轻人除了摆寿酒外,还通过短信、微信等新媒体方式祝老人生日快乐、寿长福远。这种变迁不仅反映了人类礼仪的一脉相承,也反映了礼仪在继承过程中得到了丰富发展,更突出了人类对那些代表礼仪本质的东西的倾心向往。可见,礼仪变化的继承性必将随着人类历史的不断进步而发展。

3. 差异性

人说"百里不同风,千里不同俗",不同的文化背景,会产生不同的礼仪文化,不同的地域文化决定着礼仪的内容和形式。我国疆土辽阔,是一个多民族大家庭,不同的民族其风俗习惯、礼仪文化各有千秋。以见面问候致意为例,不同地区的形式就大不一样,有脱帽点头致意的,有拥抱的,有双手合十的,有手抚胸口的,有口碰脸颊的,更多的还是握手致意。这些礼仪形式的差异均是由不同地方风俗文化引起的,具有约定俗成的影响力。礼仪的差异性除了地域性的差异外,还表现在礼仪的等级差别上,即对不同身份、地位的对象施以不同的礼仪。同样是宴会就会因招待对象的身份、地位的差别而有所不同,身份和地位高的,可能就会受到更高规格的款待,身份低的相对而言就随意一些。

4. 时代性

礼仪作为一种文化范畴,必然具有浓厚的时代特色。任何时代的礼仪由于其时代的特性和内容,往往就决定了它的表现。比如,礼仪本起源于原始的祭神,因而人类最初的礼仪是从祭神开始的。时代的特色对文化冲击的烙印是巨大的,可以说,每个时代的文化正是时代变迁的缩影,而礼仪文化也如此。如辛亥革命的暴发,猛烈地撞击了封建社会的上层建筑及其意识形态,也影响到了人们日常生活的方方面面,于是就造就了一代新风尚。据1912年3月5日某时报记载:"新礼服兴,翎顶补服灭;剪发兴,辫子灭;爱国帽兴,瓜皮帽灭;放足鞋兴,菱鞋灭;鞠躬礼兴,跪拜礼灭;卡片兴,大名刺灭……"可见礼仪文化是一个时代的写照。"文革"时期,清一色的服饰文化正是当时人们思想行为统一到一个文化模式中的反映。而现在丰富多彩的服饰文化不仅是现代人丰富的内心世界的反映,也是社会改革开放的投影。

5.发展性

时代总在不断前进的。礼仪文化也不是一成不变的,而是随着社会的进步而不断发展。一方面,礼仪文化随时代的不断进步而时刻地发生着变化。如现代人通过短信、微信等新媒体进行交往就是时代进步而产生的新生事物。另一方面,随着国家对外交往的不断扩大,各国的政治、经济、思想、文化等诸种因素互相渗透,我国的传统礼仪自然也被赋予了许多新鲜的内涵。礼仪规范更加国际化,礼仪变革向符合国际惯例的方面发展。形成一整套既富有我国自己的传统特色,同时又符合国际惯例的礼仪规范已成为时代的需要。这种礼仪文化的培养和形成有助于我国走向世界,更好地与国际接轨,成为地球村上一个真正的礼仪之邦。礼仪规范的这种发展性总是与时代精神密切地结合在一起。礼仪文化的发展总是随时代的发展变化而有所创新。时代不前进,礼仪文化的内容自然也不会得到很好的发展。总之,随着时代的不断进步,人类的礼仪规范必将更加文明、优雅、实用。

二、大学生社会实践中常用的社交礼仪

真正的礼仪不仅仅是一种形式,而是一种发自内心的优雅,是发自内在的美。礼仪在未来将成为人际关系的润滑剂。所以通过学习社交礼仪能使大学生做到学礼、懂礼、守礼和用礼,进而达到完善自我形象的最终目的。

(一)仪容仪表礼仪

学习社交礼仪是大学生争做现代文明人的需要。礼仪贯穿着人际交往的始终,为交往的内涵服务;不重视礼仪必然会影响交流的深度和交往的持久性。大学生无论在日常生活中还是社会实践中都要重视礼仪,养成遵循礼仪的习惯。自觉加强礼仪修养有助于提高大学生的品位,塑造大学生良好的个人形象。

1.仪容礼仪

仪容主要是指一个人的外在容貌,即面部的形象。在人际交往中,仪容最容易引起交往对象的注意。仪容礼仪是指人们在社交场合应注意自己的仪容,给人以端庄、大方、整洁的良好形象。仪容包括头发、面部、手部等方面。如果仪容端庄、整洁大方,就更容易给人留下良好的第一印象,为双方的交往打下良好基础。如果仪容不整,则令人不快,甚至会带来很多负面影响,为人际交往埋下不良的伏笔。而且,仪容不仅代表个人的形象,同时也代表个人所在集体的形象。大学生在社会实践中仪容修饰的基本要求是:仪容要做到自然、协调、美观。仪容修饰的目的是适应大学生的内在美而创造相应的外在美。保持天生的自然美和质朴美是大学生自信的表现。同时,大学生的仪容修饰要和自己的年龄、体形、肤色、气质、个性特征相协调,必要时略施清新自然的淡妆,以此展示当代大学生富有阳光与活力的良好青春形象,这种形象给人以自然、和谐、大方的美感。

2. 仪表礼仪

仪表是指人的外表,包括容貌、姿态、服饰、风度和个人卫生等。仪表礼仪主要是指人在不同社会活动中穿着服饰方面的礼节与规范,着装要整洁、美观、得体,并与自身形象、出入场合以及穿着搭配相协调,是形成人的第一印象的基本要素。仪表是一个人精神风貌和生活态度的外在表现,是社会交往中打造美丽个人形象的基础。仪表可以真实地体现一个人的教养和品味,还能够如实地展现一个人对待交往对象的重视程度,同时大学生作为社会实践的主体,更代表着其所在学校的整体形象。在社会实践活动中,如果大学生容貌端庄、姿态自然、穿着得体、表情丰富、风度美好、整洁卫生,不仅能赢得他人的信赖,给人留下良好的印象,而且还能够提升个人的整体形象。

服饰可以反映一个人文化素质的高低、审美情趣的雅俗。一个人的着装是否具有美感,并不一定在于服装的新奇漂亮、流行时髦,也不一定在于一个人有一副适宜装扮的漂亮身材,关键在于着装是否适合自己的身份。大学生在社会实践中着装配饰要遵守 TPO 原则,即你的穿着打扮应当与相应的时间、地点、场合、身份、职业等相一致,做到整洁得体、落落大方,避免肮脏或邋遢。着装往往可以体现人的性格、气质、文化及身份地位。大学生的服饰要与其年龄、体形、个性、气质、身份及穿戴的环境、场合、时间相吻合,着装以整洁、休闲、大方为主。对大学生社会实践团队而言,可以选择统一着装,这样不但能充分展示实践团队良好的精神风貌,也是大学生讲究礼仪的一种体现。

3. 仪态礼仪

在人际交往中,用优美的体态语言,比用口头语言更让对方感到真实、生动和容易接受。曾经有位体态语言大师研究表明,在人际沟通中,65%的信息是通过体态语言表达的。

仪态也叫仪姿、姿态,泛指人们身体所呈现出的各种姿态。它包括举止动作、神态表情和相对静止的体态。优雅、自然、生动的姿态,是风度、气质的表现,也是一种美的形体语言。仪态被视为"第二语言",也叫作"副语言"。每个人总是以一定的仪态出现在别人面前,一个人的仪态包括他的所有行为举止:一举一动、一颦一笑、站立的姿势、走路的步态、说话的声调、对人的态度、面部的表情等。人们的面部表情,体态变化,行、走、站、立、举手投足既可以表达思想感情,又是他内在品质、知识、能力等的真实流露,是表现一个人涵养的一面镜子,也是构成一个人外在美的主要因素。不同的仪态显示人们不同的精神状态和文化教养,传递不同的信息。拥有良好的仪态不仅能为人的整体形象加分,整个人的精神面貌也会有所改变。

(二)交往礼仪

礼仪是人际交往中相互沟通的技巧,也可以说是人际交往中的一门艺术,一种交际方式或交际方法。礼仪是人际交往中约定俗成的示人以尊重、友好的习惯做法。交往礼仪泛指人们在社会交往活动过程中形成的应共同遵守的行为规范和准则,具体表现为礼节、礼貌、仪式、仪表等。现代交际礼仪泛指人们在社会交往活动过程中形成的应共同遵守的行为规范和准则。大学生社会实践是大学生在大学学习阶段最重要的一次社会交往。作为涉世不深的大学生,一方面有着强烈的人际交往诉求,另一方面却在交往中无所适从,不知道如何处理好自己的人际关系,特别是交往礼仪十分缺乏。为此,大学生只有掌握基本的交往礼仪,才能在社会实践中与他人和谐相处、相互接纳并创造出温馨愉悦的交往氛围。这将有利于社会实践活动的正常开展。

1.语言礼仪

语言是人际交往的元素,得体的语言反映着大学生自身的教养和对对方的尊敬程度,因此不可疏忽大意,必须合乎礼仪规范。社会实践是大学生与外界交流的窗口,大学生在社会实践中与别人谈话时应注意言辞的礼貌性,如使语言文明、有修养,讲究措辞的修辞性,尽可能使语言文雅、婉转,讲究语言艺术。大学生要根据对方的年龄、职业、身份、地位辈分,以及与自己关系的亲疏、感情的深浅选择正确恰当的称呼,既要庄重、正式、规范,又要充分流露对对方的尊重之情。

在社会实践中大学生要做到待人彬彬有礼,跟指导教师、实践单位工作人员交流时主动使用"您"、"请"等礼貌用语,同学之间沟通的时候也要做到彬彬有礼,讲友善、讲友好。谈话内容要选择得体,这往往会影响到与人沟通的效果,有时甚至会决定社会实践活动的成败。大学生在社会实践中谈话礼仪的基本要求是:文明、礼貌、准确。语言是人类思维和谈话的载体,作为有知识、有文化、有修养的现代青年,大学生在社会实践活动中始终要对自己的言语措辞精心斟酌,高度重视自己的谈话礼仪。在与他人交谈时,大学生一定要运用优雅文明的语言表达自己的观点或向对方提出问题,绝对不宜在交谈之中讲粗话、脏话、黑话、荤话、怪话、气话等种种有失大学生身份、令人反感厌恶并有碍沟通的不文明用语。同时,在谈话中多说礼貌用语也有助于大学生赢得他人的好感和体谅,推动社会实践活动的有效进行。谈话时要表现得大方亲切,既不能慌慌张张、不知所措,更不能漫不经心、毫不在乎。言语措辞要谦虚适度,内容要准确恰当,能够实事求是、恰如其分地展示自己,既友好自信,又不虚伪自负。

2.举止礼仪

举止礼仪又称为"形体语言",是指人的肢体动作,是一种动态的美,是一种内涵极其丰富的体态语,是风度的具体体现。在某种意义上,举止礼仪在人与人之间的社会交往中发挥着有声语言不可代替的作用。一个人的举止是修养的表现,其举手投足都在不知不觉中传递着信息,优雅的举止对于个人形象的塑造是至关重要的。大学生作为当代知识青年,个人的知识涵养和品格气质都会无形地流露于其社交中的举手投足之间。大学生社会实践中举止礼仪的基本要求是:端庄、自然、大方、稳健。切记一定要避免抓耳挠腮、头部低垂、摇头晃脑、歪歪斜斜等不雅的行为举止。努力做到举止落落大方、动作合乎规范、站姿挺拔、走姿洒脱、坐姿端庄、蹲姿优雅。另外,在举止礼仪中微笑占有重要地位。微笑即是在脸上露出愉快的表情,是善良、友好、赞美的表示。微笑是礼仪的基础,可以迅速拉近彼此之间的心理距离,创造出交流与沟通的良好气氛,更好地向他人传递个人的学识与修养,给人一种美的享受。

3.拜访礼仪

礼貌的拜访,可以树立良好的形象。人与人的交往从友好的拜访开始。这样,沟通就变得更自然、更愉快,信息传递也更直接、更有效。在社会实践中,大学生拜访实践单位时应该提前预约,明确拜访的目的并且向受访者说明,根据拜访目的准备相关资料。拜访时要守时践约,拜访时间确定后,拜访者要准时赴约。这是为了讲究个人信用,树立自身良好形象。赴约时可提前几分钟到达约定地点。因特殊情况需要晚点到达,拜访者要诚恳地请对方原谅,告诉对方晚点到达的时间,并征询对方是否仍有时间可以会面,必要时还可以与对方商议,将拜访另行改期。到达拜访地点时,拜访者要主动向接待人员通报自己的有关情况,如没有接待人员,也可以打电话告知对方,切勿鲁莽进入实践单位办公室。见面后拜访者要主动问候,如果是初次见面,要主动进行自我介绍。说话时应开门见山,简单寒暄后即言归正传,切入主题,注意不要滔滔不绝。当受访者发言时,要善于倾听,不清楚的问题,可以要求对方重新解释,但不要打断对方的讲话。拜访时间不宜过长,当所谈问题了解清楚后,便可起身告辞;如话题未讲完,但对方提议结束,或者用身体语言表现出结束的意愿,拜访者也要主动提出告辞,告辞时要对受访者表示谢意。

三、大学生社会实践中社交礼仪的重要性

礼仪是个人外在形象与内在素质的集中体现。礼仪有助于提高人们的自身修养;有助于美化自身、美化生活;有助于促进人们的社会交往,改善人们的人际关系;还有助于净化社会风气。大学生社会实践是大学生积极参与并主动进行自我教育、自我提高和自我完善的多向互动的社交活动,当然也要受到社交礼仪的约束和调节。作为一个有理想、有道德、有文化、有纪律的社会主义建设者和接班人的大学生,理应主动学习和掌握一些基本的现代社交礼仪知识,自觉提高自身的礼仪修养,积极培养良好的礼仪行为习惯。这既是大学生渴望自身成长成才、全面发展的内在需求,也是新时期我国社会主义精神文明建设的客观要求。

(一)有助于塑造大学生良好的社交形象

大学生社会实践是在一定的社会关系中进行的一种自主能动性的活动。在参与社会实践活动的过程中,大学生自身的社交礼仪形象是非常重要的,它直接影响着交往双方关系的融洽和交际的成败。这在很大程度上也会决定大学生社会实践活动的目的,即"自己的理想追求和个人价值的实现"能否如期达到。讲究社交礼仪有助于塑造大学生良好的社交形象,展现大学生自身的魅力。在日常的社会交往中,影响交往双方第一印象的主要因素便是对方以一定的仪表、着装、言谈、举止而进行的某种行为。实际生活中,许多人为了塑造完美的形象不惜花费大量的时间和金钱通过各种各样的方法对自身进行奢华的包装,但这样过度的包装往往会产生过犹不及的负面形象。只有整洁大方的衣着、得体的举止、高雅的气质、良好的精神面貌和真诚动人的谈吐才能给交往双方留下美好的印象,从而建立信任关系,达到社交目的。由此可见,良好的社交礼仪在社会交往中既起着润滑和媒介作用,又起着黏合与催化作用,它对交往各方表达感情、增进了解、树立形象都是必不可少的。大学生只有注重加强社交礼仪修养,努力做到内在美和外在美的有机统一,才能在参与社会实践的过程中展示出大方得体、自信沉稳的良好社交形象,从而有助于社会实践活动各项任务的完成,并在社会实践活动中不断实现个人价值,充分展示自身魅力。

(二)有助于促进大学生交往行为的规范化

俗话说:"没有规矩,不成方圆。"在社会交往中,人际关系是通过人与人之间的交往和联系表现出来的,只有自觉用一定的行为规范去调节和增进交往各方的联系,才能促进人际关系和谐发展。社交礼仪正是在这种情况下根据实际需要而产生,它是人们在社会交往中必须遵循的律己敬人的行为规范,也可以说是在人际交往中的约定俗成的示人以尊重、友好的习惯做法。① 社会实践活动是大学生对未来社会生活、工作方式与学习方式的一种预演,对于他们的成长具有积极意义,有利于培养成人感受和社会性情感,锻炼能力,加快他们的社会化进程。② 从这个意义上讲,大学生社会实践可以说是大学生以"准社会人"的身份主动参与的一种有意义的预演性社交活动,大学生的社交礼仪便是这种预演性社会交往活动中不可或缺的重要内容。大学生在参加社会实践活动过程中是否讲究礼仪、是否注重礼貌、是否遵守一定的礼仪规范是衡量大学生自身文明程度的准绳。在社会交往活动中,社交礼仪作为一种大家共同遵守的行为规范,一方面会积极指引大学生按照固定的程序、采取恰当的方法并制约他们按照社会公认的行为模式进行交往,比如守时守约、注重仪容仪表、尊老爱幼、讲究公德等;另一方面也会潜移默化地熏陶大学生的心灵,时刻提醒大学生在社会实践活动中时时处处注意自己的言行举止,自觉成为一个知书达理、待人以礼的时代青年。由此可见,讲究社交礼仪对大学生的人际关系起着整合与疏导的功效,它使大学生在人际交往中得心应手,为他们创造了宽松和谐、安定团结的环境和氛围,是大学生人际关系和谐发展的润滑剂和调节器,有利于促进大学生社会实践活动的顺利进行。

(三)有助于强化大学生的文明行为习惯

在人类社会发展的过程中,礼貌礼节从古至今都是文明社会生活的重要标志,讲文明、讲礼貌是社会精神文明程度的实际体现。大学生社会实践的主要任务之一便是接受社会教化、满足社会需求并围绕社会的发展需要为推动社会文明的整体跃进做出贡献。要顺利完成这一重大任务,大学生自身需要学习的东西很多,文明行为习惯的养成则是他们在社会化过程中必不可少的重要学习内容。礼仪教育可以引导大学生自觉遵守社会主义礼貌道德规范和相应的社交礼仪礼节,提高大学生的文明意识,强化大学生自觉养成良好的文明行为习惯。通过社交礼仪学习,大学生会逐步认识到社交中人们相互鞠躬、握手、拥抱甚至微笑等礼貌礼节不仅是对交往对象表示敬意和友善的一种形式,还能反映个人的道德情操、文明程度、精神面貌、气质修养以及处理问题时的应变能力。在学习、掌握和践行社交礼仪的过程中,大学生自身的文明行为习惯不断得以强化,个人的礼仪修养不断提高,真正做到了"诚于中而形于外,慧于心而秀于言",成为一个名副其实的具有良好文明行为习惯和较高礼仪素养的现代文明人。

---

① 金正昆.社交礼仪[M].北京:北京大学出版社,2005.
② 胡树祥,吴满意.大学生社会实践教育理论与方法[M].北京:人民出版社,2010.

（四）有助于弘扬中华民族优秀的礼仪传统

大学生在社会实践活动中不但要"受教育、长才干"，更要"作贡献"，因为大学生的自身价值只有在贡献社会中才能得以实现。大学生既要为创造丰厚的社会物质财富贡献自己的聪明才智，也要为传承和建设优秀的社会精神财富起到引领作用。讲究社交礼仪，按照礼仪要求规范自己的行为，有助于继承中华民族优秀的礼仪传统，弘扬我国优秀的礼仪风范，从而为我国社会主义精神文明建设大厦筑牢扎实的礼仪基础，使我国社会主义精神文明之花到处盛开。身为素以"礼仪之邦"著称于世的中华民族的一分子，大学生在对待中华民族优秀礼仪传统和我国现代礼仪建设上不应只津津乐道于礼仪之邦，还要继承和弘扬中华民族传统礼仪中的精华，同时又注重吸收世界优秀礼仪文化成果，力争在提高全民族的文明程度、促进社会和谐发展方面起模范带头作用。通过礼仪教育和礼仪实践增强民族自尊、自信、自强的精神，巩固和发展人民内部平等、团结、友爱、互助的社会主义新型关系，使社会主义思想道德蔚然成风。①

第二节　大学生社会实践中社交礼仪的基本原则

社交礼仪行为就是人们在一定的礼仪意识的支配下，在人与人之间的交往过程中表现出来的行为。人与社会密不可分，社会是由个人组成的，文明的社会需要文明的成员一起共建，文明的成员则必须要用文明的思想来武装，必须靠文明的观念来教化。社交礼仪修养的加强，可以使每位社会成员进一步强化文明意识，端正自身行为，从而促进整个国家和全民族总体文明程度的提高，加快文明社会的发展。

一、大学生社会实践中社交礼仪的基本原则

"礼多人不怪"。大学生在社会实践中为人处世、说话办事多掌握一些社交礼仪知识与技巧，学礼、知礼、尚礼、行礼，可以更好地向对方展示自己的长处和优势，更快地在众人面前树立良好的个人形象，无形之中拉近了同别人的心理距离，为相互间的合作共事创造了宽松的环境。大学生的个人礼仪修养是一个自我认识、自我解剖、自我教育、自我改造、自我提高的过程，也是一种大学生克服自身不良行为习惯并不断完善自我的行为活动。在大学生社会实践中，要提高社会实践活动的效率，掌握并遵循社交礼仪的基本原则具有重要作用。

（一）真诚尊重的原则

真诚是人际交往的基本要求，所有的人际交往的手段、技巧都应该建立在真诚交往的基础之上。在交往中，只有彼此抱着心诚意善的动机和态度，才能相互理解、接纳、信任，感情

---

① 金正昆.社交礼仪[M].北京:北京大学出版社,2005.

上才能引起共鸣,交往关系才能巩固和发展。古人说:"以诚感人者,人亦诚而应。"真诚即真实诚恳、真心实意、坦诚相待,从心底感动他人而最终获得他人的信任。真诚是尊敬的基础,而尊敬又是礼仪的基础,可以说,没有真诚也就失去礼仪了。在礼仪活动中,真诚是相互的,真诚是指言行一致,表里相应,言必行,行必果,果必真。真诚是对人对事的一种实事求是的态度,是待人真心真意的表现。

尊重他人是人际交往过程中的一项基本原则,也是做人做事最基本的原则。尊重是礼仪的情感基础,人与人之间只有彼此尊重,才能保持和谐愉快的人际关系。孔子曰:"己所不欲,勿施于人。"尊重应该是互相的,社交中要尊重对方的人格尊严,你尊重别人,别人自然也会尊重你;你不尊重别人,你也不会被尊重。尊重要求人们的礼仪行为应注意广泛性,即不论对上下、男女、老幼,都应尊重。

在大学生社会实践中尤其要注意真诚尊重的原则。例如,大学生到企事业单位参加社会实践,事先应做好联系,不能贸然前去,要考虑企事业单位的正常工作是否受到了干扰;在实践单位某一办公室进行调研时,眼睛不得四处窥视,不得在对方未允许之前去翻看或挪动桌子上放置的文件、书报和其他物品;等等。唯有如此,我们所开展的社会实践活动才能顺利进行。相反的,如果大学生不讲究真诚尊重的基本要求,对人蛮横无理,妄自尊大、自以为是,那么社会实践活动就不能正常进行。

(二)平等适度的原则

平等是正常人际关系建立的基础之一,它是人和人之间的一种关系,是把对方当成和自己一样的人看待。平等更多的是一种观念养成,表现为不要骄狂,不要我行我素,不要自以为是,不要厚此薄彼,更不要傲视一切、目中无人,而是应该时时刻刻平等谦虚待人。在我们的社会里,人与人之间只有社会分工和职责范围的差别,人人都应该享有平等的政治权利、法律权利和人格的尊严,都应该得到同等的对待。因此,人与人之间交往要平等相待,一视同仁,相互尊重,不卑不亢,尊重别人的爱好、习惯、风俗。

人际交往既要平等相待,也要适可而止,这里强调的是人际交往要注意适度原则。人与人之间的交际需要给予和付出,也需要很好地把握交际的距离,要把握在特定环境中人们彼此之间的情感尺度,根据具体情况、具体情境而行使相应的礼仪。如在与人交往时,既要彬彬有礼,又不能低三下四;既要热情大方,又不能轻浮谄谀。要自尊不要自负,要坦诚但不能粗鲁,要信人但不要轻信,要活泼但不能轻浮。

在社会实践活动中,掌握平等适度的原则具有重要意义。大学生待人接物时,既要真诚热情,也要掌握一定的尺度,即做到热情有度。这样,社会实践活动才能健康有序进行。

(三)自信自律的原则

人们掌握了礼仪规范就会在心目中树立起道德信念和行为准则,并以此来约束自己在社交中自觉按礼仪规范去行动,做到自信自律。对于大学生个人来说,培养自信自律的过程实际上是在高度自觉的前提下使自己的整体素质提高的过程。自律一词,是指用心在律,应从自身出发,正人先正己,加强自我修养,提升自身素质。纪律和规则是我们平时工作、学习和生活中不可缺少的。自信是发自内心的自我肯定与相信。一个有充分信心的人,才能在交往中不卑不亢、落落大方,遇强者不自惭,遇到磨难不气馁,遇到侮辱敢于挺身反击,遇到弱者会伸出援助之手。一个严于律己的人,总是能以严格的礼仪规范要求自己,即使遇到一些特殊场合,比如碰到不讲礼貌的人,也能心平气和地以礼待人。他们每时每刻都能讲究礼貌,而不受环境的影响,这是他们自我性情陶冶的结果,也是大学生应该努力学习的方向。

在社会实践活动中,掌握自信自律的原则的基本要求至关重要。为更好地认识社会、了解社会,顺利完成社会实践活动的各项任务,大学生要用铁的纪律和礼仪道德来规范自己的行为方式,自始至终都要严格要求自己,要知道应该做什么、不该做什么,无论何时何地都要自信自律、谨言慎行。

(四)诚信宽容的原则

在人际交往中,诚信是一种人人必备的优良品格,讲诚信的人,处处受欢迎。孔子说:"民无信不立,与朋友交,言而有信。"这说明诚信是个人立身之本。诚信主要是指在与他人交往中应讲信用,遵守诺言。在社交场合,一是要守时,与人约定时间的约会,如会见、会谈、会议等,决不应拖延迟到。二是要守约,即与人签订的协议、约定和口头答应的事,要说到做到,即所谓"言必信,行必果"。大学生在社会实践中尤其要注意诚信原则,只有给予别人诚信,才能够赢得他人的信任。特别是在实施问卷调查、参观访问、深度访谈、实地考察等活动中,只有双方相互信任、相互配合,才有可能取得实效。

除诚信这一重要原则外,人际交往的基本准则还有理解和宽容。与人交往就像山谷的回音,你发出的是什么声音,反馈的也是同样的声音。宽容就是能容己容人,能原谅别人的过失,每个人都要学会推己及人,设身处地地多为对方着想,严于律己、宽以待人,树立容纳他人的意识。当然,宽容他人并不是怯懦胆小,宽容也绝不是纵容,不是放弃原则,而要坚持有理、有利、有节的原则。在社会实践活动过程中,大学生应当具有宽容别人的胸襟。在进行调研时,如果出现意见或观点尖锐对立,甚至侵犯了你的利益,你也应该以宽大的胸怀宽容别人。这不但能显示出你的良好修养,而且能使对方真正意识到自己行为的不妥,从而也可能出现对方修正或调整自己的观点。这样,就能够及时化解社会实践中可能出现的矛盾与纠纷,促使社会实践活动正常运转。

二、大学生个人礼仪的基本要求

从表象上来看,个人礼仪是社会公共生活中个体的行为的礼仪准则,是个人仪表、仪容、言谈、举止、待人、接物等方面所涉及礼仪的具体规定。从深层来看,个人礼仪则是个人精神面貌和内在修养的外在体现,其核心是律己敬人,表里如一。个人礼仪是对社会成员个人自身行动的种种规定,而不是对任何社会组织或其他群体行为的限定,倡导个人礼仪,旨在提高个人礼貌素养。大学生个人礼仪是指学生在师生之间、同学之间交往时用以要求自身的有关规范。大学生个人礼仪的宗旨是使学生在交往中努力塑造出一种尽可能完美的个人形象。遵循个人礼仪规范,也少不了自我克制和自我约束。这种克制和约束体现为严格按照一定的个人礼仪标准规范自己的言行举止。学生个人礼仪，无论是仪容仪表，还是言谈举止，都要表现得落落大方，可以用一个字"美"来概括。具体做到：仪容要清新端庄，不要浓妆艳抹；仪表要整齐美观，不要衣冠不整；微笑要亲切自然，不要随意发笑；站姿要挺胸收腹，不要弓腰驼背；坐姿要腰背挺直，不要歪歪扭扭；走姿要稳健大方，不要奔来跑去；手势要优美得体，不要手舞足蹈；言谈要清晰悦耳，不要含糊不清；蹲姿要自然文雅，不要低头弓背；交往要距离适度，不要过分热情。总而言之，大学生个人礼仪必须努力做到内外兼修、饰而无痕、与众不同的高度统一。

（一）内外兼修

内在美，是指人的内心世界的美，是人的思想、品德、情操、性格等内在素质的具体体现，所以内在美也叫心灵美。它包括人生观、人生理想、思想觉悟、道德情操、行为毅力、生活情绪和文化修养等。正确的人生观和人生理想，高尚的品德和情操，丰富的学识和修养，构成一个人的内在美。内在美反映人的本质，也体现社会美的本质。我们常说的内在美都是强调内容，即人的内在品质和性格。所谓"诚于中而形于外"、"充内形外之谓美"，说的就是内在品质对外在感性形象的决定作用。大学生更应该偏向于追求内在美。莎士比亚在《一报还一报》中说："没有德行的美貌，是转瞬即逝的东西。可是在你的美貌中有一颗美好的心灵，所以你的美是永存的。"因为内在美是一个人人格魅力的综合体现，故大学生应该追求自己的心灵之美，力求把自己改造成为一个品德高尚的人，加强知识文化及自身思想道德修养，努力把自己培养成为学识渊博、具有高尚道德情操、拥有强烈人格魅力的人。

但是，在追求内在美的同时，也要注重自身的外在美，外在美也是至关重要的。无数事实表明，外表美所产生的影响力也是很大的。外在美和内在美不是绝对对立的，恰恰相反，它是内在美的外在表现，它和内在美是有机统一的，它们共同构成了人的整体美。在面对别人时，首先要展现的就是外在的形象，这往往能反映出一个人的修养和审美水平。苏联著名教育家马卡连柯在《论共产主义教育》中曾指出："外表在一个人的生活中有很大的意义。很难想象一个肮脏的、马马虎虎的人，他竟能注意自己的言行。"外在美也是人的整体美的一部分，它在人的整体美中具有不可替代的作用。外在形象通常体现在良好的仪容、得体的服饰、优雅的体态以及各种细小的动作方面，它既能给本人以极大的心理满足和心理享受，又能给他人以审美美感，使人赏心悦目。大学生虽然处在花样年华，但适当的修饰与装扮仍是必须具备的素养。得体的装扮也能充分体现出大学生的审美水平和能力，彰显当代大学生的青春与活力。因此，大学生千万不要忽视自己的仪表，应当正确地认识仪表，正确地修饰、完善自己的仪表。只有把心灵美与仪表美结合起来，做到表里和谐统一、内外兼修、相得益彰，才能至善至美。

大学生是有知识有修养的群体，在社会实践活动中可以通过个人礼仪来展示自己的气质、修养和风度，从而促使社会实践活动的顺利进行。大学生既要充实内在精神，又要重视外在表现，努力达到内在美与外表美的统一。大学生需要通过努力学习，不断提高个人的文化艺术素养和思想道德水准，培养出高雅的气质和美好的心灵，使自己秀外慧中、表里如一。这样大学生才能在社会实践中取得主动权，从而有利于实现社会实践活动的目标。

（二）饰而无痕

俗话说:"爱美之心,人皆有之。"尤其是大学生,正值青春,处于个性张扬的时期,更加注重美,而且适当的妆容以及有质感的衣着代表一个人的生活态度,更传达着对别人的礼貌与尊重,给人留下深刻而美好的第一印象,还能给自己的自信增加筹码。恰如其分的装扮,扬长避短,就可以使平庸的形貌变得生动,使外在的仪表之美构成一道亮丽的风景线。但大学生容易受到社会不良风气的影响,他们中的部分人追求时尚,独立独行,审美品格还不健全,对美的审视和理解、鉴赏美的能力也不够。在一些肤浅的大众文化影响下,对美的追求也只是停留在感官阶段,使审美趣味粗俗化,从而迷失了美的方向。过分追求外在美、一味讲究外在美而忽视自然本色,就会显得矫揉造作,从而失去仪表美的魅力。

大学生在社会实践中要注重自然美和装扮美相结合,自然美即来自于人本身之美,不加任何修饰,衣着朴素大方,容颜不饰过多的脂粉,体态端庄即可。装扮美是指在穿衣上讲究色泽、款式、饰品搭配得当,在妆容上自然匀称,化妆以能显出个人气质与个性为宜。装扮美不仅是人们审美观念和角度的外在表现,更是人自身审美价值的体现。作为一名大学生,在修饰自我形象时,必须注意适度而为,符合身份,突出自然美。在仪表的装饰上,无论是装饰程度,还是饰品数量以及装饰技巧都应把握分寸,自然适度,应追求雕而无痕的效果,注重通过装饰美体现自然美,只有自然美才是一个人真正的魅力所在。否则,可能会本末倒置。

（三）与众不同

在当代大学生看来,美是一种个性化风格和主体意识的张扬,即追求"个性美"。在追求个人风格与个性的时候,尤其讲究所谓的与众不同。在追求时尚时,他们强调突出个性,强调自主的选择。无论是在穿衣风格还是在发型设计等方面,都具有十分鲜明的个性差异。他们善于自我包装,个性色彩十分鲜明。正是在这种崇尚个性、自主的自我意识推动下,很多大学生在违背传统审美观念的基础上形成一种以自我感觉为中心的审美个性观。但是在追求个性化的同时首先要了解自己,这就要求对自己有一个正确的认识,从流行中、从时尚中筛选出适合自己的"美",而不是让自己去依附于时尚。对仪表美的追求也要充分考虑自己的个性特点,使仪表与自己的年龄、体形、肤色、个性、气质、性别、身份等相宜,表现出一种和谐,而这种和谐能给人以美感。古希腊阿伽农神庙门前矗立着一块石碑,上面镌刻着这样一行字:认识你自己!这简单的几个字却蕴含着非常深刻的含义。

大学生正值风华正茂的年龄,应该给人一种意气风发、充满激情、积极向上的精神风貌,着力展示其青春风采。《弟子规》中有言:"衣贵洁,不贵华;上循分,下称家。"这里讲的就是一个人穿的衣服贵在整洁大方,而不在于华丽;衣服要符合自己的身份,还要和自己的家庭条件相适合。大学生作为无经济来源的特殊群体,在着装时更要遵循这一教导。大学校园是教授知识的殿堂,同学们在追逐时尚前沿的同时也应注意着装应符合自己的身份。

在社会实践活动中,个人形象对每个大学生来说起到了越来越重要的作用。大学生既要突出与众不同,同时,也要注意个人装扮、个人穿着符合身份要求;注意色彩的搭配,不盲目追随潮流,塑造完美的个性之美。注重个人形象,不仅能增加自信,而且应成为自身文化修养的体现。

第三节　大学生社会实践中社交礼仪存在的问题与对策

文明古老的中华民族以聪颖的才智和不息的奋斗创造了辉煌灿烂的中华文明,创制了高尚的道德准则和完整的礼仪规范。古人云:"不学礼,无以立。"身居礼仪之邦,应为礼仪之民。当代大学生是我国青年中最优秀的群体,是继承和发展中国未来"礼仪之邦"的中坚力量。"明礼诚信,团结友善"是大学生道德教育的重要内容。总体来说,大学生群体在参与社会实践活动的过程中展示出了相对较高的社交礼仪素养,但也存在着"不知礼、不尚礼、不行礼"的现象。因此,为进一步提高大学生社会实践活动的效果,针对大学生社会实践活动中社交礼仪存在的主要问题,提出改善诸种不良现象的对策建议显得尤为迫切。

一、大学生社会实践中社交礼仪存在的问题

(一)社交礼仪知识贫乏——不知礼

相关调查表明,大学生对部分社交礼仪存在严重的知识缺陷,在参与社会实践的过程中缺乏必要的社交礼仪知识和交往技巧,不善于表达自己的情感和思想,不懂得各种场合的社交礼仪,不懂得如何更好地展现自己的个人魅力。具体表现为:有的学生在衣着上盲目追求"新、奇、特",穿着不分时间、场合,即自认为有个性,自我陶醉,完全不管在什么时候、什么场合下如何穿戴,如何装饰自己,往往浓妆艳抹、服装怪异地"包装"自己,[①]从而导致自身的仪容仪表与学生身份极不和谐,更无法在社会实践活动中展现当代大学生良好的个人形象和优雅的个人魅力。有的学生不懂称呼、介绍、握手和拜访等基本的社交礼仪,从而使自己的社交效果大打折扣。以电话礼仪为例,部分学生打电话时经常忘记主动进行规范礼貌的自我介绍,导致一番通话之后对方仍是一头雾水,根本没有搞清来电人员究竟是何许人也;在通话时间的选择上,部分学生往往会忽略甚至不知打电话应该注意避免打扰别人休息这一基本电话礼仪,一些学生中午没有午休习惯,久而久之就忽略了其他人的作息时间,加之晚上大学生宿舍熄灯较晚,一些学生晚自习之后才想起要打电话联系他人。这就导致社会实践中大学生在很多情况下会选择中午或者晚上 10 点以后打电话联系他人,违背了最起码的社交礼仪要求——尊重他人。结果,不但影响了社会实践中交往双方的沟通效果,还给后面社会实践活动的正常开展带来了认识偏见和交流障碍,可谓是得不偿失。

---

① 巨红梅.当代大学生礼仪素质现状及产生根源[J].山东省青年管理干部学院学报,2006(11):44-45.

（二）社交礼仪意识淡薄——不尚礼

礼仪修养代表着一个人的品性和文明修养程度。崇尚礼仪是全体社会成员，特别是当代大学生的精神需求和物质需求；是国家、民族兴旺发达，文明进步的标志；是高校学生具备良好的精神状态、道德水平、文化教养的反映；是优秀社会风尚的有力说明。所以，崇尚礼仪对促进社会主义精神文明建设和物质文明建设，建立和谐社会和对大学生的培养有着不可估量的作用。① 当代大学生理应深刻理解社交礼仪的重要价值和意义，并不断提高自我修养，以适应经济社会发展对自己的要求。然而，独生子女家庭中成长起来的大学生在自身成长过程中享受的是"皇帝"或"公主"般的待遇，父母往往会因过度宠爱自己的孩子而忽略本身应该承担的对孩子进行家庭礼仪教育的责任。家庭礼仪教育的欠缺导致部分大学生时时处处以"自我"为中心，人际交往沟通能力不强，合作意识及服务他人和社会的意识较差，体内缺少必要的"礼仪基因"与"礼仪维生素"，社会交往中只注重自身利益，缺乏社会责任感和公德心。当他们进入大学独自面对社会、处理问题时便会表现得茫然不知所措，出现失礼甚至不道德行为。在实际生活中，一些学生间相互交谈时不注意说话方式，经常爆粗口、说脏话，可谓是"出口成脏"，彼此之间缺乏最基本的人与人之间的尊重和礼貌；一些学生在校内外碰见自己认识的同学或老师经常视而不见，不愿微笑问好打招呼，彼此间形同陌路，根本认识不到礼貌规范的语言和表情在社会交往中的重要作用，更认识不到面带微笑、目视对方、主动问好是自身良好素质和良好心境的重要表现。在大学生社会实践中，一些大学生"不尚礼仪、只尚个性"，认为社交礼仪毫无意义，这些"繁文缛节"只是束缚自己个性与自由的"镣铐"，不屑于运用礼仪规范调节自己的言行举止，社交礼仪意识极其淡薄。以大学生社会实践中的拜访为例，一些学生去实践单位办公室拜访时礼仪表现平平，称呼对方时表现得不尊敬、不主动进行自我介绍、不准时赴约等失礼情况的比例都比较高。实践中，实践单位相关人员对他们的评价也并不太高，认为他们有时表现得非常没有礼貌。又比如有的学生不称呼老师，直接询问或递交材料；有的学生进办公室不进行自我介绍，让老师对他所说的情况摸不着头脑；有的学生预约了老师却自己迟到，最终导致老师对学生接待不热情，形成了老师对学生拜访不满、学生对老师的接待不满的恶性循环。② 结果，大学生不但没能通过社会实践活动为引领全社会崇尚礼仪注入一股强劲的新风，反而给礼仪社会氛围的形成笼罩了一层淡淡的阴霾，可谓是适得其反。

（三）社交礼仪践行能力欠佳——不行礼

礼仪的核心思想是尊重他人、严于律己。礼是对他人的尊重，仪是表达对他人尊重的形式，礼仪合起来就是在正确的时间、用正确的方式适度地表达自己对他人的尊重。礼仪的关键在于积极践行和运用，礼仪的修养在于内外兼修。社交礼仪作为人们社会交往中必须遵

---

① 吴静，莫创才.社交礼仪实用教程[M].北京:清华大学出版社,2011.

② 安俊丽.关于在校大学生基本交往礼仪的调查分析——以淮海工学院学生为例[J].廊坊师范学院学报,2011(8):105-109.

守的律己敬人的行为规范,具有很强的实践性和操作性。知礼尚礼最终的落脚点是守礼和行礼。社会实践本是学生在活动中亲身体验运用礼仪知识、技巧的成就感,强化所学礼仪知识、技能,进而在实践中学会做人、学会处事并不断提高自身礼仪素养的重要途径。然而,大学生在社会实践活动中社交礼仪的践行情况不甚理想,语言文明有所增强、行为文明有所弱化的现象屡见不鲜。多数大学生在社会实践中能从语言方面给人以知书达理的感受,可实际行为上却大打折扣。有的大学生虽然内心有较高的道德要求和礼仪修养诉求,但实际生活中却表现出道德水平较低、礼仪修养欠缺等问题。不难看出,大学生的礼仪意识和礼仪行为在多数情况下是不和谐的,他们的主观愿望、礼仪动机与其行为方式及效果之间是相脱节、相矛盾的。以大学生到偏远山区或少数民族居住区参加社会实践为例,有的学生因为旅途劳累而表现出萎靡不振的样子,问候社会实践单位的接待人员时面带倦容、态度敷衍;有的学生因为没有事先了解清楚当地特殊的生活习惯而无法真正做到入乡随俗,要么断然批评当地的气候、饮食、经济发展等情况,要么盲目指责当地的一些风俗习惯为迷信。结果,影响了社会实践的顺利进行,使社会实践的效果大打折扣。

二、大学生礼仪修养不高的原因分析

加强个人礼仪修养,处处注重礼仪,能使你在社会交往中得心应手;能使你在尊重他人的同时也赢得他人对你的尊重,从而使人与人之间的关系更趋融洽,使人们的生存环境更为宽松,交往气氛更加愉快。但在社会实践活动中,大学生礼仪素养不高的现象仍然存在,认真剖析其产生的根源,我们认为主要有以下几个方面的原因:

(一)独生子女的影响

当代大学生大多为独生子女,其父母辈不少人都有过一段蹉跎岁月,由此他们把全身心的爱倾注在子女身上,望子成龙、望女成凤。在家庭教育方面,由于是独生子女,老一辈人就很有可能对子女过于宠爱,最后变成了溺爱,溺爱对孩子的成长来说是极其不利的。这些孩子在生活中唯我独尊,处处要拥有最好的东西,对老人没有一个正常的关爱孝顺之心,这同礼仪的核心思想——尊老爱幼是矛盾对立的。在教育方式上,家长对孩子缺乏正确的导向,将孩子视为掌上明珠,百般呵护,使孩子的自我意识过于强烈,处处以自我为中心,自私自利,这同礼仪的核心思想——尊重、关爱他人、严于律己是格格不入的,从而使其在思想上过早地出现某种缺陷,形成一种对礼仪的抵制性。在教育内容上,则存在一定的片面性与盲目性,急功近利。家长们主要想的是如何使孩子进重点小学、升重点中学、考入重点大学,放松乃至放弃了在家庭教育中对孩子进行礼仪教育这个重要内容。

(二)学校教育的欠缺

在我国片面追求升学率的大背景下,中小学教育的主要目的是提高学生的应试水平,不断提高学校的升学率。而以全面提高学生的基本素质为根本目的,以尊重学生的主体性和主动精神,注重开发学生的智慧潜能,注重形成学生健全的个性为根本特征的素质教育却十分欠缺。看看我们现在中小学校的学生都在做什么？他们除了上课就是作业,除了作业就是考试,当然还有看书,还有琴棋书画。看上去是丰富多彩,实际上学生是苦不堪言。由于学生课余时间基本都用在学习书本知识上,与他人、社会缺乏必要的、充分的交往与接触,更谈不上进行正常的礼仪教育,所以礼仪修养的缺失自然也就不易引起人们的注意。当他们步入开放的大学生活阶段时,其缺乏礼仪教养的隐患,在某些不良社会风气的诱导下,就可能转化成为现实的失礼行为。

(三)社会环境消极因素的影响

从整体上看,我国高校礼仪素养教育成效显著,当前大学生礼仪素养状况呈积极、健康、向上的态势。但作为高校教育工作者,我们也不得不承认,面对新形势和新情况,大学生礼仪素养教育还存在不少薄弱环节。随着我国社会的转型,在一定时期内出现了文化失范和价值多元化现象,加上市场经济大潮的冲击,社会不良道德风气影响、公民法律意识不强,一些传统的思想观念正受到形形色色"新思潮"、"新事物"的挑战,伦理、道德领域出现了某些紊乱,社会上存在的各种不道德、不文明、有失礼仪的现象,给正处于世界观、人生观和价值观形成时期的大学生带来了消极影响。大学生对传统的社会伦理价值标准的认同度普遍降低,失范行为明显增多,如违纪行为泛化、酗酒打架屡见不鲜等。传统的道德思想和现代生活方式的交叉并存,使大学生群体感到无所适从。更重要的是,大学生还缺乏整合新旧观念的能力和经验,不能有效地运用自我防卫机制,这样必然会导致他们道德困惑、认知失调和心态失衡,使他们在日常生活中容易出现礼仪失范行为。

(四)大学生自身礼仪修养不够

对于大学生而言,良好的人际交往能促进大学生的社会化进程和自我认识的深化,为大学生个性的发展和完善创造条件。更重要的是,它从侧面反映了大学生的个人礼仪修养是否高尚。一个富有礼仪修养的人,不管对什么身份的人,都始终彬彬有礼;乐于赞美别人优点的同时,也善于接受别人的赞美或批评;懂得分担别人的哀愁,也诚意分享别人的喜悦;关心别人、体贴别人,从不对别人生气。自然而然地,他就逐渐成为一个有文化、有礼仪修养的人。不能否认,当前大学生存在自身礼仪修养不足的问题。当今社会是一个高度重视精神文明建设的时代,这对我们每一个现代人的文化修养提出了较高的要求。具体对当代大学生而言,他们对自身形象非常关注,追求时髦得体的着装,但却没有认识到礼仪修养的重要性,因而放松了礼仪修养的自我提高。有些大学生虽然认识到了礼仪的重要性或对礼仪知识有一定的甚至较高的认识,但缺乏在实践中的规范训练和持之以恒的培养,使之成为个人的礼仪习惯,因此,也时常出现失礼的言行,甚至还会出现严重的礼仪失范行为。

三、大学生社会实践中社交礼仪的对策

(一)提供多渠道的社交礼仪学习机会

学校提供多渠道的社交礼仪学习机会对于丰富完善大学生社交礼仪知识和交往技巧显得尤为重要。形式多样的社交礼仪课程教学可以有效改变大学生在社会实践中"不知礼"的不良现象。大学社交礼仪课程教学要紧扣学生学习的实际需求和生活需求,讲授不同方面的礼仪知识和礼仪规范,注重因材施教,对症下药。比如,"着装礼仪"的讲授可以大学生日常生活中的穿衣打扮现象为案例切入点,根据大学生的实际,针对性地讲解"着装礼仪"的基本理论知识与规范要求,并结合案例分析引导大学生认真思考和理解自身的穿衣打扮是否"合礼",进而使大学生认可服饰是传递自己的思想情感、塑造自身良好形象的重要手段和方式,学会在各种社交场合使自己的着装打扮更加得体。再如,"见面礼仪"可以采用师生现场情景模拟这种互动式教学方法进行讲授。教师先根据大学生的学习准备情况针对性地精讲有关"称呼、介绍、致意、名片、交谈"等见面礼仪基本要素的理论知识和规范要求,然后由教师当场亲身示范握手、交换名片等相关动作要领,在此基础上安排班内不同组别的学生自行设计一个具体的见面场景,并由组员们协同配合完成见面礼仪的现场模拟表演,活动结束后再开展小组间点评和教师点评。这样,既能帮助大学生加深对见面礼仪理论知识和礼仪规范要求的理解和掌握,也有助于提高他们在社会实践中分辨是非善恶美丑的能力。

(二)营造全方位的崇尚礼仪的社会氛围

全方位的崇尚礼仪的社会氛围对于个人礼仪修养的提高有着润物无声却又无可取代的滋养作用。学校要从硬件和软件两方面着手为大学生提供礼仪熏陶的平台,主动承担起营造大学校园中浓浓"尚礼"氛围的责任。具体要求是:首先,可以在学校图书馆、教学楼、活动中心和学生公寓等公共场所张贴各种文明礼仪提示标语,时刻提醒全校师生关注自己的言行举止,自觉维护校园环境的优美整洁。其次,可以通过学校官网和微信公众号等网络宣传工具定期推送社交礼仪基本知识和规范要求,并实时报道校园里"明礼诚信"模范师生的先进事迹,充分发挥尚礼榜样人物的正面带动作用,倡导每位师生都真诚向善尚礼。最后,可以通过大学教师的言传身教和率先垂范,发挥其对于提高大学生礼仪修养水平的潜移默化作用。学校要对教师进行必要的礼仪培训,教师要根据社交礼仪的基本要求规范自身的着装仪态和言谈举止,主动强化师生交往过程中文明礼仪行为对大学生精神熏陶和人格感染的作用。

(三)培养知行合一的社交礼仪践行习惯

社交礼仪的显著特点是知易行难,但提高社交礼仪修养的关键在于知行合一的日常践行。社交礼仪本身就是一种既有内在道德要求又有外在表现形式的行为规范,针对大学生社会实践中社交礼仪践行能力欠佳的现象,必须让学生认识到仅仅掌握礼仪常识与规范要求是不够的,更重要的是能自觉准确地运用这些礼仪常识和规范并逐步养成知行合一的社

交礼仪践行习惯,这样才能真正做到"时时习礼、刻刻尚礼、处处用礼"。但习惯不是一般的行为,而是必须经过反复练习才能养成的语言、行为、思维等生活方式。知行合一的社交礼仪践行习惯的最终养成非一日之功,不可一蹴而就。因此,高校要重视大学生知行合一的社交礼仪践行习惯的培养,一方面要不断加强礼仪规范的模拟训练,另一方面还要积极开展各种礼仪践行实践活动。一些具体的礼仪规范需要学生坚持反复模拟训练,而不能光说不练。礼仪规范的模拟训练可以和学生的日常生活情景有机结合,要充分挖掘师生和生生交往过程中的礼仪践行机会。比如,可以通过规范大学生课堂上的仪容仪表来加强仪表礼仪的模拟训练,也可以在学校的新生入学典礼或老生毕业典礼等庄重场合让学生向老师行"拜师礼"或"谢师礼",学生践行礼仪规范的过程也是师生感情不断加深的过程,可谓是一举两得。此外,积极开展"礼仪知识竞赛"、"礼仪明星评选"、"校园礼仪文明班级评选"等各种主题实践教育活动,为大学生提供尝试、学习和交流礼仪知识和技巧的实战机会。这更能激发大学生学礼、尚礼、守礼和行礼的积极性和主动性。

第四节　材料阅读与思考

大学生社会实践中的社交礼仪对于塑造当代大学生"知书达理"的良好社交形象具有极其重要的作用,大学生自觉学习社交礼仪知识与技巧并积极践行社交礼仪规范是大学生社会实践活动过程中必不可少的内容之一。请仔细阅读下面两则材料并认真思考,大学生在社会实践中为什么需要社交礼仪?如何理解社交礼仪的基本原则?大学生在社会实践中怎样做到"学礼、知礼、尚礼、行礼"?

阅读材料 7-1

修养是第一课 ①

有一批应届毕业生22个人,实习时被导师带到北京的国家某部委实验室里参观。全体学生坐在会议室里等待部长的到来,这时有秘书给大家倒水,同学们表情木然地看着她忙活,其中一个还问了句:"有绿茶吗?天太热了。"秘书回答说:"抱歉,刚刚用完了。"林然看着有点别扭,心里嘀咕:"人家给你水还挑三拣四。"轮到他时,他轻声说:"谢谢,大热天的,辛苦了。"秘书抬头看了他一眼,满含着惊奇,虽然这是很普通的客气话,却是她今天唯一听到的一句。门开了,部长走进来和大家打招呼,不知怎么回事,静悄悄的,没有一个人回应。林然左右看了看,犹犹豫豫地鼓了几下掌,同学们这才稀稀落落地跟着拍手,由于不齐,越发显得零乱起来。部长挥了挥手:"欢迎同学们到这里来参观。平时这些事一般都是由办公室负责

① 礼仪案例分析 [EB/OL]. (2011-04-12) [2017-08-17]. http://wenku.baidu.com/view/43a6d4c55fbfc77da269b14f.html.

接待,因为我和你们的导师是老同学,非常要好,所以这次我亲自来给大家讲一些有关情况。我看同学们好像都没有带笔记本,这样吧,王秘书,请你去拿一些我们部里印的纪念手册,送给同学们作纪念。"接下来,更尴尬的事情发生了,大家都坐在那里,很随意地用一只手接过部长双手递过来的手册。部长脸色越来越难看,来到林然面前时,已经快要没有耐心了。就在这时,林然礼貌地站起来,身体微倾,双手握住手册,恭敬地说了一声:"谢谢您!"部长闻听此言,不觉眼前一亮,伸手拍了拍林然的肩膀:"你叫什么名字?"林然照实作答,部长微笑点头,回到自己的座位上。早已汗颜的导师看到此景,才微微松了一口气。两个月后,同学们各奔东西,林然的去向栏里赫然写着国家某部委实验室。有几位颇感不满的同学找到导师:"林然的学习成绩最多算是中等,凭什么推荐他而没有推荐我们?"导师看了看这几张尚属稚嫩的脸,笑道:"是人家点名来要的。其实你们的机会是完全一样的,你们的成绩甚至比林然还要好,但是除了学习之外,你们需要学的东西太多了,修养是第一课。"

阅读材料 7-2

迟来的尊敬①

某货运公司财务刘女士有过这样的经历:

我们公司的场地构造有点特殊,进门的玄关旁边有一个座位,因为我是财务,不用和他们项目组的同事坐在一起,所以玄关旁边的位子就是我的座位。我们公司前几个月新来了一个大学毕业生,每次进门首先看见的是我,她招呼不打一声,头也不点一下不说,还直瞪瞪地看我一眼就走进去了。我怀疑她可能以为我只是一个前台的阿姨,所以如此不屑一顾。后来过了几天,大概她终于搞清楚我并非是什么接接电话、收收快递的阿姨,而是掌管她每个月工资的"财政大臣",猛地就开始殷勤了起来,一进门"刘老师"叫得山响。可是,我心里的感受却不一样了,即使她现在对我再怎么尊敬,毕竟是有原因的,我对她也生不出什么好感来。我就很纳闷,怎么一个堂堂大学生,刚进社会就学会了势利? 如果我真的是前台阿姨,是不是她这辈子都不打算跟我打招呼? 新人刚进职场,礼貌很关键,人际关系一定要妥善处理,不能以貌取人或者想当然,要记得地位低下的员工同样也是前辈或者长辈。哪怕是打扫卫生的阿姨,如果正好清理到自己的纸篓什么的,不忘记说一声"谢谢",就会平添自己很多的亲和力与人缘。刚刚毕业的大学生真的是要好好树立自己在公司的第一印象,这可不是闹着玩的。

---

① 礼仪案例分析[EB/OL]. (2011-04-12)[2017-08-17]. http://wenku.baidu.com/view/43a6d4c55fbfc77da269b14f.html.

复习思考题

1. 在社会实践中大学生良好的社交礼仪有何重要作用?
2. 简述大学生社会实践中社交礼仪的基本原则。
3. 在实践单位某办公室进行访谈时,如作自我介绍时,需要注意一些什么问题?

拓展阅读

1. 敬蓉.人际交往与社交礼仪[M].北京:人民邮电出版社,2012.

本书以传播沟通理论为基础,介绍社交礼仪的源流、特性和功能,社交礼仪的符号与技巧,中国传统礼仪知识。通过语言礼仪、服饰与修饰礼仪、仪容仪态礼仪、行为礼仪、就餐礼仪、大学生礼仪、教师礼仪、服务礼仪及接待礼仪等方面的内容,全面介绍人际交往活动中的礼仪规范和技巧。通过相关案例分析,提高学生的自觉意识,借助大量礼仪实践训练,培养学生的良好行为习惯,有助于他们在社会交往活动中互通信息、交流思想、沟通情感,能够更好地实现人际交往,达成人际沟通,取得事业的成功。

2. 李荣建.社交礼仪[M].3版.北京:清华大学出版社,2013.

礼仪是人类文化的结晶,社会文明的标志。社交礼仪是人们进行社会交往的行为规范与准则,被誉为步入社会的"通行证"、走向成功的"立交桥"。本书是为普通高等院校学生编写的社交礼仪教材,内容丰富,资料翔实,文字优美,案例鲜活,实用性强,是大学生学习礼仪知识、提高文化素质的优秀教材。

3. 沙凤,顾坤华.大学生社交礼仪[M].北京:中国人民大学出版社,2011.

本书基于新时期大学生的社交需要,以实践、实用、实效为原则,以建设"立体化"精品教材为载体,每章节由导引、情境角色等内容构成。本书注重实践、强化技能、图文并茂,帮助大学生"诚于中而形于外",真正做到内在美与外在美的有机统一,成为合格的"职业人"和"社会人"。

4. 卢新华,康娜.社交礼仪[M].2版.北京:北京大学出版社,2012.

本书按照认知规律系统地介绍社交礼仪中仪表礼仪、日常交往礼仪、宴请礼仪、涉外礼仪等基本常识,为学生更好地学习和从事各类专业打下良好的人文基础;同时,本书还突出形体训练的重要性,力图启迪学生智慧、陶冶学生情操、培养学生情趣,使其具有鉴赏、表现形体美的能力。全书共分9章,主要内容包括:社交礼仪概述、仪表美、日常交往礼仪、校园礼仪、宴请礼仪、服务礼仪、专题活动礼仪与会议礼仪、涉外礼仪、部分国家礼仪文化。

5. 金正昆.社交礼仪教程[M].4版.北京:中国人民大学出版社,2013.

本书主要介绍的是人们在其社会交往中,尤其是跨文化交往中应该掌握的礼仪规范。它从个人礼仪、公共礼仪、交往礼仪、通联礼仪、应酬礼仪、聚会礼仪、餐饮礼仪等几方面,具体明确了一名文明而礼貌的现代人应当如何"有所为"与"有所不为"。它不仅有助于读者了解社交礼仪的基本要点与主要环节,而且也有助于其内强个人素质、外塑组织形象。

❈ 本章主要参考文献

[1]金正昆.社交礼仪[M].北京:中国人民大学出版社,2007.

[2]吴静,莫创才.社交礼仪实用教程[M].北京:清华大学出版社,2011.

[3]金正昆.大学生礼仪[M].北京:中国人民大学出版社,2014.

[4]庄严.大学生实践教育模式构建研究[M].哈尔滨:黑龙江大学出版社,2012.

[5]韩剑锋,赵琳.试论大学生礼仪教育的当代价值[J].学校党建与思想教育,2010(4):70-72.

第八章
大学生社会实践中的心理问题与管理

✎ 学习目标

- 了解大学生社会实践中常见的心理问题。
- 掌握大学生社会实践中心理问题的管理策略。

　　大学生社会实践活动是当前教育体制的重要改革举措之一，是学校教育的拓展和延伸，能够有效践行教育与生产劳动相结合的理念。作为学校教育的第二课堂，大学生社会实践活动在提高学生的综合能力、管理情绪、完善人格等方面有重要的现实意义和社会价值。但事物具有两面性，我们在看到大学生社会实践在教育领域中发挥积极作用的同时，更要善于及时觉察大学生社会实践中可能存在的各种不足和局限，尤其要处理可能诱发复杂心理问题的那一面。

第一节　大学生社会实践中的心理问题

　　随着大学生社会实践的深度展开，实践活动的各种现实问题也将逐渐显现出来。社会实践活动本身是否有缺陷，如设计是否科学、方案是否具有操作性、参与人员结构是否合理、项目经费是否到位、对方单位是否合作等，都需要我们加以认真研究。为进一步满足个体精神文明的需要和追求，心理问题已经成为当代社会关注大学生社会实践活动的重要研究内容。

一、大学生社会实践心理问题的含义及特点

(一)大学生社会实践心理问题的含义

要探讨大学生社会实践中的心理问题,必须要从理解压力开始着手。当代第一位研究持续的严重压力对躯体的影响的学者是塞利。[①] 他将压力定义为人们的身体对威胁事件所产生的一种生理反应。[②] 塞利的关注重点在于个体的身体如何适应环境的威胁,后来的研究者逐渐关心对个体产生威胁的生活事件是什么。霍姆斯和拉希认为,压力的产生取决于人们应对外在事件所必须做的转变和适应的程度。[③] 他们的观点是,转变越多,压力就越大。拉扎鲁斯倡导情绪的认知评价理论,他将认知评价的需求分为初级评估和二级评估两个阶段。初级评估是对于需求的严重性的评估:发生了什么? 对我是好是坏,或者与我有无关系? 如果答案是有压力,一个人就要估计自己的资源是否能够应对压力情景,并斟酌行动方案。[④] 无法应付环境要求时产生的负性情绪和消极信念就是压力。大学生参加社会实践通常是一件让人愉悦、振奋的事情,但在真正实践过程中,他们往往不会那么轻松、简单和随意。大学生面对全新环境和多重挑战,疲于完成各种任务,时常遭遇若干突发事件,如工作意外迟到、带领者紧急出差、同伴临时请假、被服务对象无故投诉等,导致一天的实践计划被打乱了,变化越多,压力越大。他们面对很难处理或无法处理的问题时,心理就会受挫,容易唤醒某种负性情绪和消极信念,导致压力的发生,进而成为心理问题。

鉴于此,我们将大学生社会实践心理问题定义如下:大学生个体或群体在参与社会实践活动时体验到有形或无形的压力事件,自认为无法有效应对环境刺激时出现与心理活动和精神状态有关的各种问题,主要表现在认知、情绪、行为等方面出现不同程度的适应障碍(以下一般都简称为心理问题)。要理解心理问题还需要注意把握以下几点:①从实践主体看,这些问题本身必须与高校及其成员有关联。②从实践内容看,这些问题主要表现为大学生在认知、情感和行为上的一系列不良反应和适应障碍。③从实践后果(包含潜在后果)看,这些问题会造成一定的影响和损害,严重时可产生包括对高校师生身心健康、安全及学校声誉的损害。④从实践维度看,心理问题发生的地点既可能在校内,也可能在校外,既可能是隐而未发,也可能是已经发生。⑤从实践理念看,不能将心理问题简单、机械地等同于大学生思想政治问题,需要用专业的心理学及社会学等相关知识予以解释和处理。

---

① ［美］理查德·格里格,菲利普·津巴多.心理学与生活［M］.16 版.王垒,王甦,等译.北京:人民邮电出版社,2005:364.

② ［美］埃略特·阿伦森,提摩太 D.威尔逊,罗宾 M.埃克特.社会心理学:阿伦森眼中的社会性动物［M］.8 版.侯玉波,等译.北京:机械工业出版社,2014:371.

③ ［美］埃略特·阿伦森,提摩太 D.威尔逊,罗宾 M.埃克特.社会心理学:阿伦森眼中的社会性动物［M］.8 版.侯玉波,等译.北京:机械工业出版社,2014:371.

④ ［美］理查德·格里格,菲利普·津巴多.心理学与生活［M］.16 版.王垒,王甦,等译.北京:人民邮电出版社,2005:370.

当前社会依然有不少人简单、机械地认为,产生心理问题是一件不正常的、不健康的事,否认心理问题的存在。这样的观点是错误的。事实上,心理问题是人们对各种社会刺激表现出不同程度的反应,其本身属于常态现象。比如习惯的场景发生改变,又比如学习、工作、生活上遭遇失败等,都会让人情绪起落。当前心理问题的诱发因素更是日趋多样。但是如果出现了心理问题,个体自身因各种原因不寻求积极的解决之道,那可能将把问题复杂化,甚至导致性质复杂的不良后果。大学生社会实践中的心理问题同样如此,需要我们端正态度,科学对待。

(二)心理问题的特点

1.诱发因素具有多元性

大学生社会实践中心理问题的诱发因素很多,这些因素可能表现为任务本身复杂、难度大、不易达成等,造成学生的心理负担。相比较社会成年人群,年轻的大学生往往身心不够成熟,对自我的认知还不够完善,情绪波动大,社会阅历少,导致任务完成过程中出现心理压力的可能性增大。除去各种主观因素,校内管理者的失误、校外不稳定的社会因素等都可能导致实践过程中出现各种心理压力,甚至恐慌。

资料夹 8-1

2011 年 7 月 24 日下午,2011 年浙江省大学生志愿服务"两项计划"暨浙江省大中专学生暑期社会实践活动出征仪式在浙江中医药大学图书馆报告厅隆重举行。浙江省委教育工委副书记、省教育厅副厅长蒋胜祥,团省委副书记王征等主办单位领导出席仪式。参加出征仪式的还有各地市项目办负责人、2011 年"两项计划"志愿者和大中专学生暑期社会实践志愿者代表共 170 余人。

据悉,从 2003 年和 2004 年开始,有关部门先后组织实施了浙江省大学生志愿服务我国西部计划和浙江省欠发达地区计划。2011 年在浙江省委、省政府的亲切关怀下,在各有关部门的密切合作和各地各校的精心组织下,共从全省 34 所高校选拔了 235 名"两项计划"大学生志愿者,其中包括 113 名赴四川的"西部计划"志愿者、22 名赴新疆的"西部计划"志愿者和 100 名"省内欠发达地区计划"志愿者。

资料来源:浙江共青团.2011 年浙江省大学生志愿服务"两项计划"暨浙江省大中专学生暑期社会实践活动出征仪式隆重举行[EB/OL].(2011-09-08)[2017-08-17].http://www.zjgqt.org/Item/11937513.aspx.

以浙江省大学生志愿服务"两项计划"为例,这项社会实践开始于 2003 年。当踌躇满志的大学生听从祖国的召唤远赴西部时,他们可能会考虑到扎根新单位的困难,如言语不通、饮食不习惯、家人不支持等,但最终他们发现自己对困难的估计还是太简单了。在这片陌生的土地上连自己的生命安全都有可能受到威胁,面对如此复杂的社会实践,他们的心理压力陡增。

2. 心理问题具有隐蔽性

这是由社会实践和心理现象的本身性质决定的。大学生社会实践属于学校教育活动，而高校社会实践活动的组织往往没有一个严格的系统。教育管理者对实践活动的直接控制比较少，也没有足够的人力、物力、财力去随时加以监管。管理者和被管理者之间缺乏一定的协调和沟通。因此，很多心理问题的发生具有很强的隐蔽性。当人们觉察到心理问题存在的时候，这些问题往往已经有一段潜伏时期，只是积累到一定程度后才爆发出来。

3. 心理问题具有个体差异性

心理问题由一定的情境引发。不同的大学生其个体反应存在差异，具体可以表现为个体的个性特征、生活经历、家庭教育、对家长的依恋程度、宗教观念等的不同。年轻大学生对具体实践活动的应对，对活动的评估及其干预都有明显的个体差异。如沉思型学生在碰到问题时倾向于深思熟虑，认真审视，权衡方法，选择最佳方案，因而错误较少，心理状况较稳定，能够理性面对周围环境的刺激；冲动型学生则倾向于很快地检验假设，根据问题的部分信息仓促做出决定，反应速度较快，但容易发生错误，容易情绪亢奋，焦虑急躁；抑郁型学生遇到糟糕事就比较敏感、多疑，对事情倾向于不良估计，容易情绪低落，产生抑郁的可能性较大。

4. 心理问题后果具有模糊性和复杂性

大学生社会实践中一旦发生心理问题可能会导致各种复杂的后果。有些情况下产生的心理问题虽然其后果不明显，但还是会对学生造成不同程度的身心伤害。如果不能及时处理，可能留下心理阴影，妨碍大学生人格的完善、能力的发展和综合素质的提高。在管理过程中，我们务必要加强心理问题的防范和有效处理，为大学生的社会实践活动创设良好的环境。

二、大学生社会实践心理问题的类型

如何有效处理大学生社会实践心理问题，首先在于要确认心理问题的类型，这样才可以实现"对症下药"。心理问题类型一般可以从问题源和轻重程度两个维度来分类。

(一)基于问题源角度的心理问题分类

基于大学生社会实践问题源的角度，可以将心理问题分为以下三类：

1. 源自实践任务本身的心理问题

大学生社会实践活动是按照高校人才培养计划，有目的、有计划、有组织地参与社会政治、经济和文化生活。如暑期"三下乡"社会实践、社会服务、社会调查、公益劳动、环保活动、课外科技活动、创新创业活动、勤工助学、军训、专业实习、挂职锻炼等。现实当中，学生在参加教学实习、调研科创、创业实践、团队合作等活动时均可能遇到各种来自任务本身的无法及时、有效解决的实际问题，从而体验到心理压力。如参加"挑战杯"全国大学生课外学术科技作品竞赛时，曾有某院校参赛队员在经验交流中提及"数易其稿"，最后交定稿时，前后已达 37 稿，梅花香自苦寒来，实践活动带来的压力以及压力背后的坚韧，很多人是无法想象的。

2.源自实践者主体的心理问题

大学生在参加社会实践活动的时候,往往会因为个性特征、认知风格、受教育程度、社会经验、需要动机等差异,导致他们对同样的实践问题产生不同的认知和应对。有些个体会将该困扰识别为心理冲突,导致不同程度的心理问题,从而体验到压力。

3.源自实践情境的心理问题

大学生在参加社会实践过程中遇突发意外事件导致的心理问题,如遭遇灾害天气、传染性质的疾病暴发、火灾、恐怖袭击等,学生因此出现的各种负性情绪和行为。例如,2005年8月卡特里娜飓风(Hurricane Katrina)对美国路易斯安那州新奥尔良造成空前的灾难性破坏,当时防洪堤决口,导致城市一片汪洋。随着毁坏升级,该地随后出现无政府状态的混乱局面,严重暴力事件时有发生。一位在该城市参加一项国际性社会实践(给当地青少年学生做足球教练)的来自英国的年轻大学生也被困在容纳了1.5万~2万余名难民的"超级穹顶"体育馆避难所,正如其他人的共同感受,短短数天他经历"人间炼狱"的巨大考验。近50万新奥尔良居民中黑人约占2/3,约28%的黑人生活在贫困线下,超过全美贫困人口的平均比例。作为白人男性,他还要时刻担忧某些痛恨"种族歧视"的暴民对他的无端敌意和暴力相向。除了上述的"天灾",实践情景中还可能存在"人祸",并导致大学生出现心理问题。最为常见的就是社会诈骗,这是来自社会环境的人为破坏因素。涉世不深的年轻大学生往往容易成为诈骗者眼里的"羔羊"。

(二)基于轻重程度的心理问题分类

从大学生社会实践心理问题轻重程度着眼,可以将心理问题分为以下三类:

1.一般心理问题

大学生在有目的的社会实践行为中,往往存在两个或两个以上不同性质的动机、欲望等,因为无法顺利权衡,出现心理冲突,这是一般心理问题。通常表现为双趋冲突、双避冲突或趋避冲突。一般心理问题导致的精神痛苦程度较轻,持续时间不长,他们可以自己设法主动摆脱,依然能坚持正常工作和学习,人际交往只受到轻微妨碍。例如,大学生"爱西行"公益团队是2013年始创于某高校的一支大学生志愿者服务队伍①,很多学生踊跃参加,很愿意前往贵州山区为当地学生提供各种社会服务帮助。但到了山区现场,个别大学生还是会被实践环境的艰苦条件打败,觉得一天也不想待下去,恨不得能马上打道回府,但转念一想自己的突然离开会打乱项目的集体安排,所以不能离开。这种在实践活动中出现的既想离开又想留下的趋避冲突,可能会导致部分大学生出现心理问题。

2.严重心理问题

大学生因参加社会实践导致的严重心理问题,精神痛苦程度中等,持续时间较长。他们往往自己摆脱不了痛苦,需要借助别人的帮助或处境的改变才能摆脱痛苦。他们的社会功

---

① 编者按:"爱西行"公益项目于2013年由某高校学生发起,2014年入围第三届中国公益慈善项目大赛实施类"百强项目",项目名称:贫困山区(贵州)孩子结对帮扶项目。

能受损,学习能力或人际交往效率明显下降,不得不改变工作内容或减轻工作量,或者只能完成部分工作,某些社交场合他们会选择尽量不参加。

3.心理危机

所谓心理危机,是指大学生在社会实践中遇到突发事件或面临重大的挫折、困境的时候,自己不能回避、没有办法运用自己现有的资源和各种其他方式来解决问题时出现的心理反应。严重时可能出现自伤或伤及他人的事件。我们需要通过心理咨询甚至心理治疗等干预手段,协助处于危机中的学生,让他们能再一次把握现状,重新认识危机事件,尽快恢复心理平衡,顺利渡过危机,并学会正确的应付危机的策略与方法。

怎样有效区分一般心理问题、严重心理问题及心理危机? 参考美国心理学家协会精神病诊断手册 DSM-Ⅳ 提出的 3D 准则作为区分的标准。其一,应激反应是否在主观上给大学生带来长期的、持续的精神痛苦(distress),如实践任务失败导致无价值感、孤独感等;其二,个体在学习、生活等各方面的社会角色和社会功能是否都因为应激受到影响,甚至造成破坏,即可以客观呈现的功能障碍(dysfunction),如各种躯体疼痛、寝食难安、无法继续完成实践工作等;其三,个体是否表现出明显的偏离常态(deviance),大学生在社会行为、观念上偏离大多数人,如拒绝社会交往等。如果没有达到 3D 标准,则个体出现的心理问题都属于一般心理问题;如果达到 3D 标准,则个体极大可能出现严重心理问题甚至心理危机,需要及时帮助。

通过对大学生社会实践中的心理问题进行分析,高校团委及相关职能部门等都要加强对心理问题、心理危机的科学认知,提高大学生承受挫折的能力和情绪管理的能力,为应对心理问题做好准备。实践中的心理问题若能实现早期预防、早期发现、早期应对,将有效避免或减少心理问题对高校正常社会实践工作的影响。高校、社会和家庭应积极创设良好的环境,为大学生成长营造健康氛围,努力提高大学生的心理健康水平,优化大学生的心理品质,促进每一位大学生健康成长。

三、大学生社会实践中常见的心理问题

应急研究表明,某件事情一旦发生,人们往往会普遍表现出生理的、心理的和行为的变化。怎样变化,这是识别心理问题和处理心理问题的重要线索。简单来说,当大学生在社会实践中遇到严重压力,他们往往在生理上会表现出不同程度的心跳加快、血压升高、出汗等症状;他们会食欲不振、睡眠不好、嗜睡或做噩梦;他们会退行(行为倒退回到更幼稚的状态)等。在情绪上,他们则会表现为焦虑、抑郁、低落、悲伤、恐惧,或体会到无助感、无力感、挫败感等;在行为上会表现为言语少、困乏、思维障碍、有冲动行为、易激怒、独来独往、不愿意分享等。这些症状往往表明他们处在心理问题的困扰中。

(一)情绪障碍

1.焦虑

焦虑主要表现为持续的忧虑、不安、担心和恐慌,伴随有明显的运动性不安和躯体上的不舒服。每个人都可能体会到焦虑或恐惧。据估计,近 25% 的成年人曾经在某个阶段经历

过不同焦虑障碍的特征性症状。[①] 临床上可以分为急性和慢性两种,即惊恐发作和广泛性焦虑障碍。有这类问题的学生在个性方面大多表现为胆小怕事,犹豫不决,对新环境适应能力差。有些参加志愿者活动的大学生,一想到要正式当众发言、上讲台义教、参加一台演出,就心跳加速,准备时无法集中精神,登台时更是头冒冷汗,甚至大脑一片空白。在社会实践中他们体验到的焦虑已经开始干扰其处理日常生活的能力,影响了生活、实践的乐趣。

2.抑郁

抑郁以情绪异常低落为突出表现。遇到实践中的负性事件之后,如被他人批评、被伙伴误会等,他(她)容易心情压抑、沮丧、忧伤、苦闷,对日常活动兴趣显著减退;感到生活无意义,对活动感觉悲观、失望;常常沉思不愉快的往事,遇事总往坏处想;自觉懒散无力,精神不振、思维迟钝、反应缓慢,对学习、工作缺乏信心;自我评价降低,放大自己的缺点,自卑、自责,对赞扬、鼓励无相应的情绪反应;不愿主动与他人交往,但是被动接触良好。

3.强迫

强迫以反复出现强迫观念和强迫动作为基本特征。这在神经活动类型强而不均衡型的大学生身上易发生。他们往往个性急躁、好胜、自制能力差、胆小怕事、怕犯错误,对自己的能力缺乏信心,遇事十分谨慎,反复思考,事后反复检查,总希望达到尽善尽美。这样的学生在参加社会实践的所有人面前往往显得比较拘谨,容易出现窘态,对自己过分克制,要求严格,生活习惯较为呆板,墨守成规,兴趣和爱好不多,对现实生活中的具体事物注意不够,但对可能发生的事情特别关注,甚至早就为之担忧,主动性往往不足。

4.心理固着

心理固着是指在相当长的时期内被某种想法困扰,不知如何排解,也不知如何处理的心理现象。在社会实践中遇到挫折之后,会反复考虑自己为什么没有做好这件事情,在不同的情境下都会反复考虑同一个消极问题,情绪不能得到较好的释放。

(二)人格障碍

1.怯懦型人格障碍

意志薄弱,情感脆弱。他们在处理具体问题、和人打交道的时候容易出现问题。在真实的社会实践中会有大量的不熟悉、不确定的难题,他们对自己自信不足,缺乏尝试的勇气。这样的个体平常胆小谨慎,没有主见,遇到实践活动中的难题,容易打退堂鼓。

2.偏执型人格障碍

这类学生对他人表现出一贯的不信任,会从无害的环境中找出不愉快的含义。在实践活动中,他们若是获得了一定的成绩就会感觉自己能力超常,目中无人,听到不同的意见就会为自己辩驳,看到别人取得好成绩就会忌恨和攻击,遇到挫折还会自以为是。

---

① [美]理查德·格里格,菲利普·津巴多.心理学与生活[M].16 版.王垒,王甦,等译.北京:人民邮电出版社,2005:426.

3.回避、漠然型人格障碍

通常大学生的社会实践过程都是非常忙碌的，有些学生已经加入到实践团队中，但可能因为误会或者沟通不畅，他们会解读为别人不愿意和自己交流，感觉很受伤，也可能因为自以为在交往中容易被他人取笑、奚落，就开始郁郁寡欢，拒人于千里之外，离群索居。

4.表演型人格障碍

这类学生总希望自己永远是社会实践活动中的注意焦点。他们甚至会做一些不合时宜的行为来争取成为注意的中心，容易感情用事，对很小的事件也会做出过分情绪化的反应。例如，王荣（化名）是一名大一女生，成绩在班级里属于良好。家境较好，作为独生女，被父母视如掌上明珠，她在家也是爱使性子。平时，父母寄给她的钱绝大部分用于购买时装、化妆品或者零食，她比较懂得怎么把自己打扮得更漂亮。她尤其喜欢使自己成为人群的焦点，在正式场合也经常说一些容易引起听众哄堂大笑的话题。在参加志愿者服务期间，她在完成任务的同时总爱在老师、队友面前表现自己，会做出一些与众不同的事来，以吸引别人的注意。和一般同学相比，她做事情显得有些夸张，每次说话眉飞色舞，遇到不顺心时情绪波动大，很容易发脾气。当她见到同学穿了新买的衣服，会忍不住挑剔这衣服的诸多毛病，如色彩搭配不合理、穿在身上会显胖等。当同学在社会实践中表现好受到他人赞扬的时候，她会忍不住说别人其实做得并不好，背后有很多漏洞。她的这些言行导致人际关系趋于紧张。

5.反社会型人格障碍

他们的行为模式缺乏持久的责任心。他们在参加社会实践活动的时候，往往会不遵守规则，违反社会规范，藐视他人的权利，且不会觉得羞耻或者后悔，具体表现为扰乱社会公共秩序、参加打架斗殴等。

(三)行为障碍

人的行为大部分是受意志控制的自主行为，也存在小部分不自主行为。各种行为基本上是有利于适应环境的。行为有各种分类方式，所以当前也还没有一个最为理想化的分类方式。本节所描述的行为障碍主要针对大学生社会实践活动，其内容主要包含适应不良和不当行为，不能简单等同于《中国精神障碍分类与诊断标准第三版（CCMD-3）》中关于行为障碍的阐述。

1.适应不良

由于周围环境发生很大程度的改变，参加社会实践的大学生个体在心理、行为特征等方面无法适应，出现一定程度的异常。他们可能迷茫、苦闷、困惑、烦躁，也可能会伴随一定的躯体反应，如失眠等。他们在融入新环境时情绪不稳定、有较多的冲动行为、没有耐心、注意力不集中、人际关系紧张等，严重的时候还可能引发更复杂的心理障碍，偏离了自己的常规。

2.不当行为

不当行为是指可观察到的个体活动异常。在社会实践活动中，有些大学生认为自己受到了来自他人的轻视、指责和伤害，由于自我还不够完善，因而不能全面地看待问题，不能做出客观分析，容易采取回避、漠视的举动，对他人冷眼相向。他们身上会出现敌对态度，不愿与他人融洽合作,会有攻击和非难他人的对抗举动,严重时会直接转化为不当行为,如责备、谩骂、打架等,更有甚者还可能出现更严重的对抗举动。

四、心理问题的原因分析

社会实践遭遇到负性事件不等于个体一定有压力,所以主观因素和客观因素都会对人造成影响。假如一早出门做调研项目,连续三个访谈都吃了闭门羹、受了冷遇,你会有什么反应? 有的人很在意,觉得黑暗的一天就要开始了;有的人觉得这不是很正常的事情吗,就那样吧,然后继续寻找下一个访谈对象。显然,他们对事件的心理体验是截然不同的。究竟什么原因让学生在经历某一种情境时会出现压力体验呢? 以下从内在因素和外在因素上进行分析。

(一)与个体相关的内在因素

1.人格特征

心理学家从很多角度对人格进行了定义,美国学者格里格、津巴多等将人格定义为:一系列复杂的具有跨时间、跨情景特点的,对个体特征性行为模式(内隐的或外显的)有影响的独特的心理品质。[①] 换言之,人格是指个体在遗传素质的基础上,通过与后天环境的相互作用而形成的相对稳定的和独特的心理行为模式。近些年来,多数人认为五因素模型[five-factor model,FFM,这五个维度因素分别是神经质(Neuroticism,也被表述为情绪稳定性)、外倾性(Extraversion)、经验开放性(Openness)、宜人性(Agreeableness)和尽责性(Conscientioiusness)]可以最好地描述人格结构。五因素模型也被称为大五人格(OCEAN),还被形象地表达为"人格的海洋"。五因素模型的人格理论在很大程度上是描述性的,主要阐述了人和人之间相互区别的五个重要维度。例如,情绪稳定性得分低的大学生个体往往在社会实践中表现出自我调适不够到位,极端行为相对较多;情绪稳定性得分高的大学生个体通常比较可靠,注重合作,富有同情心,在实践活动中受人欢迎。

2.控制感

从程度上来看,可以将控制感表述为高知觉控制感和低知觉控制感。高知觉控制感是相信自己可以用各种方式来影响周围环境,结果好或坏取决于自己采取的方式。维持控制感可以促进心理健康。不过有研究表示,在东方文化下,社会目标大于个人目标,控制感对心理健康的影响并不是最核心的因素。通常当大学生个体在社会实践活动中认为自己没有办法有效地影响周围环境的时候,压力陡升。例如,他面对的对象,给他(她)本人制造了困扰;义教的孩子不听话;见习的主管不满意,自己又无法及时处理相关事物,顺利完成任务等,都可能引发各种心理问题。

---

① [美]理查德·格里格,菲利普·津巴多.心理学与生活[M].16 版.王垒,王甦,等译.北京:人民邮电出版社,2010:386.

3.自我效能感和习得性无助

自我效能感是个体对自己是否有能力完成某一行为所进行的推测和判断。心理学家班杜拉指出:自我效能感是人们对自己是否能利用所拥有的技能去完成某项工作行为的自信程度。当学生在获得一定的知识、技能之后,相信自己有能力去完成任务,就能认真达成任务。习得性无助是个体通过某种学习,在情感、认知和行为上表现出消极的特殊心理状态,是反复的失败或惩罚造成的一种对现实无望、无可奈何的行为和心理。低自我效能感的个体在社会实践过程中一旦进展不顺利,则比较容易造成压力。经常在实践中遭遇挫败体验的学生也容易在社会实践任务中放弃努力,甚至对自己产生怀疑,形成压力。能客观、理性地为自己的成功和失败找到正确归因的学生个体在社会实践活动中则表现得更加意志坚定,能克服困难获得成就。

(二)与任务相关的内在因素

1.对任务难度考虑不足

很多大学生凭借自己的热情参与社会实践活动,但没有科学的方法和相应的技能,一旦遇到任务难度复杂的时候,他们会茫然无措,影响工作的积极性和持久性,进而影响工作的进度和效率。当大学生发现实践活动困难重重时,他们的压力就会增大,有的人甚至会打退堂鼓。以大学生科技创新为例,它是学生利用课余时间进行自己感兴趣的科学研究、参与教师科研项目、参加各类大学生竞赛等活动的总称。大学生科技创新作为高校社会实践活动的重要组成部分,结合学生专业特色,有利于弥补学校教育教学的不足,促进青年学生在理论和实践相结合的过程中增长才干、学习经验,培养学生的责任意识和管理意识,从而促进身心健康发展。学生可以选择参加省级、国家级的"挑战杯"竞赛,电子设计大赛,数学建模大赛,英语竞赛等项目。但大学生科技创新对学生的知识和能力要求较高,在相关竞赛活动中要取得较好的成绩不是一蹴而就的事情,少数同学本来就有投机取巧的心思,对任务自身的困难程度估计不足,做事不够仔细认真,总想轻轻松松就做出个作品来。但在实践过程中,许多学生很难完成科技创新的相关任务,被任务难住并导致心理压力增加。

2.对任务进展缺乏计划性

大学生中的很大一部分人还没有树立正确的社会实践观。此外,他们也没有接受过系统的实践教育和指导,在社会实践过程中没有采取科学的方法。他们不熟悉实践活动的原则和方法,对实践工作步骤没有概念,所以没有确定明细的目标,没有调研提纲。工作安排没有计划性,结果在社会实践过程中可能造成人力、物力和财力的浪费。以创业实践类为例,该实践活动是以培养大学生创业能力为目标,以学校、企业或其他社会组织为平台所展开的一系列实践活动,是大学生以创业者的身份进行创业实践的过程。大学生创业实践是高校创业教育的重要环节,符合当前的社会需要,是大学生增强创业知识、培养创业能力的主要途径。2015 年 6 月 16 日,国务院在《关于大力推进大众创业万众创新若干政策措施的意见》中重点强调,社会需要大力支持大众创业、万众创新,要把高校毕业生就业放在就业工作的突出位置,发挥市场作用、着力改革创新,优化就业创业环境,力争使高校毕业生就业、创业比例双提高。在这样的社会大背景下,多数大学生会敏锐地觉察到社会需要对他们带来的压力,但他们对自身能力的整体理解和把控能力还是很差,往往不具有综合统筹的眼光,考虑问题容易虎头蛇尾,不具有前瞻性,结果创业实践很可能半途而废。他们有热情发起一个项目,更有很大可能把创业计划做成"烂尾项目",进而导致自身心理压力增加。此时,如果身边还有其他创业实践团队获得了成功,他们的心理压力则有可能转化为心理问题。

3.任务中的疲劳和挫败感

心理疲劳主要表现为一直处于紧张的压力事件中,会心绪不宁。有研究指出,连续三天以上的全天性调查,容易疲劳、倦怠和挫败。以社会调查类为例,社会调查的关键在于深入社会基层开展观察、访谈及问卷调查等活动。大学生可以通过社会调查,培养自己观察现实生活、收集资料的能力,增强社会责任感。考虑到大学生的作息、学习、经费等实际问题,外出的调研实践一般时间较短(如3~4天或1~2周等),这时需要在短期内适应并快速完成多项调研任务。有些学生会手忙脚乱,由于现场的情况比自己想象的复杂数倍,应对不了较复杂的调研任务,结果出现焦虑、抑郁、悲伤、恐惧、无助感等不同程度的心理问题。

(三)外在因素

1.环境适应

在大学生社会实践活动的开始阶段,学生往往都是很兴奋的。但随着新鲜感过去,对陌生环境的适应成为一个问题。社会实践需要学生直接的观察、访问,现场收集材料,进而对调查材料进行思考、分析。这个实践现场可能和他们的成长环境差距的较大,生活条件比较恶劣,比如边远贫瘠的小山村、小渔村等。在这些地方,大学生可能需要就近借住在当地老乡家里,或住宿在破旧的学校教室里。这需要学生克服一连串的生活困难:很多时候没有网络,没有超市,没有娱乐活动,晚上还可能会断电,会被蚊子咬醒,甚至被耗子吓到。这些因素都会促使学生的心理压力增加。

资料夹 8-2

2011年,原计划到舟山读研究生的汪洋主动申请休学一年,投身"大学生志愿服务西部计划"。在贵州省江口县服务期间,汪洋和志愿者伙伴们被山区一名连19元书费都交不起而辍学的孩子和破败昏暗的教室打动,次年创建了爱西行公益协会,筹建了"爱西行公益网",为贫困山区的孩子募集图书、教学器材和帮扶款等。四年来,该协会已累计促成帮扶对象600多对,为贫困山区孩子提供90万多元帮扶款,引入社会资金270万多元,25200多名贫困儿童从中受益。目前,协会跟踪的帮扶对象有400多人。2013年起,连续六个学期,协会组织社会爱心人士赴贫困山区长期支教;2013年、2014年,组织一支20多人支教队伍,到贵州山区开展为期半个月的教学活动。2014年起,开展了爱西行公益"互助成长营"活动,把舟山的城市孩子带到贵州山区,与贫困山区孩子同吃、同住、同劳动、同学习,并完成各种

"特殊任务";再把贫困山区儿童带出大山,与城市孩子一起冲浪玩沙、逛街看书,体验城市生活。大家最大的感悟是:山区的物质匮乏让我们想掉眼泪,大家发自内心想通过实践活动给山区的孩子们带去爱。

资料来源:金春玲.汪洋:愿"爱西行公益"温暖更多舟山孩子[EB/OL]. (2016-04-05)[2017-08-17]. http://www.zhoushan.cn/newscenter/zsxw/201604/t20160405_774017.shtml.

2.人际交往

大学生和带队老师、同行伙伴的交往与沟通不畅通,这是社会实践活动中较常见的现象。当代大学生还是倾向于从自身角度出发考虑问题。在社会实践活动中,很多指导老师分享过不少实践团队内部的不和谐现象。例如,曾有一项浙江省某市社科联调研项目,该项目主要调研经济较发达乡镇居民的生活质量。该实践团队招募到来自某高校多个学院的学生组成了一个全校性的团队,他们的共同身份是归属于校内同一个学生组织,彼此相识。出于多种原因,少数成员对团队队长抱怨不断,总认为她的工作能力低,不足以服众,不断提出各种异议,时不时在团队合作中制造麻烦,甚至在背后对选拔了该队长的带队教师表示不信任,出现不和谐的非正式小群体。短短10天,团队队长数次陷入一筹莫展的境地,感到非常无助和难过,影响了调研活动的正常进行。

另外,在实践活动中,也存在大学生和当地人员的人际交往和沟通不畅通的现象。这方面主要表现在调研过程中是否能够得到对方的通力合作。在一项外来新居民的心理健康调查项目中,学生访问的务工人员总是行色匆匆,忙着上班或忙着回家,很多人不愿意合作。而对当地人的调研中,因为身处在边远、客观条件较差的居住地,留住在当地的大多是年长或受教育程度低的人,很少能顺利说好普通话,大学生来自五湖四海,双方言语不通,交流不畅,这极大影响了社会实践的质量。

3.文化差异和宗教信仰

文化通常指一个社会具有的独特的信仰、习惯、制度、性格、思维方式等的总模式,体现在该社会的整个生活方式里。这里的文化差异因素主要是强调因为地域不同导致特有文化出现异同而产生的差异。宗教信仰是指信奉某种特定宗教的人群对其信仰的神圣对象(包括特定的教理教义等),由崇拜认同而产生的坚定不移的信念及全身心的皈依。参与社会实践工作的同学来自全国各地,各自的文化背景、宗教信仰、风俗习惯有很大的不同,某些冲突会让他们产生压力,结果影响社会实践活动的正常进行。例如,2010年浙江某高校曾组织一次佛教文化与旅游主题的社会实践活动,调研地为四大佛教圣地之一的普陀山。当别的同学已经进入寺庙开始访谈各地游客时,一位大二同学在寺庙门口逡巡很久,面露焦虑之色。带队教师问:"你是不是坐船不习惯,所以不舒服了?"她摇摇头说没有。然后她问:"我能否就在门口访谈游客?"带队教师有些疑惑:"你很可能会影响到他们进去游玩的心情,他们会觉得麻烦然后选择拒绝的。你为什么不想进去呢?"她犹豫再三,说:"我是信基督教的。参加初期已经认真思考好久,想得脑袋都快破了。觉得自己应该不会有什么困难,但发现真的要跨进庙宇,内心非常有冲突,很惶恐会不会和自己的信仰有冲突,会不会带来严重的后果。"她最后选择不进寺庙,只在其他的非庙宇景区完成调研任务。

4.调研任务的难易程度

有些社会实践活动的调研任务过于复杂,超过学生的现有能力范围,学生的畏难情绪就会有所上升。前期准备不够充分,相关培训不足,也会使学生产生压力。有些社会调研类活动没有考虑学生的采访技巧和社会礼仪,比如在科技创新类实践活动中,由于专业基础不扎实、创造性不强等,学生可能会产生负面情绪。社会实践经费投入不足,从而影响活动的开展,学生感受到压力增加,逐步失去实践的快乐感和积极性。工作量安排不合理,因为主客观条件的限制,或者是需要尽快完成任务,密集作业,急于求成,往往导致学生产生挫败感。社会支持力度不足,相关政府部门或社会组织、普通民众没有能给予足够的理解和支持力量,成员们的工作热情被打击,导致各种社会压力的产生。

第二节　大学生社会实践中心理问题的管理策略

大学生社会实践活动的管理,目的在于从心理学的角度帮助大学生更好地应对心理问题,保质保量地完成各项社会实践活动任务。

一、心理问题管理的目的

大学生社会实践活动中的心理问题的管理本质上是为了帮助师生共同调适心理问题,消弭或减少心理问题产生的不良后果。

(一)培养学生心理健康的意识

在大学生社会实践中,心理问题管理的首要目标是唤醒和培养学生心理健康的意识,维护大学生的身心健康,保护隐私的安全,创造积极的自我。当他们处在负性情绪中时,首先要有自知和关心自我心理健康的理念,这样才可能理性地去看待现实难题。同时,有部分大学生心理健康意识不强,自我评价低,认为自己的能力还不足以解决当前的问题,易出现不同程度的不良行为或者行为混乱,可能对自己或对他人造成一定的伤害,影响社会实践活动的顺利开展。此时培养学生心理健康的意识能够预防学生产生心理问题。

(二)加强专业心理知识和技巧的指导

心理问题有个体差异和一定的隐蔽性,学生可能没有意识到,也可能意识到却不愿意面对。借助专业的心理知识和技巧,可以帮助学生觉察问题,调整失调的心理,减少不合理行为,修复良好的人际关系,帮助他们通过沟通获得更多的社会支持,恢复正常的社会功能,力争取得更好的社会实践成果。如果有必要,应建议他们寻找更多的心理咨询辅导,将心理隐患消弭在萌芽状态。

二、心理问题管理的策略

(一)大学生的自我管理策略

1.塑造积极的自我

人格是后天形成的,受到成长环境、教育程度、价值观等的影响。人格表现为个体适应环境时的能力、情绪、动机、兴趣、态度、价值观、气质、性格和体质等方面的整合,是具有动力一致性和连续性的自我。参照五因素模型(常被称为大五人格)等成熟人格理论,来塑造积极的自我,在创业等社会实践活动过程中,大学生才能够较为正确地处理所面临的心理困境。

资料夹 8-3

　　大学生创业难有诸多因素。其中从大学生自身来看,他们缺乏创业者应有的基本综合素质,主要表现为风险意识薄、抗压能力弱。创业作为一种积极、主动的行为,创业者的心理品质对其创业行为具有指引和调节作用,是决定创业能否成功的关键所在。很多大学生在创业前没有仔细分析过自己的性格特征和心理特质,如抗压、抗风险能力等,他们并不知道自己是否适合创业。

　　创业是一项富有挑战和风险的活动,大学生往往对创业的艰难性和复杂性、市场的残酷性没有足够的认识,没有做好积极的防范措施,这些都会大大降低创业成功的概率。当代大学生大多是出生于20世纪90年代的独生子女,一直在比较宽松闲适的环境中生活、成长,缺乏艰苦生活的磨炼,独立性和自立意识普遍较差,对父母的依赖程度高,心理承受能力弱。很多人认为影响自己择业最大的人是父母或者其他亲朋好友,过度依赖家人的心理在一定程度上影响了大学生独立自主创业的步伐。

　　资料来源:佚名.大学生创业失败原因分析及其对策[EB/OL].(2014-07-20)[2017-08-17].https://www.douban.com/note/376225403/.

2.端正社会实践的态度

　　年轻大学生需要端正社会实践活动的态度,尤其是端正科学研究的态度。按照高校人才培养目标的要求,大学生社会实践活动是一种有计划、有组织地参与社会政治、经济、文化生活的重要教育活动。大学生通过实践过程来了解国情,认识社会,锻炼自己的才干。这既全面贯彻了党的教育方针,也是中国特色社会主义高等教育的本质要求。社会实践是促进教育与科技、经济结合的重要形式,也是推进大学生素质教育的重大措施。因此,在社会实践活动过程中,大学生要清晰地意识到调研不是形式主义、不是走过场,而是一项真正的科学研究活动。大学生要在教师的引导下端正社会实践的态度,培养高度的责任感和使命感,正视社会实践活动中的各种困难,不要轻易被困难打倒,要有克服困难、迎难而上的毅力和信心。

3.提升社会实践的技能

"工欲善其事,必先利其器。"大学生掌握社会实践活动的技能与技术,接受相关知识的辅导和培训,是顺利完成社会实践活动各项任务的前提条件。例如,掌握进行社会实践的科学方法,以调查的程序为例,就需要前期做好相关知识的准备、确定调查目标、编写调查提纲、采用个别访问或实地调查等方式方法收集资料、撰写调查报告等。这都有助于提高社会实践活动的实效性。当大学生能熟练地使用各种社会实践的技能与方法,不管是教学实习、社会调查还是创业创新,他们对任务的自我效能感就会大大提升。这可以减少社会实践活动过程中所产生的心理压力。

4.提高心理调适的能力

20 世纪 50 年代,美国著名心理学家阿尔伯特·艾利斯创立合理情绪疗法,他认为引起人们情绪困扰的并不是外界发生的事件,而是人们对事件的态度、看法、评价等认知内容。合理情绪疗法的理论和技术在社会实践活动中同样行之有效。其理念是通过改变认知,进而改变情绪,促使心理问题的解决。大学生可以通过学习合理情绪疗法来提高自身的心理调适能力。例如,大学生参加社会实践获得的最终成绩,往往和自己的期待有较大的不同,他们可能在调研的时候遭遇拒绝,可能推出的创业项目被否定,可能参加的教学实习只拿到了比平均分更低的分数。这些都将导致其出现不良情绪,进而引发心理问题,影响社会实践活动的进行。艾利斯的合理情绪疗法的主要目标就是减少求助者的各种不良情绪体验,使求助者在接受心理咨询后能减少负性情绪(如焦虑、抑郁、自责、敌意等),能认同一个现实的、理性的,更为宽容的态度。

任何人都会有非理性的观念和理想的观念。前者在有严重情绪障碍的人身上尤为明显。大学生通过学习合理情绪疗法来初步分析社会实践中的诱发性事件和自己的情绪困扰、行为不适,对不合理信念做出调适或矫正。不合理信念的主要特征是绝对化要求、以偏概全(过分的概括化)和糟糕至极。通过分析,学生领悟到改变情绪并不是致力于改变社会实践中的某些具体事情,而是改变认知。只有改变了不合理信念,才可以减轻或消除目前的各种心理困境。

5.学习放松心理的技巧

当压力事件出现时,每个人都会体验到紧张不断积累,压力逐渐增强。放松训练是指身体和精神由紧张状态转换到松弛状态的训练过程。放松主要是指能够消除肌肉的紧张,进而达到放松心理的目的。大学生如果在社会实践中预期自己可能会出现心理问题,或者已经为心理问题所困,可以主动采用放松训练来解除紧张。一般来说,个体的肌肉松弛后,整个机体活动水平将降低,进而达到心理放松的状态,从而保持机体的内外环境平衡,最终达到消除心理困境的目的。当前常见的放松途径包括冥想、肌肉放松、呼吸放松、想象放松等。

(二)高校的支持策略

1.正面宣传

高校应多方位、多角度对社会实践开展积极引导和正面宣传工作,突出社会实践的重要意义。学校可以设置专门的课程,组织教学,引导学生关心国计民生,关心与国情民意密切相关的政治、经济、文化、生产等各种问题。该课程一旦设立,需要重视以下几方面的教学:一是培养学生的兴趣;二是教会学生社会调研的技巧,提高调研的技能;三是培养学生思考、探索的意识和能力,具体表现为他们愿意参与社会实践活动,并且愿意为之付出努力,克服困难。

2.激励制度

大学课堂可引入社会实践课程,保证学分和课时,并有一定的相关经费和激励政策。组织全校师生开展校内外的各种社会实践活动,并鼓励校际合作。当学生看到学校的支持态度和积极的氛围时,就会产生参与社会实践活动的内在动机,从而能够促进社会实践活动的顺利进行。

资料夹 8-4

眼下正是暑假,对大学生们而言,也是他们参加社会实践活动的绝佳时间。然而,大学生们的社会实践活动,用何种方式进行,又取得了怎样的效果呢?在社会实践活动中,学校担当起何种角色,对学生进行了哪些方面的意识启迪和能力提升呢?

对于这些问题,8月3日的《现代金报》给了我们一个并非正面的回答。据报道,某高校采用现金奖励的模式,鼓励学生开展社会实践活动——登上《人民日报》200字4000元,《现代金报》300字3000元,……这是该校为提高学生社会实践宣传力度而特别设置的奖励。据了解,这样的"奖励"在高校并非个案。

用现金奖励模式,鼓励学生开展社会实践活动,显然背离了大学生参与社会实践的初衷,是舍本逐末之举。诚如报道中该高校社会学某教授认为的那样:打着现金奖励的旗号,这种性质已经出现偏差,学校这种考核方式值得商榷。而且,这样的激励制度很容易导致原本纯粹的社会实践活动变得不踏实,反而把实践的意义改变了。

在这样的模式下,旨在鼓励全体大学生积极了解和认识社会的"社会实践活动",很可能沦为院校老师带队或者组织策划、个别学生参与的"小众活动"。而且,这些参与社会实践的大学生,他们在一开始就意识到自己进行的社会实践,目的不是为了提升能力、强化社会服务意识,那么他们参与社会实践的重心,自然也就偏离了。

检视近年来高校组织的社会实践活动可以发现,用奖励模式鼓励学生开展社会实践活动的情况,早已存在。只不过,鼓励模式没有该高校的现金重奖这样直接和显眼。分析之下不难发现,大学生社会实践活动,多采用社会服务或者是半社会服务方式进行。基于这样的事实考虑,笔者认为,大学生社会实践活动,可以成为培养大学生们社会服务意识的绝佳时机——通过合适的形式设计,如学校将社会实践活动计算成学分,列入毕业学分总数考核等,具体在形式上,可以鼓励大学生通过做志愿者、做义工等方式,积极参与到各种社会服务中去。与此同时,通过参加社会服务的方式进行社会实践活动,亦可建立常态化机制。

资料来源:李唐.重奖社会实践不如培养服务意识[EB/OL].(2008-08-04)[2017-08-17].http://news.sina.com.cn/c/2008-08-04/051014261600s.shtml.

3. 主动关注

在社会实践活动过程中,对指导教师予以心理学知识的培训,让他们主动关注学生的心理健康问题,可以大大提高社会实践活动中大学生的心理健康水平。特别是在社会实践中存在如下学生时,例如,因在生活、学习中遭遇突然打击而出现过心理或行为异常的学生;因近期家庭发生重大变故(亲人死亡、父母离异、父母下岗、家庭暴力等)而出现心理和行为异常的学生;有过个人感情受挫后出现心理或行为异常的学生;人际关系失调后出现心理或行为异常的学生;当众受辱、受惊吓、与同学发生严重人际冲突而被排斥、受歧视的学生;与老师发生严重人际冲突的学生;等等。面对这些学生,教师尤其要做到积极关注,认真做好预防、干预的工作,消除其可能发生的心理问题。

(三)社会的支持策略

社会需要努力形成对大学生社会实践活动普遍重视的大环境。当前社会在这方面的意识不强,相应的工作也比较缺失,不成体系。毫无疑问,这方面是社会要高度重视的。

1. 专家指导

社会实践活动融入了高校教育者对学生的培育、指导,同样也凝结了专家学者对社会现状的反思和探索。可以说,一场真正有实效的社会实践活动,一份沉甸甸的社会调研报告,并不是花架子。"读万卷书,行万里路",大学生用敏锐的眼光、独到的思想、扎实的脚步,以独特的切入点记录了他们的实践思考。如果他们能在经验丰富的教育专家、行业专家、行政管理者的指点之下开展活动,他们看待社会和世界本质的深度将会大大提高。

2. 社会环境

社会实践并不是高校师生一厢情愿的事情。社会大众、相关机构对高校大学生的社会实践活动有所需求,并能给予综合的支持,通过大学生社会调研,可以使社会大众及相关机构了解社会现状,能为社会工作的决策和管理等提供参考。社会大众、相关机构为大学生的社会社会实践活动提供良好的环境,能够减少心理问题发生的可能,从而提高大学生社会调研活动的质量,实现双赢。如果可能,实践成果还能得到社会相关部门的认同与赞誉,这更是积极环境的表现。据不完全统计,不少勇于创新创业的成功者,年轻时往往有一段意义非凡的社会实践活动经历。

第三节　材料阅读与思考

社会实践是一个考察人的综合素质特别是心理素质的过程。随着社会和时代的发展,加之大学生正处于心理发展的特殊时期,在社会实践中也会出现各种心理障碍,包括情绪、认知以及意志行为方面的障碍等。这种现象已经引起学校和社会各界的广泛关注,切实加强大学生社会实践中的心理健康教育工作,已成为不容忽视的热点问题。请阅读下面两篇短文,思考以下问题:大学生如何解决社会实践中的心理问题?大学生社会实践中心理问题的调适策略有哪些?在社会实践中,大学生怎样面对挫折?只有做好身心双重准备的实践行动而不是盲目跟风,才能让社会实践变得有意义,才能在社会实践中实现身心健康发展。

■ 阅读材料 8-1

大学生心理问题的调适[①]

总体来看,大学生的心理状态是比较健康的。他们有较高的智力水平,求知欲强,学习效率高,有较稳定的情绪反应,自信乐观,对生活充满信心,有较强的意志力,积极进取,人格较为完整统一,有较好的人际关系,认知能力强,社会适应性良好,但是,我们也发现有相当一部分大学生在新的就业形势下表现出的心理健康状况不容乐观。

一、存在的主要问题

（一）焦虑

焦虑是大学生最常见、最普遍的一种情绪反应,其表现形式有恐惧、不安、忧心忡忡及某些心理反应。适度的焦虑,可产生积极作用。但过度的焦虑,则严重影响大学生的正常学习、生活和择业活动,增加了大学生的精神负担,使他们烦躁紧张、心神不宁、萎靡不振,学习上得过且过、穷于应付、反应迟钝,生活中意志消沉、长吁短叹、食不甘味、卧不安席。有的学生屡受挫折后,甚至产生恐惧感。如某校一位女学生由于临近毕业且自感状况不佳、以为前程无着落而曾有轻生念头。过度的、长时间的焦虑甚至可能导致大学生心理障碍或身心疾病。

（二）自卑

自卑也是一种常见的心理现象,表现为对自己的能力估价过低,看不起自己,是一种消极有害的心理状态。有的大学生成绩平平,自觉身上缺少光环,择业和面试时不敢大胆推荐自己;有的大学生认为自己身材偏矮,貌不惊人,"丑媳妇怕见公婆",怕用人单位以貌取人,缺少勇气,不敢竞争,甚至回避竞争。自卑是缺乏自信心的表现,常和依赖、怯懦交织在一起,使部分大学生悲观失望、忧郁孤僻、不思进取,而且不利于其聪明才智的正常发挥。过度自卑会让毕业生精神不振、失败孤寂、心灵扭曲,甚至产生强迫性行为障碍问题。

（三）怯懦

大学生在未经受社会实践的考验和各种生活波折时,往往只想成功,害怕失败和挫折,胆小怕事,在实习面试或择业面试时面红耳赤、手足无措、局促不安、语无伦次、支支吾吾,表现得极不自然。个别初次面试不中的大学生甚至对面试存在畏缩心态,影响正常水平的发挥,进而影响其社会实践和择业。

（四）自负

在自负心理的支配下,许多大学生的社会实践观和择业观不符合社会发展的实际。他们自以为"天之娇子",自命不凡,却又眼高手低;贪图安定舒适的生活,怕吃苦,不愿到基层

---

① 郝志群,于连坤.加强大学生社会实践与就业指导中的心理健康教育[J].承德石油高等专科学校学报,2002,4(1):50-53.

和第一线工作,不愿在社会实践的学习中和用人单位基层组织中脚踏实地地工作,结果四处碰壁、受挫。

(五)冷漠

冷漠是一种个体对环境的自我逃避式的退缩心理反应,带有一定的自我保护意识或自我防御性质。当其在学习生活和择业中遭受挫折并感到无能为力时,往往表现出不思进取、情绪低落、情感淡漠、沮丧失落、意志麻木等心态。这些表面上的"冷漠"掩盖着事实上的个体深层次的痛苦、孤寂和无助,并有强烈的压抑感。个别大学生对学习生活、对社会实践、对学校开展的各类社团活动和对大学生的能力训练要求表现出消极、敷衍的态度,甚至出现逃避、抵制行为。

二、大学生心理问题的调适

(一)开展暑期专业社会实践活动

第一,抓住典型进行教育。暑期专业社会实践的基本要求是:①有岗位;②有工作业务和实践能力;③有实习切身体验;④有用人单位的鉴定。学校应对大学生就其自我表现进行心理调适的引导和教育,使之正确认识自我表现、确立适当期望值,主动参与竞争,正确对待挫折。一方面,抓住"导岗"这个环节,表彰和树立独自寻岗、战胜彷徨和犹豫的大学生典型;另一方面,学校应与实习单位共同引导大学生大胆、主动走向实践岗位,培养爱岗敬业的精神,并让优秀大学生担任初级管理工作,使他们认识到"一个人不经过社会这个大熔炉的锻炼,就成不了一个完全的社会的人",让他们顺利度过接触社会之初的那段存在怯懦、自卑、自负心理状态的不适应期。

第二,加强社会实践的过程管理。我们应加大专业社会实践的过程管理和考核,组织专业教师、辅导员等相关教师对大学生的综合性实习进行指导。注重教育学生用行为调节法,即在努力参与的情况下,通过有意识地调节人的行为而达到调节心理状态的目的。对那些敷衍了事、成绩不及格的学生,应要求其重做,将其"冷漠"和"消极"的心理状态转变为热情参与状态。

第三,强调责任意识。要求大学生把社会实践既作为一个重要的学习过程,又作为一项就业的重要演练,并要把自己视为实习单位的一员,努力完成岗位职责,培养自己与人相处、共事、合作的能力以及解决社会实际问题的能力。

第四,力争把社会实践与专业技术培训结合起来。大学生在学习技能与专业技术的同时,可以通过对"模拟就业"的综合性环境的自觉适应来提高其社会适应能力和自我调适能力。

第五,在社会实践前、实践中和实践后,采取动员、工作安排、答辩、经验交流、座谈讨论、总结表彰等多种形式,认真总结、分析实践过程,提升大学生的心理调适能力和水平。其工作原则主要是:使大学生正确认识自我,以利于充分发挥自己的优势和主观能动性;善于竞争,敢于竞争,成为有良好竞争心理准备的人;不怕挫折,加强心理挫折承受力;做好迎接角色转变的心理准备。

(二)提高大学生的社会认知能力

广义上讲,大学生的就业心理健康教育不仅限于毕业前找工作的阶段,而应当体现在人才培养的全过程。实践证明,通过专业实习的面试,让旅游专业学生的实习选择变成实习单位的综合性挑选,引入竞争机制,适当加大学生的心理压力,并辅之以合理的心理教育,收到了日常实践教学难以达到的效果。这样做既激发了学生学习、成才的积极性,又培养了他们就业时的心理调适能力,提高了大学生的综合素质。大学生学习与择业时各种心理误区的产生,客观原因之一是对社会缺乏了解,没有这方面的社会经历;主观上则是由于大学生心理成熟度不高、认识能力不强,而自己又意识不到。因此,引导大学生消除心理误区最根本的方法是创造条件,利用适当的机会来帮助其提高社会认知能力。社会认知能力越强,越善于认识自我、他人、他事和他物,越能够客观、全面、发展、灵活地看问题,即具有理性的认识观念,就容易面对现状,进而实事求是地改变现状。

（三）加强个别教育和心理疏导工作

对于在心理测试中存在一定问题的学生,首先要单独交谈、掌握情况,然后有针对性地进行个别疏导、引导和教育工作;对于严重违反学校纪律、实习单位规章制度,或擅自辞职的学生,一方面要严格执行纪律,给以必要的纪律处分,另一方面要加强思想教育和心理教育,指出其问题所在和危害,使其正确对待错误,调适心理,重新鼓起前进的勇气,并积极主动地改正错误。在临近毕业的就业指导工作中,要认真、细致、准确地把握大学生的心理状态和情绪变化,有针对性地帮助他们解决择业与就业中的各种具体问题和心理问题,引导他们克服心理障碍,主动、大胆、愉快地走向社会。

阅读材料 8-2

社会实践中心理健康教育新机制的建立[①]

确保"三个到位",完善支撑体系。首先,思想认识到位。学校应全面分析和把握当前大学生心理健康教育工作面临的新形势、新情况、新问题,统一思想、提高认识,强调心理健康教育工作的重要性和必要性。其次,组织领导到位。学校设立心理辅导教育委员会,各学院设立心理辅导员,各班级选配心理委员,从而形成由学校心理辅导教育委员会、学院心理辅导员、班级心理委员组成的校、院、班三级心理健康教育工作网络体系,形成全校统一指挥、分工协作、职责明确、层层负责、齐抓共管的工作局面。最后,资金投入到位。学校加大资金投入的力度,提供专项的经费和物质保障,购买心理测试软件及量表,配备必要的办公设备,从而为大学生心理健康教育工作奠定重要的物质基础。

建立"三项制度",健全工作体制。建立起由寝室、班级、学院、学校组成的四级网络心理危机发现、监控及干预制度,各个群体彼此之间相互联系、相互沟通,形成一个全方位的危机预防干预的心理教育网络工作系统;建立信息交流制度,加强学生工作部门、校医院、心理咨询师之间的相互沟通,使各部门在工作中能够积极主动,紧密配合,保证心理健康教育和危

① 刘红波,赵进,欧阳九根. 社会实践促进大学生心理健康教育新机制的探索[J]. 人才教育,2008（10）:91-92.

机干预工作的顺利开展；建立信息报送制度，对学生异常情况及时报告、及时处理，对学生的心理疾病要做到"早发现、早报告、早诊断、早治疗"。

培养"三支队伍"，推进队伍建设。重点建设心理咨询专业队伍、学生工作干部心理辅导员队伍、班级心理委员队伍，力求建成一支专兼结合、专业互补、相对稳定、素质较高，既有专业知识又有创新思维的工作队伍，使大学生心理健康教育工作逐步走上科学化、规范化、专业化的发展道路。

加强课堂教育与社会实践活动相结合。通过开展丰富多彩的活动，发挥校园文化感染、暗示、同化、激励与心理调适等多种功能，改变学生的情绪、情感、行为规范与生活方式等，积极引导教育学生，营造文明健康的校园文化氛围，为学生创造良好的心理文化和社会环境。通过讲座、计算机网络、板报等宣传媒体，向学生广泛宣传普及心理健康、危机预防和干预知识，提升学生自觉维护心理健康、预防心理危机的意识。

最后，社会实践结合心理教育工作要围绕"情、理、行"开展，而且要求"动之以情，晓之以理，导之以行"。因此，在社会实践活动过程中结合大学生心理教育工作，加强积极的情感因素非常重要。其实，"情、理、行"是相互联系的，它们在大学生心理教育中各有其作用，三者不可偏废：通情才能达理，明理才能促行，导行才能深化；只有情、理、行相结合的整体威力贯穿于大学教育的始终，大学生心理教育工作才能达到"春风化雨，润物无声"的最佳效果。

复习思考题

1.联系实际，从个人或者团队的角度着眼，分别描述1～2种可能诱发心理问题的现象，并对该问题的形成原因做出解说。

2.寻求高年级同学的帮助，做一个校园调查，了解高年级同学在社会实践活动中出现的心理问题，并形成一篇调研报告。

3.怎样采用合适的自我管理策略去有效应对社会实践中出现的各种心理问题？请举例说明。

拓展阅读

1.［美］基尔希，达菲，阿特沃特.心理学改变生活［M］.11版.何凌南，等译.北京：机械工业出版社，2015.

本书作者介绍说："心理学研究可以提供可靠的个人发展准则和关于自我掌控以及社会责任的指引。通过这本书，我们试图去展示现代心理学的准则，并发现帮助人们更好地理解自己和他人的方法，从而使人们更有效率地利用环境，更好地发挥其潜能。"本书很好地做到了这一点。它从各个方面给我们以指引：既有对自我价值的定位，也有对成长历程的全面分析，还有如何管理自己的健康、动机、情绪等，更有如何处理工作与娱乐、爱与承诺、压力与心理障碍等的技巧，以及如何寻求心理帮助的内容。学习这本书，真正理解，心理学可以改变生活,我们的未来也可以更美好。

2.[美]理查德·格里格,菲利普·津巴多.心理学与生活[M].16版.王垒,王甦,等译.北京:人民邮电出版社,2010.

本书是斯坦福大学等许多美国大学广泛使用的经典教材,是被许多国家大学的普通心理学(General Psychology)课程选用的优秀教材,还被ETS推荐为GRE心理学专项考试的主要参考用书。作为一本包含着丰富教育思想和独特教学方法的成熟教材,该书对于教学、研究和学习都是十分宝贵的。更重要的是,正如作者所言:"心理学是一门与人类幸福密切相关的科学。"《心理学与生活》写作流畅,通俗易懂,把心理学理论与知识同人们的日常生活与工作联系起来。这类贴近生活、深入实践的优秀读物,有力促成社会大众了解心理学、理解人性和提高自身全面素质的兴趣。

3.[美]埃略特·阿伦森,提摩太 D.威尔逊,罗宾 M.埃克特.社会心理学:阿伦森眼中的社会性动物[M].8版.侯玉波,等译.北京:机械工业出版社,2014.

本书是理解自我、他人和整个社会的基础,也为实现这一目标提供了有效的途径。埃略特·阿伦森(Elliot Aronson),世界上最负盛名的社会心理学家之一,是美国心理学会(APA)120年历史上唯一一个包揽其三个主要奖项的人,即杰出写作奖、杰出教学奖和杰出研究奖。2002年,他当选20世纪百名最杰出心理学家之一。这本书突显了社会心理学当中被普罗大众关心的话题,比如我们怎样逐步理解他人、在社会情境中认识我们自己、社会团体对我们的影响、我们如何做到人际吸引、人们为什么会助人等。本书善于用有吸引力的故事和叙述来解释隐藏在社会行为下的复杂心理过程。中文版还特别有心地针对中国背景,重新审视中国人和中国社会的社会心理。

❀ 本章主要参考文献

[1][美]桑德拉·切卡莱丽,诺兰·怀特.心理学入门:日常生活中的心理学[M].2版.张智勇,等译.北京:机械工业出版社,2016.

[2][美]斯坦伯格.青少年心理[M].10版.梁君英,董策,王宇,译.北京:机械工业出版社,2015.

[3][美]桑特洛克.心理调适:做自己心灵的CEO[M].王建中,等译.北京:机械工业出版社,2015.

[4][美]斯潘塞·拉瑟斯.你一生的故事:走近发展心理学[M].蒋洪波,吴顺领,李宏玲,译.北京:机械工业出版社,2011.

[5]包陶迅,丁芳盛.当代生活与心理健康[M].2版.北京:高等教育出版社,2014.

第九章
大学生社会实践中的法律权益保障

/ 学习目标

- 理解社会实践中大学生的法律权益。
- 了解大学生社会实践中常见的法律权益纠纷。
- 掌握大学生社会实践中法律权益救济的途径。

大学生社会实践是高校思想政治教育的重要环节,在我国高等教育体系中发挥着不可替代的重要作用,同时社会实践作为大学生参与社会生活的一个主要途径,对社会主义物质文明建设和精神文明建设也起到一定的积极作用。随着社会实践在高校中的认可与普及,诸多问题也逐渐凸显出来,如大学生实习过程中存在一些法律纠纷,大学生的合法权益存在被侵犯的现象。但大学生却不知自己权益被侵害或者知道受伤害而不清楚如何去维护自己的合法权益。本章主要分析社会实践过程中大学生经常会涉及的法律权益纠纷和救济途径。

第一节　大学生社会实践中的法律权益纠纷

法律纠纷是指当事双方对法律关系所隐含的权利或义务理解不同而产生的纠纷。目前,社会实践的过程中容易出现的法律纠纷主要可以分为民事纠纷、行政纠纷和刑事纠纷等。无论哪类法律纠纷,在当前相关法律缺失、大学生法律意识淡薄等情况下,常使大学生的自身权益难以得到保障,这对整个校园的和谐稳定产生了一定负面影响。

一、高校学生的法律权益

法律权益是指公民受法律保护的权利和利益。大学生在社会实践中需要关注并予以保护的法律权益属于民事权利的范围。民事权利是指民事主体依法享有并受法律保护的利益及进行一定行为的自由,是由民事法律规范规定或确认的民事主体的权利。民事权利可分为人身权和财产权,还有知识产权。下面就大学生社会实践中的法律权益进行分析。

(一)财产权

财产权,是指以财产利益为内容,直接体现财产利益的民事权利。财产权是可以以金钱计算价值的,一般具有可让与性,受到侵害时需以财产方式予以救济。财产权既包括物权、债权、继承权,也包括知识产权中的财产权利。物权包括所有权、用益物权和担保物权。下面简单介绍财产所有权、用益物权、担保物权及债权的主要内容。

1. 财产所有权

财产所有权是指所有人依法对自己的财产享有占有、使用、收益和处分的权利。《中华人民共和国民法通则》第 75 条规定:"公民的合法财产受法律保护,禁止任何组织或者个人侵占、哄抢、破坏或者非法查封、扣押、冻结、没收。"《中华人民共和国物权法》再次重申了个人财产所有权的保护,第 4 条规定:"国家、集体、私人的物权和其他权利人的物权受法律保护,任何单位和个人不得侵犯。"也就是说,公民在法律规定的范围内行使其生产资料所有权,利用其生活资料满足个人的需要,受法律的保护。

2. 用益物权

用益物权,是物权的一种,是指非所有人对他人之物所享有的占有、使用、收益的排他性的权利。比如土地承包经营权、建设用地使用权、宅基地使用权、地役权、自然资源使用权(海域使用权,探矿权,采矿权,取水权,以及使用水域、滩涂从事养殖、捕捞的权利),等等。

3. 担保物权

担保物权,是与用益物权相对应的他物权,指的是为确保债权的实现而设定的,以直接取得或者支配特定财产的交换价值为内容的权利。随着我国社会主义市场经济的发展,以债的形式发生的公民、法人之间的经济联系日益频繁,保障债尤其是合同之债的履行,对于维护社会主义商品流通秩序,保护公民、法人的合法权益至关重要。担保物权又包括了抵押权、质权和留置权。

4. 债权

债权是得请求他人为一定行为(作为或不作为)的民法上权利。基于权利义务相对原则,相对于债权者为债务,即必须为一定行为(作为或不作为)的民法上义务。因此,债之关系本质上即为一民法上的债权债务关系,债权和债务都不能单独存在,否则即失去意义。和物权不同的是,债权是一种典型的相对权,只在债权人和债务人之间发生效力,原则上债权人和债务人之间的债之关系不能对抗第三人。"债"发生的原因在民法"债"编中主要可分为契约、无因管理、不当得利和侵权行为;债的消灭原因则有清偿、提存、抵销、免除等。

（二）人身权

人身权,又称非财产权利,是指不直接具有财产的内容,与主体人身不可分离的权利。人身权包括人格权和身份权,人格权又包括生命权、身体权、健康权、姓名权和肖像权等;身份权又包括配偶权、亲权、监护权等。下面对几种主要的人身权进行简单介绍。

1.人身自由权

人身自由权是指公民在法律范围内有独立为行为而不受他人干涉,不受非法逮捕、拘禁,不被非法剥夺、限制自由及非法搜查身体的自由权利。人身自由不受侵犯,是公民最起码、最基本的权利,是公民参加各种社会活动和享受其他权利的先决条件。人身自由是自然人自主参加各项社会活动、参与各种社会关系、行使其他人身权和财产权的基本保障。一个人丧失了人身自由权,也就无法享受其他民事权利。如学校侵害学生人身自由权较为常见的是:学校保卫部门在处理学生违纪事件中,超过必要的限度,用限制相关学生自由及非法搜查身体等来调查违纪事件。显然,学校这种做法侵犯了学生的人身自由权。人身自由是自然人自主参加各项社会活动、参与各种社会关系、行使其他人身权和财产权的基本保障。一个人丧失了人身自由权,也就无法享受其他民事权利。

2.姓名权

姓名权是指公民依法享有的决定、使用、变更自己的姓名并要求他人尊重自己姓名的一种权利。学生在校学习实践期间,相对于学校往往处于一个弱势地位,在学校强势的压力下,学生的各项权力都可能是"浮云",包括姓名权。例如,2013 年 1 月 17 日,《工人日报》报道河北一高校为了建设校园,用 200 多名学生的信用套贷款,后来无法按期还款,导致这些学生有了个人征信不良记录,影响了他们与银行之间借贷行为的正常进行。还有的学校未经学生本人同意,擅自在宣传或报告中盗用学生名义。这些做法都侵犯了学生的姓名权。

3.名誉权

名誉权是指公民或法人享有的就其自身特性所表现出来的社会价值而获得社会公正评价的权利。名誉权主要表现为名誉利益支配权和名誉维护权。我们有权利用自己良好的声誉获得更多的利益,有权维护自己的名誉免遭不正当的贬低,有权在名誉权受侵害时依法追究侵权人的法律责任。例如,2003 年 8 月,西安市南郊一高校的学生王某冒充李某在两家网站先后发布色情信息,结果给李某招来接不完的骚扰电话,使李某心理上受到严重伤害,导致学习成绩下降。李某以王某侵犯自己名誉权为由,将其告上法庭要求赔偿。西安市新城区法院审理认为,公民的名誉权受法律保护,任何人不得侵害。被告王某的行为客观上造成了对原告身心的严重伤害,从而降低了不特定人对原告的人格评价,构成了对原告名誉权的侵害,遂做出一审判决:被告王某赔偿原告精神损失费、电话费等共计人民币10482.7 元。从这一案例中可以看出,随着法治化进程的加快,大学生维护自己名誉权的意识明显增强。

4.荣誉权

荣誉权,是指公民、法人所享有的,因自己的突出贡献或特殊劳动成果而获得的光荣称号或其他荣誉而不受他人非法剥夺的权利。例如,在"全国首例荣誉权官司"中,于某因曾在珍宝岛自卫反击战表现突出被荣记一等功并多次受国家领导人接见,可是,某出版社在一本标明"战况纪实、历史写真"字样的书中却张冠李戴,将于某的事迹全写到战友冯某头上,这就侵害了原告的荣誉权。在大学生在社会实践中,荣誉权被侵犯的现象主要有:没有相关的合法依据而剥夺学生在校参加社会实践方面的评奖评优的资格,或是非法剥夺学生已获得的有关社会实践方面的相关荣誉。

5.生命权和身体健康权

生命权是指以自然人的生命安全利益为内容的权利。生命权是法律保护的最高权利形态。生命的丧失是侵害生命权的结果。健康是指维持人体生命活动的生理机能的正常运作和功能的完善发挥以及心理的良好状态。健康权是指公民以其机体生理机能正常运作和功能完善发挥,维护人体生命活动的利益为内容的人格权,包括维护身体健康和心理健康。学校和相关单位要确保社会实践中提供的教育、教学和生活设施、设备符合国家有关部门的安全标准,学校的场地、房屋和设备维护管理得当,食堂饮食符合有关部门的卫生标准等,以达到尊重和保障大学生的生命权、健康权的目的。

6.肖像权

肖像权,是指自然人对自己的肖像享有再现、使用并排斥他人侵害的权利,就是自然人所享有的对自己的肖像上所体现的人格利益为内容的一种人格权。肖像权的内容是,公民对于自己的肖像,有制作和使用的专有权,除非经过本人或法定代理人的同意,或有法律规定,不得擅自制作或使用他人的肖像;公民有权禁止他人非法侮辱自己的肖像。侵犯肖像权的行为,体现在没有法律根据,又未经本人同意,擅自制作或使用他人肖像的行为,包括侮辱性地使用他人肖像的行为。《中华人民共和国民法通则》第100条规定:"公民享有肖像权,未经本人同意,不得以营利为目的使用公民的肖像。"在大学生社会实践中,常见的侵权现象是未经学生本人同意,用其肖像进行宣传,或者以营利为目的进行使用。

7.隐私权

隐私权是指公民享有的私人生活安宁与私人信息依法受到保护,不被他人非法侵扰、知悉、搜集、利用和公开等的一种人格权。例如,一般高校经常组织保卫处、学生处、后勤处、社区中心或各院系在未通知学生的情况下,对学生宿舍进行检查,查处电热棒、煤气瓶、高功率电炉等安全隐患,并对违纪学生进行了公示。学生对此反响强烈,认为学校未经其同意就进入宿舍进行检查,侵犯了他们的隐私权,而学校认为自己是依照校规对学生宿舍进行的安全检查。又如某些高校为了安全起见,在宿舍管理范围涉及的区域安装监控等行为,也侵犯了学生的隐私权。

(三)知识产权

知识产权是指人们就其智力劳动成果所依法享有的专有权利,通常是国家赋予创造者对其智力成果在一定时期内享有的专有权或独占权。知识产权常见主要为专利权、商标权和著作权。随着社会的发展与科技的进步,为了更好地保护产权人的利益,知识产权制度应运而生并不断完善。如今侵犯专利权、著作权、商标权等侵犯知识产权的行为时有发生。大学生在社会实践过程中,通过自己的努力,老师的指导,经常会产生骄人的成果,在科研上面有所建树,但在学校、实习单位等的强势地位下,这样的成果有时会被巧取豪夺。这种行为其实就是侵犯了学生的知识产权。为加大知识产权保护的力度,让人们树立依法保护知识产权的意识,2017 年 4 月 24 日,中华人民共和国最高人民法院首次发布《中国知识产权司法保护纲要(2016—2020)》,我国知识产权保护正式纳入法治化的轨道。

二、大学生社会实践中常见的法律权益纠纷

法律纠纷是指当事双方对法律关系所隐含的权利或义务理解不同而产生的纠纷。目前,大学生社会实践过程中容易出现的法律纠纷主要分为民事纠纷、行政纠纷和刑事纠纷等。无论哪类法律纠纷的发生,都可能侵犯大学生自身的合法权益。

(一)民事纠纷

民事纠纷又称民事争议,是平等的民事之间产生的关于民事权利与义务的争议和冲突。一般而言,民事纠纷具有以下特点:①民事纠纷是由民事违法行为所引起,即违反民事法律规范所规定的民事义务的行为,包括侵权行为和违约行为。②民事纠纷主体之间具有平等性。民事纠纷是发生在平等主体之间的一种纠纷,民事主体享有独立、平等的人格,在具体的民事法律关系中互不隶属;民事纠纷必须以一种平等的方式解决,有侵害就有救济,有损害就有赔偿,无人拥有法外特权。③民事纠纷内容是关于民事权利义务的争议,包括财产法律关系的争议和人身法律关系的争议。第四,民事纠纷具有可处分性,即强调纠纷主体的自主性,如纠纷双方可以自由选择纠纷解决的方式,可以在法定范围内自由支配自己的权利。

大学生在社会实践中产生的民事纠纷是指大学生在社会实践过程中自身的民事权利和民事利益受到侵害而产生的纠纷,其中民事权利和利益主要是生命权、健康权、名誉权、隐私权、肖像权、财产权等与之相关的利益。随着社会实践的日益普及,无论在校内还是校外,在社会实践过程中产生的纠纷越来越多,其中以民事纠纷最为常见。例如,李某系某高校在校生,2012 年 7 月,李某与某建筑公司及学校三方协定,李某自 2012 年 7 月至 2013 年 7 月到该建筑公司实习。2012 年 11 月,李某在工地工作时,不慎被砖块砸中腿部,后被送往当地骨伤科医院就诊治疗,入院诊断为膝关节粉碎性骨折。针对李某发生事故产生的各项赔偿,李某的母亲多次与该公司协商均遭到拒绝。2013 年 2 月,李某的母亲向法律援助中心提出援助申请。经法律援助中心审核,将本案指派由某一律师具体承办。律师经过调查事实、查询取证,于 2012 年 3 月向人民法院提起诉讼。请求该公司支付李某医疗费、护理费、交通费、住院伙食补助费、残疾赔偿金、精神损害抚慰金约 13 万元。

这是一起侵犯实习学生合法权益的较为典型的民事案件。国家为保护实习学生特别是未成年人的合法权益,长久以来就有明确适用的法律法规。实习学生在从事实习工作过程

中,是一个极其特殊的群体。在实习过程中,学生受到伤害或者是发生侵权事故,其举证责任不同于一般的人身损害赔偿案件。实习单位应当严格按照签订的实习协议内容,以及法律法规规定的范围,安排实习学生进行工作。在实习过程中若发生意外事故,实习单位应当承担举证责任以及相应的损害赔偿责任。

(二)行政纠纷

行政权是我们日常生活中接触最多的国家权力,行政管理活动也是最容易产生争议的国家权利活动。大学生的日常学习、生活与行政管理的关系日益紧密,无论是学习中的日常管理,还是生活中的户籍管理、交通管理、治安管理,抑或是创业中的工商税务管理,大学生都是行政管理活动中重要的相对人。因此,大学生也可能面临诸多行政纠纷。

行政纠纷也称行政争议,是行政主体在行使公权力过程中与行政相对人之间产生的关于行政法上的权利和义务的争议。通过对比行政争议与民事争议的区别,可以发现行政争议具有以下特点:①行政争议主体的一方总是行政主体,行政争议只能发生在行政主体与行政相对人之间。②行政争议是由行政违法或不当行为引起的,即违反或不当适用行政法律规范的行为。③行政争议是基于行政主体运用行政权力进行行政管理而产生的争议。如果行政主体事实上没有运用行政权力,而是以平等的民事主体身份在民事活动中与他人发生的争议,就属于民事纠纷。例如,1998年发生的田某诉某大学案就具有代表意义。田某因考试作弊受到学校退学处理,但因各种原因,退学处理和学籍变更的通知未直接向田某宣布及送达。田某也一直以在校生身份在被告某大学参加学习和学校组织的一切活动,完成了学校制定的教学计划,并且学习成绩和毕业论文已经达到高等学校毕业生水平。然而在临近毕业时,被告才通知田某所在的系,以田某不具备学籍为由,拒绝给田某颁发毕业证、学位证和办理毕业派遣手续。田某认为自己符合大学毕业生的法定条件,北京某大学拒绝给其颁发毕业证、学位证是违法的,遂向北京市海淀区人民法院提起行政诉讼。最终,法院依照《中华人民共和国行政诉讼法》第61条第1项的规定,判决被告某大学向原告田某颁发大学本科毕业证书、进行学士学位资格审核以及办理毕业派遣相关手续。

大学生在社会实践中产生的行政纠纷是指大学生与高校、国家行政机关之间或国家行政机关同企事业单位、社会团体之间由于行政管理而引起的纠纷,包括行政争议和行政案件等两种形式。通常来说,就是民与官的纠纷。大学生在社会实践过程中产生的行政管理纠纷较少,这里不做具体分析。

(三)刑事纠纷

犯罪是"孤立的个人反对统治关系的斗争",是产生刑事纠纷的原因。犯罪最本质的特征在于其社会危害性,体现为对刑法所保护的社会关系造成或可能造成的严重损害。行政违法行为或民事违法行为通常是对个人权利的损害,而犯罪行为不仅是对权利的侵害,更体现为对法益的侵害。这里的法益,主要是指根据宪法的基本原则,有法所保护的、客观上可能受到侵害或者威胁的人的生活利益。"人的生活利益",不仅包括人的生命、身体、自由、名誉、财产等利益,而且包括建立在保护个人利益基础之上因而可以还原为个人利益的国家利益与社会利益。正因为犯罪是对法益的侵犯,具有严重的社会危害性,刑事纠纷往往体现为被害人与加害人之间的纠纷,国家只是作为一个后来者介入对犯罪行为的制裁。在国家介入之前,犯罪行为已经具备了双方主体——加害人与被害人,而且加害人与被害人之间也因为犯罪而产生不协调的关系。因此,刑事纠纷不仅存在于国家与加害人之间,也存在于加害人与被害人之间。

大学生在社会实践中产生的刑事纠纷是指大学生或者对方被控涉嫌侵犯了刑法所保护的社会关系。在社会实践相关刑事纠纷中,大学生既有可能是加害人,也有可能是被害人。一般来说,刑事纠纷会转变为刑事案件,并且会有国家刑事司法机关主动介入。此时大学生或者对方变成了犯罪嫌疑人或是被告人,这就要追究犯罪嫌疑人或者被告人的刑事责任,从而要进行立案侦查、审判并进行刑事制裁。大学生在社会实践中发生的刑事纠纷相比较民事纠纷而言要相对少一些。但受各种各样因素的影响,大学生社会实践中的刑事纠纷时有发生。例如,2006 年 12 月,在一家基层法院实习的某高校法律系学生符某,利用实习生身份之便,盗走了某法官放在办公室抽屉内的 2000 港元。两天后,符某见无人发现,再次潜入案发办公室盗走 2.6 万港元和 6500 元人民币。随后,他将全部赃款存入银行。2007 年 1 月,符某被警方刑事拘留。

三、大学生社会实践中产生法律权益纠纷的原因

(一)大学生法律意识淡薄

随着我国高校法治教育体系的确立,大学生的法律意识在不断增强。但我国已经经历了几千年的封建社会,封建伦理道德对人民的影响很大,使人民缺乏对民主、自由、公正法理的正确认识,不少人持有"人治胜过法治"、"有权就有钱"、"法律虚无主义"等错误观念。因此,一些大学生对现代法律产生了一定的心理抵触情绪,导致了大学生法律意识和法治观念淡薄,这与法治国家建设的要求存在较大的差距。目前我国高校学生法治教育的主要渠道是《思想道德修养与法律基础》[①]的相关教学,所有法律理论知识的教育就集中体现在这门课程的教学内容中。学生普遍存在"专业知识至上"的想法,敷衍学习"思想道德修养与法律基础"这门课程,以顺利通过考试为学习目标,更谈不上对法律知识学习的积极性和创造性。

(二)与社会实践相关的法律法规滞后

在高等教育领域中,我国存在的相关法律条例有:《中华人民共和国高等教育法》、《中华人民共和国学位条例》、《中华人民共和国职业教育法》、《普通高等学校学生管理规定》等。虽然大学生社会实践活动在各高校已很普遍,但是专门针对大学生社会实践方面的法律尚未出台,存在着相关法律的滞后性与缺失性,这也是导致学生法律权益纠纷频发的原因之

---

① 本书编写组.思想道德修养与法律基础[M].北京:高等教育出版社,2015.

一。法律的部分缺失往往让有关部门在处理大学生社会实践中法律权益纠纷案件时无法可依。在社会实践过程中,各方的行为没有得到有效的规范和约束,在学生发生意外情况后又没有明确的权责归属,大学生作为社会实践活动的主体,法律没有对其有明确定位,使得大学生在社会实践过程中的合法权益维护缺乏可操作性,最终造成学生的合法权益受损。

(三)高校管理尚未完全实现法治化

受传统观念的影响,我国高校对学生管理的理念相对滞后,使高校无法完全实现法治化管理。在古代社会,教育重视学生的义务,忽略学生的权利,一切以师为长。但在当代社会,学生是学习的主体,更是法律的主体。在依法治国的 21 世纪,大学生的民主法制观念逐渐增强,自我保护意识和维权意识也与日俱增。而部分高校守旧的教育理念,如强制化的管理模式、过时的校规,导致了当前大学生与学校之间法律纠纷案件的增多,如有些学校以各种理由手段在校内对学生进行罚款,在处理违纪事件时简单粗暴,还有学校以关心学生为名随意侵犯学生隐私权等。这些行为不仅与法律法规相违背,而且会引起学生对学校、老师的反感,从而挫伤学生在学习方面的积极性,甚至会造成逆反心理,危害学生心理健康,影响学校稳定。

(四)大学生法律素养不高

在法治社会环境下,青年学生的自我民主意识正在增强,法治观念也在提高,但是普遍来说大学生的法律知识还相当欠缺,法律素养不高。大学生违法犯罪的恶性事件也不在少数,甚至有的震惊全国,如马加爵事件、复旦室友投毒案等。这归根到底还是大学生的法律意识不够、法律素养不高所造成的结果。那什么是法律素养呢? 法律素养是指认识和运用法律的能力或素质。一个人的法律素养如何,是通过其掌握法律知识、培养法律意识、运用法律知识的能力和程度表现出来的。在社会实践过程中涉及一些法律纠纷案件,其中一部分原因肯定来源于自身。在一定程度上来说,大学生如果拥有足够的法律素养,能准确判断发生事故的责任归属,那么其与学校、实习单位的法律纠纷也会降低很多。

第二节　大学生社会实践中的法律救济

法律救济在法治建设中具有重要作用。它可以保护教育法律关系主体的合法权益;维护教育法律的权威;促进学校依法管理,教育行政部门依法行政;推动学校法治建设的顺利进行。本节我们主要对大学生社会实践中如何进行法律救济进行简单介绍。

一、法律救济的含义和特征

"有权利就必须有救济","没有救济的权利不是真正的权利"。法律救济对于保障学校、教师、学生的合法权益,对于监督政府依法治教有着重要的现实意义。何谓法律救济? 法律救济是一个依照法律的规定及其程序而为受害人提供救济的合法行为。也就是说,当公民的权利受到侵害时,可以从法律上获得自行解决,或请求司法机关及其他机关给予解决,使受损害的权益得到补救。法律救济具有如下特征:①条件性。权利受到损害是法律救济存在的前提条件,如果权利未受损害,就无所谓救济。②弥补性。它是对受损害的权利进行弥补。法律救济主要包括司法救济方式、行政救济方式、组织内部或民间渠道进行救济方式。③目的性。法的根本目的在于规范人们的社会行为,保障人们的合法权益。法律救济的根本目的是实现合法权益并保证法定义务的履行。

例如,2009年5月,河南某大学与某市某企业签订了实习协议,双方约定:该大学向这家企业提供实习学生50余名,企业对实习学生进行实习教学,实习期限为2009年5月至11月。2009年5月郑某等3人被学校委派到该企业实习,从事技术员工作。7月1日,3位学生在学校正常领取了大学毕业证书。随后3人提出,他们已经属于毕业生,而不再是学校委派的实习生,企业应当给予他们正常劳动者的待遇,但此要求遭到企业拒绝。学校和企业都认为只有实习期满才能获得正式员工的待遇。9月24日,3位毕业生决定离开该企业,但该企业坚持不向3人发放9月份工资,双方为工资给付等问题产生了劳动争议。10月26日,3人向该市人民法院提起诉讼。受理案件后,办案法官最终使双方达成调解协议。12月27日,郑某等3位毕业生拿到了应得的工资。作为一位在校大学生,实习期是大学生提高自身综合素质和工作适应能力的关键时期。但是在这个关键时期内,很多大学生受到了不同程度的"侵权",也有不少企业看中这个实习期,把大学生当作廉价劳工,在实习期内以种种理由把大学生辞退。因为很多大学生的法律意识不强,维权意识还比较淡薄,导致自己的合法权益受到侵犯。

我们认为,随着大学生数量的逐年增多,各类社会问题、法律纠纷问题的不断涌现,以及大学生人群的相对特殊性,促使大学生权益的保护成为社会日益关注的焦点。如今大学生在其教学、科研、社会服务中,自己的合法权益受到侵犯的现象时有发生,保护大学生的合法权益成为一个实现的迫切课题。大学生的合法权益受到侵犯主要表现在受教育权、人格权、财产权等方面。我们只有不断地推进依法治校的进程,通过规范及改善学校管理,加强师生法律意识的培养、加强社会监督以及充分发挥法律救济的功能等措施,才能让大学生的合法权益得到真正的保障。

二、大学生权益救济的重要意义

(一)维护学生合法权益的重要途径

知识经济时代已经到来,社会的深刻变革引起了大学生利益格局的改变,大学生不得不思考如何维护自身的合法权益,对学校提供的教学服务和生活条件提出了更高的要求。法律赋予学校、社会较大的自由裁量权,为学校教育、社会教育预留了一定的伸展空间的同时,也常常被学校、社会作为寻求其行为合法的依据。学校与社会往往只重视自己的权力,而忽视受教育者的权利。学生慑于不能领取毕业证、学位证,或被开除学籍、勒令退学等对学生的名誉及将来的就业和发展产生不利影响的后果,往往不敢对抗学校与社会的权力。我们必须承认在依法治国的进程中,民主思想、平等观念、权利意识、法治理念在高校管理中尚未完全培养起来;由于高校与学生之间、社会与学生之间存在着管理者与被管理者的关系,学生群体在维护自身合法权益方面处于相对弱势地位,大学生权益救济在维护其合法权益方面将发挥重要作用。

(二)增强学生法治观念的重要手段

通过合法正当途径维护自身合法权益,是强化学生的法治意识、公民意识和法律意识的过程。法治化是高校管理的改革目标和努力方向。在传统的教育体制下,中国的高等教育是以公办为主、具有福利性质的教育,学生接受高等教育基本上不交费或只交一部分费用。在这种情况下,高等教育管理部门都比较漠视学生的权利,学生习惯循规蹈矩。久而久之,学生自身的合法权益被渐渐地忽视了。这种对权益意识的忽视直接导致了学生走入复杂的社会后生存与竞争能力的不足。进入新世纪后,随着依法治国进程的推进,高校学生的权益意识得到了普遍重视,权利救济意识也得到了普遍增强。因此,高校学生如何进行权益救济,增强学生的法治观念,是一个值得探讨的问题。

(三)防止学生权益受到侵犯的重要保障

大学生作为社会的精英,人数多、活动能力强,人员集中易组织。由于社会的激烈竞争,现在的大学生承受着学习、生活、就业等各种压力,一旦合法权益受到侵害,极可能产生逆反心理,成为学校不稳定因素,而高校的稳定也是社会稳定的基础。特别是高校扩招后,由于办学规模的扩大,大部分高校存在办学资源紧张的情况,加上高校学生管理的指导思想没有及时转变,不管是实体上还是程序上都存在着侵害大学生权益的现象。学生和高校对簿公堂的事情屡见不鲜,因此保护大学生合法权益的任务十分迫切。有学者甚至提出了制订大学生权益保护法的要求。因此,高校必须研究如何进行大学生的权益救济,让权益救济成为防止学生权益受到侵犯的重要保障。

三、大学生社会实践中法律权益救济的途径

大学生社会实践中的法律权益救济,是指大学生的合法权益受到侵犯并造成损失时,获得恢复和补救的法律制度。这里,大学生的权利受到伤害是社会实践中法律救济存在的前提,如果大学生的权利未受损害,就无所谓救济。在法律救济中,必须有侵权行为的存在,相对人只有在合法权益受到侵害的基础上才可提出救济的请求。大学生社会实践中法律权益救济的途径主要如下。

(一)诉讼救济

正义不仅要实现,而且要以人们看得见的方式实现。诉讼就是这种"看得见的方式"。所谓诉讼,是由特定国家机关按照一定程序和方式解决诉讼和处理案件的活动。诉讼最大的特点是国家强制性和程序规范性。因此,诉讼活动都必须由国家立法严格规范程序。目

前,大学生社会实践过程中的诉讼救济主要分为民事纠纷、行政纠纷和刑事纠纷三种类型。

1.民事诉讼

我们通常所说的"打官司",主要指民事诉讼,即人民法院在当事人和其他诉讼参与人的参加下,审理并解决当事人之间民事争议的活动。我国民事诉讼的程序主要包括第一审普通程序、简易程序、第二审程序、特别程序、执行等。与之相关的制度,主要有当事人及其代理人、管辖、证据、时效、审判监督等。绝大多数情况下,大学生民事纠纷的解决,只涉及最普通的民事诉讼程序。例如,2008 年 4 月,20 岁的大学生王某与某电子公司签订了价值 10 万元的手机软件开发合同。王某履行约定完成软件开发并交付使用,但某电子公司支付 5 万元合同款项后,却不支付余款。为讨要余款,王某于 2009 年 12 月将某电子公司起诉至法院,要求该电子公司支付余款。法院受理了此案并做出该电子公司支付大学生王某余款的裁定。再如,2009 年下半年,大学生刘某在家人帮助下开始自己创业。期间,他向李某借款 5 万元,约定一年还清,但到期未还。2011 年 6 月,面临毕业的刘某为到另一城市工作,准备出售自己名下的一套小户型房产。李某得知后,为防止刘某逃避债务,于 6 月 10 日向法院提出财产保全申请,要求查封刘某的房产。法院受理申请后,于 6 月 13 日做出财产保全裁定。

2.行政诉讼

行政诉讼即我们通常所说的"民告官",是指作为行政相对人的公民、法人或者其他组织认为有关行政机关及其工作人员的具体行政行为侵犯其合法权益,依法向人民法院起诉,而由人民法院审理并做出裁判的活动。《中华人民共和国行政诉讼法》(以下简称《行政诉讼法》)已于 1990 年 10 月 1 日起实施,并于 2014 年 11 月 1 日表决通过了修改《行政诉讼法》的决定,新的《行政诉讼法》已于 2015 年开始实施。行政诉讼制度在我国的确立,不仅对我国的宪政建设具有里程碑式的意义,也为公民提供了一种重要的行政救济方式。对于公民而言,行政救济不仅意味着对违法行政行为的矫正,同时还需要消除其造成的不利后果,使受到损害的个人合法权益获得赔偿。例如,大学生某甲是一家超市的经营者,一天晚上其超市遭遇抢劫,他几次拨打 110 报警,均遭值班民警拒绝,最终造成较大的财产损失。显然,某甲可以要求公安机关对其不作为承担责任,即进行行政赔偿。如果公安机关不承担赔偿责任,大学生某甲可以向人民法院提起行政诉讼,以使自己的合法权益得到救济。

3.刑事诉讼

对于在刑事纠纷中权利被侵害而言,刑事救济主要通过刑事诉讼以及诉讼过程中的附带民事诉讼两方面来实现权利补救。刑事诉讼,是指专门国家机关在当事人和其他诉讼参与人的参加下,依照法律规定,追诉犯罪、追究被追诉人刑事责任的活动。规范刑事诉讼的《中华人民共和国刑事诉讼法》(以下简称《刑事诉讼法》)又被称为"小宪法"。这是因为:一方面,《刑事诉讼法》以打击犯罪、尊重和保障人权为根本目的;另一方面,《刑事诉讼法》通过国家强制力的介入,可以被告人权利的限制或剥夺——严厉的刑事责任,来实现对被害人的权利救济。它所调整的实际上也是公民权利与国家权力之间的关系。即使在限制或剥夺犯罪嫌疑人与被告人权利的时候,也必须遵循人权保障的基本要求。

刑事诉讼中的被害人即是权益遭受侵犯的自然人。刑事诉讼的目的,除了维护公共利益外,也是对被害人权利的补救。因此,被害人在整个诉讼过程中,包括立案阶段、审查起诉阶段以及庭审阶段均享有一系列的权利。具体而言,在立案阶段,被害人主要拥有报案权和控告权、对不予立案的申请复议权、申请立案监督权;在审查起诉阶段,被害人主要有发表意见的权利、对不起诉决定的异议权和委托诉讼代理人的权利;在审判阶段,被害人主要有申请回避的权利,针对犯罪陈述的权利,对被告发问的权利,对证人、鉴定人发问的权利,对物证、证人证言、鉴定结论质证的权利,申请新证据的权利,参与法庭辩论的权利,申请抗诉和申诉的权利等。

例如,2010 年 10 月 7 日,刘某酒后回到北京市某学校,在该校学生宿舍管理办公室内,因索要洗脸盆以及喝酒一事与宿管老师陈某发生争执,刘某用随身携带的弹簧刀将陈某扎成重伤。后刘某逃跑,于当日 23 时许向公安机关投案。案发后,被告人刘某积极赔偿被害人的经济损失,并得到被害人的谅解。北京市房山区人民法院经审理认为,被告人刘某故意伤害他人身体,致人重伤,其行为已构成故意伤害罪,犯罪事实清楚,证据确实、充分,依法应予惩处。被告人刘某有自首情节,对其可依法减轻处罚。被告人刘某认罪态度较好,积极赔偿被害人经济损失,并得到被害人的谅解,对其可酌予从轻处罚,判决被告人刘某犯故意伤害罪,判处有期徒刑 2 年、缓刑 2 年。

(二)非诉讼救济

诉讼作为纠纷解决和权利救济方式,具有终局性、权威性等特点。但诉讼亦有其局限性,如程序繁杂、效率较低、成本较高。如果说诉讼救济是属于国家的、司法的救济,那么在诉讼救济方式以外,还有很多民间性以及行政性的救济方式。这些非诉讼救济途径与诉讼救济协调互补,共同构成了多元化的纠纷解决与权利救济体系。

1.和解

自行和解是指当纠纷发生以后,双方当事人心平气和地坐下来协商,互谅互让,进而对纠纷的解决达成协议的活动。通过协商,该赔偿的赔偿,该道歉的道歉,从而继续和睦相处或合作。和解具有及时解决纠纷、节约成本、保护合作关系的优点,当事人双方可以首先选择这种方式来解决纠纷。和解协议相当于合同,当事人双方应自觉履行。一方如果不履行和解协议,另一方可以向人民法院提起诉讼。在我国,和解既包括诉讼外的和解,也包括诉讼内的和解。无论在民事诉讼、行政诉讼还是在新完善的刑事诉讼程序中,当事人双方都可以进行和解。诉讼中的和解协议经法院审查批准和当事人签名盖章,即发生效力。

在大学生社会实践过程中,学校与学生之间、教师与学生之间、实践单位与学生之间常常会发生各种各样的矛盾和纠纷,这其中绝大多数矛盾和纠纷可以通过和解的方式解决。现今,在《中共中央关于构建社会主义和谐社会若干重大问题的决定》中强调:"社会和谐是中国特色社会主义的本质属性……更加积极主动地正视矛盾、化解矛盾,最大限度地增加和谐因素,最大限度地减少不和谐因素,不断促进社会和谐。"这也说明了在社会实践中,以学生合法权益保护为目标的和解制度,顺应构建社会主义和谐社会的历史潮流,是依法治国进程中的一种必然结果。

2. 调解

调解,就是当事人之间发生纠纷之后,第三人从中进行沟通疏导、说服教育,促使当事人双方互相谅解、达成协议,从而解决纠纷的一种活动。我国调解的种类很多,一般有法院调解、人民调解、行政调解、仲裁调解、律师调解、亲朋好友调解等。其中,法院调解是在人民法院主持下进行的调解,这种调解协议具有等同于法院判决的效力,可以强制执行;人民调解是人民调解委员会主持进行的调解,这种调解协议具有法律约束力,当事人有争议的,可以提起民事诉讼;行政调解是在基层人民政府或者国家行政机关主持下进行的调解,行政调解不具有法院调解的效力,当事人不服行政调解的,可以提起民事诉讼。在这几种调解中,法院调解属于诉讼内调解,其他都属于诉讼外调解。

例如,某学校发生了一起学生宿舍暴力事件。原来,学生甲和学生乙同住一宿舍,有一天甲从洗手间回寝室,发现乙去上课时没跟他打招呼就将寝室门锁了,而甲没带钥匙,所以甲非常生气,认定乙是故意把门锁了的。后来,甲、乙为此事大吵了一次,此后两人一直处于冷战状态。有一天晚上,两人又因为熄灯的问题争吵并大打出手,后被宿友劝阻。一次偶然的机会甲跟老乡吃饭时说起这些事,老乡几人当即为甲抱不平,当晚即找到乙并将乙打了一顿。打架事件发生后,辅导员作为第三方找到甲和乙进行调解,经过反复协商和说服教育工作,最后,甲和乙达成了以下协议:甲愿意承担乙的全部医疗费用,同意公开向乙赔礼道歉。显而易见,本案是一例寝室同学人际关系处理不当引发的暴力事件。矛盾不断升级的根源是学生没有采取正确的纠纷救济方式。如果在矛盾的初始阶段,学生请求辅导员出面调解纠纷,那么事情就不会发展为严重的暴力事件。

3. 仲裁

仲裁一般是当事人根据他们之间订立的仲裁协议,自愿将其争议提交由非司法机构的仲裁员组成的仲裁庭进行裁判,并受该裁判约束的一种制度。仲裁是解决民事争议的方式之一。民事争议通常可以采取向法院起诉和申请仲裁机构审理两种方法。仲裁指争议双方在争议发生前或争议发生后达成协议,自愿将争议交给第三者做出裁决,双方有义务执行的一种解决争议的方法。仲裁机构和法院不同。法院行使国家所赋予的审判权,向法院起诉不需要双方当事人在诉讼前达成协议,只要一方当事人向有审判管辖权的法院起诉,经法院受理后,另一方必须应诉。仲裁机构通常是民间团体的性质,其受理案件的管辖权来自双方协议,没有协议就无权受理。仲裁一般分为民商事仲裁和劳动仲裁。例如,在校大学生创业若从事外贸交易,可以在外贸合同中约定,因交易产生的纠纷可以提交某国某仲裁机构适用某国法律进行仲裁解决。需要特别指出的是,根据《关于贯彻执行〈中华人民共和国劳动法〉若干问题的意见》的规定,在校学生不具备劳动关系的主体资格,因此,大学生实习期间产生的工资等劳务纠纷不能申请劳动仲裁,只能提起民事诉讼。

4. 信访

信访就是常说的"上访",是"人民群众来信来访"的简称。作为中国特色的利益表达和权利救济机制,信访广泛存在于立法领域、司法领域和行政领域。2005年颁布实施的《信访条例》是我国信访工作所遵循的基本规范,其中的信访特指行政信访。所谓行政信访,是指公民、法人或者其他组织采用书信、电子邮件、传真、电话、走访等形式,向各级人民政府、县级以上人民政府工作部门反映情况,提出建议、意见或者诉讼请求,依法由有关行政机关处理的活动。行政信访作为行政救济方式,是我国权利救济的重要途径之一。

当代大学生处于物质丰富、竞争激烈的社会环境中。在以上背景下,大学生在学习与生活中容易出现其合法权益被侵犯的问题。这些问题有时候无法通过正常的渠道进行解决,而需要通过信访工作发挥作用。目前,信访工作已在高校学生工作当中占有重要地位。信访工作的效率往往决定着校园的和谐稳定。因此,我们要重视学生信访工作在社会实践中的独特作用,利用信访消除社会实践中的矛盾与纠纷,维护学生的合法权益,促使社会实践活动的顺利进行。

5.行政复议

行政复议与行政诉讼是我国最主要的两种行政救济方式。如果说行政诉讼属于一种行政外救济,那么行政复议则是行政内救济的方式。行政复议是公民、法人或者其他组织认为具体行政行为侵犯其合法权益,依法向行政复议机关提出申请,由其进行审查并做出相应决定的活动。在大学生社会实践中,我们免不了要和行政机关打交道,比如在问卷调查、调研采访或查阅文件资料等活动中,可能违反相关规定而受到行政处罚,假如我们认为行政机关的行政行为侵犯了自己的合法权益,则可申请行政复议以维护自己的合法权益。

第三节 材料阅读与思考

社会实践中学生合法权益被侵犯的案件时有发生,其发生原因包括制度、社会和心理各个层面。我国应当完善与大学生社会实践相关的法律法规,规范政府、高校和实践单位的管理行为,构建大学生权益法律保障机制,促进我国教育和劳动社会关系的和谐。请阅读下面两则短文,试分析在社会实践中,为什么大学生的合法权益存在被侵犯的现象?在大学生社会实践中常见的法律权益纠纷有哪些?大学生的合法权益受到侵犯时如何进行法律救济?

阅读材料 9-1

大学生实习权益的法律保障①

由于大学生实习专门立法不足以及现有其他法律适用困难,我国大学生实习权益频受侵害。为此,应该完善保障我国大学生实习权益的法律制度,包括:出台实习专门立法,完善实习法律体系;实行实习协议制度,明确权利义务;运用多种途径,完善实习权益救济制度;借鉴国外经验,构建合理的激励、约束和合作制度。

---

① 徐芳,胡丽云.论大学生实习权益的法律保障[J].法制与社会,2011(8):182-183.

一、出台实习专门立法，完善实习法律体系

虽然 2010 年发布的《广东省高等学校学生实习与毕业生就业见习条例》在某种程度上打破了相关领域的立法"空白"，也预示着国家和各地方将出台更多更规范的法律法规。但笔者认为，要彻底解决实践中出现的大学生实习权益受侵害问题，还是应该由国家出台一部专门的立法，把大学生实习权益列为确定的保护对象，内容主要包括：明确大学生享有获得公平实习机会的权利，建立大学生实习协议制度及实习报酬补助制度，确定大学生实习期间的人身伤害事故责任制度及赔偿制度，建立相关奖励、合作以及专门的纠纷解决机制和监管机制等。各地方则根据区域特点及现实情况，在此立法之下制定相应的地方性法规。此外，还可以根据实习种类的不同，扩大劳动立法的适用范围，细化各类实习侵权行为的法律责任，例如，可以将就业实习以及顶岗实习纳入《劳动法》的调整范围，规范实习期间可能出现的劳动纠纷，明确责任及救济途径。这样，其他的立法如《劳动法》在解决相关问题时也有补充适用效果。

二、实行实习协议制度，明确权利义务

实习有学校安排和自行联系两种。在第一种情况下，要保障大学生实习权益就必须强制性要求高校与实习单位之间签订实习合作协议，明确双方的权利、义务。在第二种情况下，也必须明确要求实习单位和实习生之间应签订实习协议，并全面规范协议内容。据笔者调查，目前实习单位在协议中规定最详尽的内容是工作纪律和实习单位免责事由，可见现阶段的实习协议仍处于实习单位强势、实习生弱势的情况，实习生不可能跟实习单位谈判以要求应有权益。因此，实习协议应该根据教学要求以及相关劳动法等规定，对实习培训、实习内容、实习休假、实习安全、实习报酬等做出详细约定，禁止实习单位规避责任，采用对自己有利的免责条款，尤其是要重视其间实习报酬的规定。笔者认为，实习单位应当支付实习生相应报酬，标准则可由各地确定，比较可行的办法是针对本地区情况确定一个最低实习报酬标准。

三、运用多种途径，完善实习权益救济制度

实习生发生人身伤害事故后，实习单位往往认为不是工伤而拒绝赔偿，高校则称属于校外事故，也不愿意承担责任，再加上实习生在现实中举证困难，其权益很难切实得到救济。要解决此问题，一是可以采纳某些学者的建言，实行强制实习保险制度，要求高校对大学生实习风险进行投保。如果可以排除校方责任而确定是实习单位的责任时，由实习单位承担；如果不能排除校方责任，或无法分清校方与实习单位的责任大小时，适用连带责任；如果无法确定责任，则由保险公司补偿。二是建立专门的实习事故和纠纷解决机制。首先，高校要科学管理学生实习，保持信息反馈渠道通畅，一旦实习生发生意外事故，校方可以第一时间介入，采取有效措施对其进行救济。其次，由政府教育部门、人力资源和社会保障部门共同设立大学生实习纠纷调解处理机构，专门处理大学生实习产生的纠纷和申诉。

四、借鉴国外经验，构建合理的激励、约束和合作制度

在德国，对工程、经济、管理、社会、外文、法学、医学和师范类等应用性较强的专业的大学生来说，在校期间的实习是一种义务，相关院系会制定专门的实习或实习生规定及守则，而其他的实习则被视为志愿实习。德国很多高校都设置了专门的实习机构，并保证必要人员编制和经费投入，大学实习生的管理是由校内的这些实习机构和实习单位共同进行的。值得一提的是，德国大型企业一般都设有实训生产岗位，中小型企业则提供实际的生产岗

位,为实践教学提供切实可靠的保障。通过考察德国大学生实习的实践情况,对我国的启示如下:一是构建企业等单位接纳大学生实习的激励和约束机制。比如,可以将接纳大学生实习纳入企业及有关部门社会责任的必要组成部分,并提供相关经费补助和政策优惠。二是促进高校、政府、企业等实习单位开展针对大学生实习的服务、指导和管理方面的合作,为大学生们创设广泛、合理的实习平台。

阅读材料 9-2

在校大学生就业案例①

现如今,在读大学生参加社会实践或实习早已司空见惯,但他们能否作为劳动合同法的主体与用人单位签订劳动合同? 为单位提供劳务后能否得到劳动报酬? 发生纠纷后能否通过劳动法维权? 对此一直没有明确的说法和答案,2009 年 10 月 13 日,北京市宣武区人民法院首次以判决确认大学生的劳动主体地位,明确肯定:在校大学生亦可就业,属于劳动合同法管辖的范围,并据此判决用人单位——北京某公司给付该学生刘某可自 2009 年 2 月 1 日至 3 月 11 日的工资 1847 元。

原告刘某是北京某高校应届大学毕业生,2009 年 7 月从该大学正式毕业。2008 年 12 月,北京某公司到北京某高校进行招聘。刘某于 2009 年 1 月 8 日被招聘进入该公司工作,职务为投资顾问,负责开发行业市场,吸纳客户入金。双方约定试用期为一个月,试用期底薪 800 元,提成另计,第二个月转正,底薪提高到 1500 元。

2009 年 2 月 10 日北京某公司以工资条形式发放刘某工资 539 元。2009 年 3 月 11 日,因为该公司拖欠工资,刘某决定辞职。由于该公司一直拖欠刘某的工资,刘某向劳动争议仲裁委员会提起了仲裁申请。仲裁委员会认为,刘某属于未取得毕业证的在校生,未完成学业并取得学历证明,在校期间到该公司从事工作,仅作为参与社会实践的活动,不属于《中华人民共和国劳动合同法》中规定的劳动者,不属于与用人单位订立劳动合同并建立劳动关系的适格主体,最终裁决驳回了刘某的仲裁申请。

刘某诉至宣武区人民法院,要求北京某公司支付工资并向他赔礼道歉。该公司认为尚未毕业的刘某进入该公司只能是实习,而非就业,因此无权索要工资。宣武区人民法院经过审理认为,劳动者与单位建立劳动关系,付出劳动,应当从单位取得相应的劳动报酬确定。本案中,该公司承认刘某于 2009 年 1 月 8 日至 3 月 11 日在该公司工作,法院予以确认。

对于双方是否存在劳动关系的问题,宣武区人民法院经审理认为,刘某在进入该公司工作时已年满 16 周岁,符合劳动法规定的就业年龄,其在校大学生的身份也非劳动法规定排除适用的对象,法律并没有禁止临毕业大学生就业的规定。被告明知刘某尚未正式毕业,刘

---

① 华律网. 在校大学生就业案例[EB/OL]. (2012-07-17)[2017-08-17]. http://www.66law.cn/laws/41314.aspx.

某并未隐瞒和欺诈,因此,法院有理由确认刘某为适格的劳动合同主体。该公司虽称刘某在该单位属于实习,但鉴于该公司向刘某明确了在单位的具体岗位和职责,并向其发放了2009年1月份的工资,以上事实充分表明,刘某在该公司并非实习,而应属于就业,属于劳动合同法管辖的范围,因此法院认定双方存在事实的劳动关系。对于该公司提出的无入金量就无底薪的说明,由于该项规定违反《中华人民共和国劳动法》的规定,法院不予支持。刘某要求支付拖欠的工资,理由正当,予以支持,据此,法院做出了如上判决。

复习思考题

1.组织一场交流会,讨论一下在社会实践活动中同学们是否发生过法律权益纠纷,并且相互分享。

2.采用问卷调查的方式,在校园调查大学生对法律知识的了解程度,最后整理形成调查报告。

3.案例分析:某大学生在社会实践活动中被车撞了,开车的人没有驾照,问:能否向肇事车辆保险公司要求赔偿?

拓展阅读

1.中共北京市委教育工作委员会,北京高教学会保卫学研究组.大学生安全知识[M].2版.北京:机械工业出版社,2008.

本书系大学生安全教育教材,是面向广大青年学生的安全教育读物,是专家、学者根据现代安全科学理论,通过广泛、深刻的调研和探索编写而成。本书从安全概念出发,逐一叙述了维护和谐校园、反对邪教、反对恐怖活动、预防非法侵害、防止火灾事故、遵守交通法规、防止网络危害、保障教学和社会实践活动安全、保持心理健康等相关的法律、法规和安全知识。该书集知识性、理论性、实用性为一体,旨在不断增强大学生的安全防范意识,提高其综合素质,为青年学生顺利完成学业、奉献社会、报效祖国提供保障。

2.杨能山.学生伤害事故处理法律指南[M].长沙:湖南人民出版社,2006.

本书详述了学生伤害事故中可能发生的民事、刑事以及行政责任的概念、形式和责任归属等问题,并且列举了一些具体的情形说明在学生伤害事故中学校应付责任或免除责任以及监护人在这其中的责任,还对事故伤害中的赔偿项目及金额进行了界定。全书力图将法律知识与现实情景相结合,对青年学生起到普及法律知识的作用,同时也增强青年学生的安全观念和法律意识,帮助其有效保障自身权益。

3.李莉莉,高建军,徐齐福.当代大学生与劳动合同法[M].武汉:武汉大学出版社,2013.

本书针对大学生劳动就业过程中的法律关系问题,以案说法,对《中华人民共和国劳动法》、《中华人民共和国劳动合同法》进行了详尽的解析,以期提高大学毕业生的法律知识和保护自己劳动权利的意识,维护大学生自身的合法权益。

4. 张勇. 大学生实习及其权益保障的法律与政策[M]. 上海:上海人民出版社,2012.

本书主要探讨了如何制定和完善大学生实习的法律制度规范,并对大学生实习的教育、劳动权益给予法律保障等问题进行了详细阐述。在进行相关理论分析、实证调查与比较借鉴的基础上,本书提出了我国应出台大学生实习的国家专门立法的设想(如大学生实习条例等),确立保护大学生实习权益的理念,规范和完善大学生实习制度及相关政策,建立健全大学生实习权益保障的法律,完善惩罚和预防实习侵权违法与犯罪行为的机制,以实现我国教育关系的和谐发展。

✤ 本章主要参考文献

[1]田欣,周颖,张静茹. 大学生之盾——大学生实用法律研究[M]. 北京:经济日报出版社,2007.

[2]吴卫军. 大学生实用法律知识读本[M]. 成都:电子科技大学出版社,2007.

[3]周叶中. 大学生实用法律读本[M]. 北京:高等教育出版社,2013.

[4]冯艾,范冰. 大学生社会实践导读[M]. 北京:社会科学文献出版社,2005.

[5]张子睿. 大学生社会实践教程[M]. 北京:国防工业出版社,2012.

第十章
大学生社会实践常用文体的写作

学习目标

- 掌握撰写社会实践论文的方法。
- 掌握撰写社会实践调查报告的方法。
- 掌握撰写社会实践新闻的方法。

　　社会实践常用文体是指在社会实践中联系外界、沟通情况、处理事务、解决实际问题而需要经常应用的,并具有一定写作程序,尤其是事务语体风格和惯用格式的文章体裁。鲁迅先生认为:"故文章之于人生,其为用决不次于衣食、宫室、宗教、道德。"约翰·奈斯比特曾说:"由工业社会向信息社会过渡中,有五件'最重要'的事应记住,而其中一件就是在这个文字密集的社会里,我们比以往更需要具备基本的读写技巧。"这充分说明了写作对人生的必要性,写文章的能力从某种意义上说代表着一个人的文化层次。同样,在社会实践活动中,掌握常用文体的写作技巧与方法具有重要意义。本章我们主要介绍社会实践活动中涉及的论文、调查报告和新闻的写作要求。

第一节　大学生社会实践论文的撰写

　　社会实践是学生全面素质提高的重要环节,是学生将所学知识应用于社会的重要过程。它既是学生学习、研究与实践成果的全面总结,又是对学生素质与综合能力的一次全面检验。为培养学生的科学精神,保证学生社会实践论文的质量,避免与社会实践报告相混淆,学生要重视社会实践论文的撰写。

一、论文的含义及特点

(一)论文的含义

论文是以议论为主,以叙述、描写、说明等为辅,运用概念、判断、推理、证明等逻辑思维形式,对客观事物或事理分析进行、论证,直接表达作者的思想、观点、见解、主张。[①] 进行各个学术领域的研究和描述学术研究成果的文章,简称为论文。它既是探讨问题进行学术研究的一种手段,又是描述学术研究成果进行学术交流的一种工具。它包括学位论文、科技论文、学年论文、毕业论文、成果论文等。

(二)论文的特点

1. 学术性

所谓学术,是指较为专门的、系统性的学问,学术论文是学术成果的载体,它的内容是作者在某一科学领域中对某一课题进行潜心研究而获得的结果,具有系统性和专门性,而不是点滴所得。学术性可以体现在推翻某一学术领域中的某种陈旧的观点,提出新的见解;可以是将分散的材料系统化,用新的观点或新的方法加以论证得出新的结论;还可以是在某个学科领域中经过自己的观察、调查、实验,有新的发现、发明或创造。论文的学术性表现在:要提出前人没有提出的观点;对某一理论进行补充或完善;对某一理论质疑,提出不同的意见;全面总结前人的研究结果,丰富该研究领域的理论知识。

2. 理论性

学术论文应具有一定的理论价值,要揭示事物的本质,反映客观规律。在写作中,作者需用大量的可靠材料,运用科学的方法,对本质的东西加以剖析,对事物的规律进行探讨。这就要求作者不仅要对所研究的对象有全面的认识,而且还要通过论证、阐发,将自己的发现和认识提高到理论的高度。学术论文在形式上属于议论文,但它与一般议论文不同,它必须有自己的理论体系,不能只是材料的罗列,应对大量的事实、材料进行分析、研究,使感性认识上升到理性认识。一般来说,学术论文具有论证色彩,或具有论辩色彩。论文的内容必须符合历史唯物主义和唯物辩证法,符合既分析又综合的科学研究方法。

3. 科学性

学术论文的科学性,主要是指作者能用科学的思维方法进行论证,并得出科学的结论。它要求作者以辩证唯物主义和历史唯物主义的科学态度和方法对待研究工作,尊重客观实际,坚持实事求是。科学性是学术论文的灵魂,没有科学性的"学术论文"是没有生命力的。学术论文的科学性,要求作者在立论上不得带有个人偏见,不得主观臆造,必须切实地从客观实际出发,从中引出符合实际的结论。在论据上,应尽可能多地占有资料,以最充分的、确

---

① 冯光.现代公文写作与实践[M].北京:高等教育出版社,2015.

凿有力的论据作为立论的依据。在论证时,必须经过周密的思考,进行严谨的论证。

4.创造性

科学研究是对新知识的探求,创造性是科学研究的生命。学术论文的创造性在于作者要有自己独到的见解,能提出新的观点、新的理论。这是因为科学的本质就是"革命的和非正统的","科学方法主要是发现新现象、制定新理论的一种手段,旧的科学理论就必然会不断地为新理论推翻"。因此,没有创造性,学术论文也就没有了科学价值。要想使论文具有创造性,要做到:要对问题进行长时间的、周密细致的分析研究,从中发现别人还没有发现到、认识到的成分,言他人所未言;在综合他人见解的基础上进行创新,事实上,理论界诸多新思想、新观念的提出,都必须站在前人的肩膀上才有可能实现。

二、论文的分类和作用

(一)论文的分类

为了探讨和掌握论文的写作规律和特点,需要对论文进行分类。由于论文本身的内容和性质不同,研究领域、对象、方法、表现方式不同,因此,论文就有不同的分类方法。

论文按内容性质和研究方法的不同可以分为理论性论文、实验性论文、描述性论文和设计性论文,按议论性质的不同又可以分为立论性论文和驳论性论文。立论性论文是指从正面阐述论证自己的观点和主张。一篇论文侧重于以立论为主,就属于立论性论文。立论文要求论点鲜明,论据充分,论证严密,以理服人。驳论性论文是指通过反驳别人的论点来树立自己的论点和主张。如果论文侧重于以驳论为主,批驳某些错误的观点、见解、理论,就属于驳论性论文。驳论性论文除按立论性论文对论点、论据、论证进行要求以外,还要求针锋相对,据理力争。此外,按研究问题的大小不同,还可以把论文分为宏观论文和微观论文。凡属国家全局性、带有普遍性并对局部工作有一定指导意义的论文,称为宏观论文。它研究的面比较宽广,具有较大范围的影响。反之,研究局部性、具体问题的论文,是微观论文。它对具体工作有指导意义,影响的面窄一些。

另外还有一种综合型的分类方法,即把论文分为专题型、论辩型、综述型和综合型四大类:①专题型论文。这是在分析前人研究成果的基础上,以直接论述的形式发表见解,从正面提出某学科中某一学术问题的一种论文。专题应用型论文是一种运用所学的理论基础和专业技能知识,独立地探讨或解决本学科某一问题的论文,其基本标准应该是:通过论文,可以大致反映作者能否运用所学得的基础知识来分析和解决本学科内某一基本问题的学术水平和能力。当然,它的选题一般也不宜过大,内容不宜太复杂,要求有一定的创见性,能够较好地分析和解决学科领域中不太复杂的问题。②论辩型论文。这是针对他人在某学科中某一学术问题的见解,凭借充分的论据,着重揭露其不足或错误之处,通过论辩的形式来发表见解的一种论文。③综述型论文。这是在归纳、总结人们对某学科中某一学术问题已有研究成果的基础上,加以介绍或评论,从而发表自己见解的一种论文。④综合型论文。这是一种将综述型和论辩型两种形式有机结合起来写成的一种论文。

(二)论文的作用

1.贮存研究信息

在研究任务完成之后,需对其研究结果立即加以总结,并以论文或报告的形式阐明其发现及发明。否则,可能随着时间的推移,其发明与发现逐渐消失,致使后人可能再次重复前人所做的工作,导致不必要的人力与物力的浪费。因此,学术论文的写作就是贮存这些研究信息,使它成为以后新的发明、发现的基础,以利于科学文化事业的延续和发展,不断地丰富人类文化宝库。人类文明的延续与发展,正是凭借着这种连续不断的积累、创造、再积累、再创造的过程实现的。因此学术论文是贮存科研信息的重要载体,而写作论文则是总结科学发现的重要手段。

2.传播研究结果

早在 19 世纪,英国著名科学家法拉第就曾指出,对于科研工作,必须"开始它,完成它,发表它"(to begin,to end,to publish)。因为,任何一项科学技术的研究与发明,都是社会成员的个体劳动或局部承担的科研活动的结晶。对于全人类来说,很有必要将少数人的研究成果变成全人类的共同财富。这就需要相互交流、相互利用,才能使科学技术不断地发展进步。这种传播方式可以不受时间与地域的限制,也可以传播到后代。因此学术论文也是传播研究信息的重要载体。凭借学术论文,我们才能把正确的理论传播开去,有效地实现理论对实践的指导功能。

3.总结实践经验

从事科研工作一线的其他人员,通过不断地实践,积累出较多的成功的经验和失败的教训。而这些经验与教训是十分宝贵的,将它们进行科学的分析和总结,并以论文形式发表与交流,就能发挥理论对现实的指导与借鉴作用,造福于人类。

4.启迪学术思想

在大量的科研成果和实践经验基础上,形成并发展起各种学术思想,这些学术思想通过论文的形式不断地探索与交流,并相互启迪,形成新的学术思想,以促进科学事业的发展。

三、论文的结构和要求

论文一般由题名、作者、摘要、关键词、正文、参考文献和附录等部分组成,其中部分组成(如附录)可有可无。

(一)题目

论文题目要求准确、简练、醒目、新颖。论文题名要规范。题名应简明、确切,能概括论文的特定内容,有助于选定关键词,符合编制题录、索引和检索的有关原则。

论文题目应该用简短、明确的文字写成,通过标题把实践活动的内容、特点概括出来。题目字数要适当,一般不宜超过 20 个字。如果有些细节必须放进标题,为避免冗长,可以设副标题,把细节放在副标题里。

(二)内容摘要

论文的内容摘要是文章主要内容的摘录,要求短、精、完整。论文需配摘要(有中、英文摘要的中文在前,英文在后)。摘要应反映论文的主要内容,概括地阐述实践活动中得到的基本观点、实践方法、取得的成果和结论。摘要字数要适当,中文摘要一般以 200 字左右为宜,英文摘要一般至少要有 100 个实词。摘要包括:①"摘要"字样;②摘要正文;③关键词;④中图分类号。

随着计算机技术和互联网的迅猛发展,网上查询、检索和下载专业数据已成为当前科技信息情报检索的重要手段。对于网上各类全文数据库或文摘数据库,论文摘要的索引是读者检索文献的重要工具,为科技情报文献检索数据库的建设和维护提供了方便。摘要是对论文综合的介绍,使人了解论文阐述的主要内容。论文发表后,文摘杂志或各种数据库对摘要可以不作修改或稍作修改而直接利用,让读者尽快了解论文的主要内容,以补充题名的不足,从而避免他人编写摘要可能产生的误解、欠缺甚至错误。所以论文摘要的质量高低,直接影响着论文的被检索率和被引频次。内容摘要的撰写要注意以下几点:

1.摘要的规范

摘要是对论文的内容不加注释和评论的简短陈述,要求扼要地说明研究工作的目的、研究方法和最终结论等,重点是结论,应是一篇具有独立性和完整性的短文,可以引用、推广。

2.撰写中文摘要注意事项

一是不得简单重复题名中已有的信息,忌讳把引言中出现的内容写入摘要,不要照搬论文正文中的小标题(目录)或论文结论部分的文字,也不要诠释论文内容。二是尽量采用文字叙述,不要将文中的数据罗列在摘要中;文字要简洁,应排除本学科领域已成为常识的内容,应删除无意义的或不必要的字眼;内容不宜展开论证说明,不要列举例证,不介绍研究过程。三是摘要的内容必须完整,不能把论文中所阐述的主要内容(或观点)遗漏,应写成一篇可以独立使用的短文。四是摘要一般不分段,切忌以条列的方式书写。陈述要客观,对研究过程、方法和成果等不宜作主观评价,也不宜与别人的研究作对比说明。

3.撰写英文摘要注意事项

以上中文摘要编写的注意事项都适用于英文摘要,但英语有其自己的表达方式、语言习惯,在撰写英文摘要时应特别注意。

(三)关键词

关键词是从论文的题名、提要和正文中选取出来的,是对表述论文的中心内容有实质意义的词汇。关键词是用作计算机系统标引论文内容特征的词语,便于信息系统汇集,以供读者检索。撰写关键词要注意以下几点:

1.关键词的规范

关键词是反映论文主题概念的词或词组,通常以与正文不同的字体字号进行编排。每篇论文一般选取 3~8 个词汇作为关键词,另起一行,排在"摘要"的左下方。多个关键词之间用分号分隔,按词条的外延(概念范围)层次从大到小排列。关键词一般是名词性的词或词组,个别情况下也有动词性的词或词组。关键词应标注与中文关键词对应的英文关键词。编排上中文在前,外文在后。中文关键词前以"关键词:"或"[关键词]"作为标识;英文关键词前以"key words:"作为标识。关键词应尽量从国家标准《汉语主题词表》中选用;未被词表收录的新学科、新技术中的重要术语和地区、人物、文献等名称,也可作为关键词标注。关键词应采用能覆盖论文主要内容的通用技术词条。

2.选择关键词的方法

关键词的一般选择方法是:由作者在完成论文写作后,从其题名、层次标题和正文(出现频率较高且比较关键的词)中选出来。

(四)正文

正文是实践论文的核心内容,是对实践活动的详细表述。这部分内容为作者所要论述的主要事实和观点,包括对实践活动的目的、相关背景、时间、地点、人员、调查手段的介绍,以及对实践活动中得到的结论的详细叙述。正文要有新观点、新思路;要坚持理论联系实际,对实际工作有指导作用和借鉴作用,能提出建设性的意见和建议;内容应观点鲜明,重点突出,结构合理,条理清晰,文字通畅、精炼。字数一般控制在 5000 字以内。为了做到层次分明、脉络清晰,常常将正文部分分成几个大的段落。这些段落即所谓逻辑段,一个逻辑段可包含几个小逻辑段,一个小逻辑段可包含一个或几个自然段,使正文形成若干层次。论文的层次不宜过多,一般不超过五级。正文一般由以下三部分构成:

1.导论

导论又称前言、序言和导言,写在论文的开头,也是正文前的引导部分。导论一般要概括地写出作者意图,说明选题的目的和意义,并指出论文写作的范围。导论部分或提出问题,或直接得出结论,或引出论因,及其他有关情况。导论要短小精悍,紧扣主题,最忌下笔千言,离题万里。

2.本论

本论也称正论,是论文的主体和核心部分。本论部分或对提出的问题进行深入分析,或对导论部分推出的结论展开论证,或对反方进行反驳,或围绕一个论题分层论述。本论应包括论点、论据、论证过程和结论。主体部分包括以下内容:论点部分,主要提出问题;论据和论证部分,主要分析问题;论证方法与步骤部分,主要解决问题;结论部分,主要说明文章要达到的目标。

3.结论

结论部分是文章的结尾部分,是在本论基础上的自然收束。论文的结论或归纳总结,或补充、强调、升华论题。结论包含对整个实践活动进行归纳和综合而得到的收获和感悟,也可以包括实践过程中发现的问题,并提出相应的解决办法。结论的写法灵活多样,但要简洁有力,明白确定。

(五)参考文献

一篇论文的参考文献是将论文在研究和写作中可参考或引证的主要文献资料,列于论文的末尾。参考文献应另起一页,标注方式按新的国家标准《信息与文献　参考文献著录规则》(GB/T 7714—2015)进行。[①] 新的国家标准《信息与文献　参考文献著录规则》(GB/T 7714—2015)已经于 2015 年 12 月 1 日起正式实施。

为了反映文章的科学依据、作者尊重他人研究成果的严肃态度以及向读者提供有关信息的出处,正文之后一般应列出参考文献表。引文应以原始文献和第一手资料为原则。所有引用别人的观点或文字,无论是否发表,无论是纸质或电子版,都必须注明出处或加以注释。凡转引文献资料,应如实说明。对已有学术成果的介绍、评论、引用和注释,应力求客观、公允、准确。伪注、伪造、篡改文献和数据等,均属学术不端行为。

参考文献是实践论文不可缺少的组成部分,它反映实践论文的取材来源、材料的广博程度和材料的可靠程度,也是作者对他人知识成果的承认和尊重。参考文献一律放在文后,参考文献的书写格式要按照新的国家标准《信息与文献　参考文献著录规则》(GB/T 7714—2015)进行。参考文献按文中引用的先后,从小到大排序,一般序码宜用方括号括起,不用圆括号括起,且在文中引用处用右上角标注明,要求各项内容齐全。文献作者不超过三位时,全部列出;超过三位只列前三位,后面加"等"字或"et al"。中国人和外国人名一律采用姓前名后著录法。外国人的名字部分用缩写,并省略"."。

四、撰写社会实践论文的主要步骤

社会实践论文的写作过程应包括以下步骤:收集资料、拟订论文提纲、起草、修改、定稿等。各个步骤具体做法如下:

(一)收集资料

资料是撰写社会实践论文的基础。收集资料的途径主要有:①通过实地调查、社会实践或实习等渠道获得;②从校内外图书馆、资料室已有的资料中查找。

(二)拟订论文提纲

拟订社会实践论文提纲是作者动笔行文前的必要准备。根据社会实践论文主题的需要拟订该文结构框架和体系。学生在起草社会实践论文提纲后,可请指导教师审阅修改。

(三)起草论文初稿

社会实践论文提纲确定后,可以动手撰写社会实践论文的初稿。在起草时应尽量做到

---

① 姜红贵.参考文献著录规则发展的历史脉络及新国标研究[J].出版发行研究,2015(11):29-32.

"纲举目张、顺理成章、详略得当、井然有序"。

(四)论文的修改与定稿

社会实践论文初稿写完之后,需要改正草稿中的缺点或错误,因此应反复推敲修改后,才能定稿。

第二节　大学生社会实践调查报告的撰写

社会实践是大学生素质全面提高的重要环节,是大学生将所学知识应用于社会的重要过程。它既是学生学习、研究与实践成果的全面总结,又是对学生素质与综合能力的一次全面检验。为培养学生的科学精神,鼓励学生运用所学理论深入实际,研究新问题、总结新经验,提高运用理论分析和解决问题的能力,培养大学生撰写高质量的社会实践调查报告具有重要价值。

一、调查报告的含义、特点及类型

(一)调查报告的含义及特点

调查报告是调查研究的产物,是根据某一特定目的,运用辩证唯物论的观点,对某一事务或某一问题进行深入细致的调查研究和综合分析后,将这些调查和分析的结果系统地、如实地整理成书面文字的一种文体。像考察报告、调研报告及××调查等都是常见的实践报告体裁。总的来说,调查报告就是论证系统,逻辑严密,摆事实、讲道理,具有强烈的说服力,从而使之成为科学决策的可靠资料。其主要特点如下:

1.客观性

客观性又称真实性,客观性即客观实在性,指事物客观存在。客观性是事物的本来面目,不掺杂个人偏见的性质。社会实践调查报告的客观性是指调查报告应当以实际的社会实践活动为依据进行分析和报告,如实地反映符合报告要求的各项社会实践活动的要素,保证社会实践活动报告真实可靠,内容完整。

2.针对性

社会实践调查报告是对某项工作、某个事件或某个问题进行深入细致的调查研究,对调查材料加以系统的整理和分析,揭示出本质,寻找出规律,总结出经验或分清是非后形成的书面报告。因而,社会实践活动调查报告必须贯彻针对性原则,中心突出,明确提出所针对的问题,清晰交代这一问题所获得的事实材料,分析出问题的症结所在,提出切实可行的建议和对策,使社会实践活动调查报告符合实际情况。

3.典型性

典型性指个性反映共性的程度。"任何个案,都具有共性和个性,是共性和个性的统一。在个案中,共性通过个性而存在,并通过个性表现出来。""典型性不是个案'再现'总体的性质(代表性),而是个案集中体现了某一类别的现象的重要特征。"①社会实践活动调查报告具有典型性,即要求社会实践活动调查报告所采用的事实材料要具有代表性,所揭示的问题要具有普遍性,能够反映事物的共性。

4.系统性

系统性要求我们看待问题、处理问题时从整体着眼,从整体和要素的相互作用与相互联系中把握事物的本质和规律,找到最佳的处理方法,从而得出全面正确的结论。社会实践活动调查报告具有系统性,即要求由社会实践活动材料所得出的结论必须具有说服力,把被调查的情况完整地、系统地交代清楚,要抓住事物的本质和主要方面,写出结论的推理过程。

(二)调查报告的类型

调查报告的分类有多种,可以从涉及的范围层次上分为宏观问题的调查报告、中观问题的调查报告和微观问题的调查报告;也可以从调查研究的对象和内容上分为新生事物的调查报告、典型经验的调查报告、历史进程的调查报告、揭露问题的调查报告;也可以从调查研究的侧重点上分为澄清事实型调查报告、思路启发型调查报告、可行对策型调查报告;还可从调查研究的方式上分为调查报告、研究报告、调查研究报告等。实际写作中往往有些交叉,比如反映新生事物与总结典型经验的两种调查报告可能混为一体,有些问题中微观与宏观也分不太清楚。因此,调查报告怎么写要从实际效果出发,怎么有利于反映主题说明问题就怎么写。依据内容不同,可以将调查报告分为以下几大类型。

1.专题型调查报告

专题型调查报告,就是侧重某个问题,对其进行较深入的调查后形成的报告,这类报告一般在标题上反映出来。它能及时揭露现实生活中的矛盾,反映群众的意见和要求,研究急需解决的具体的实际问题,并根据调查的结果提出处理意见或者对策。

2.综合型调查报告

它是以综合调查众多的对象及其基本情况为内容,作全面系统的调查和反映的报告,具有全面、系统、深入和篇幅较长的特点。它与专题调查报告的主要区别点就在于它的综合性上。它使读者可以从报告中全面了解事物的整体情况。

3.理论研究型调查报告

这是以学术研究为目的而撰写的报告,它以收集、分类、整理资料并提出问题,报告结论为特点,大多发表在学术刊物上,或载于学术著作中。

---

① 王宁.代表性还是典型性?——个案的属性与个案研究方法的逻辑基础[J].社会学研究,2002(5):123-125.

4.实际建议型调查报告

这是由于实际工作需要而撰写的调查报告,其主要内容是为预测、决策、制定政策、处理问题等进行调查所获得的材料及有关的建议。

5.历史情况型调查报告

这是根据需要以历史情况为对象进行调查而形成的调查报告。它可以供人们了解某一事物或问题的历史资料和历史真相。

6.现实情况型调查报告

这是以正在发生、发展的一些现实生活为对象进行调查后所形成的调查报告。人们可以通过它了解和认识某些事物和问题的客观现实情况,以作为其他认识活动的依据或参考。

二、调查报告撰写的结构及要求

调查报告的结构形式多种多样,没有固定的格式。调查报告要求结合课程的内容,观点鲜明,立意准确,论述有力;所引用事实资料、数据准确。课题组成员要齐心协力,撰写调查报告要精益求精。调查报告语言要准确、简洁、易懂。调查报告完成后,全体组员可以展开讨论,做出进一步的修改与完善。一份完整的调查报告应由以下部分组成。

(一)报告题目

报告题目应该用简短、明确的文字写成,通过标题把社会实践活动的内容、特点概括出来。题目字数要适当,一般不宜超过 20 个字。如果有些细节必须放进标题,为避免冗长,可以设副标题,把细节放在副标题里。调研报告的标题可以有两种写法。一是规范化的标题格式,基本格式为"××关于××××的调查报告"、"关于××××的调查报告"、"××××调查"等。二是自由式标题,包括陈述式、提问式和正副题结合使用三种。①陈述式标题,如《××××大学硕士毕业生就业情况调查》;②提问式标题,如《为什么大学毕业生择业倾向沿海和京津地区》;③正副标题结合式,正题陈述调查报告的主要结论或提出中心问题,副题标明调查的对象、范围、问题,这实际上类似于"发文主题"加"文种"的规范格式,如《高校发展重在学科建设——××××大学学科建设实践思考》等。

调查报告的全部标题层次应统一、有条不紊,整齐清晰,相同的层次应采用统一的表示体例,正文中各级标题下的内容应同各自的标题对应,不应有与标题无关的内容。章节编号方法是:一级标题编号:一、二、三……二级标题用(一)、(二)、(三)……三级标题用1、2、3、……四级标题用(1)、(2)、(3)……一级标题居中,二级及以下标题左对齐。前三级标题独占一行,不用标点符号,四级及以下标题与正文连排。注意分级的编号一般不超过四级。

(二)学院名称及学生姓名

学院名称和学生姓名应在题目下方注明。学院名称应用全称,一般用 5 号宋体字。学生姓名也应用全称,一般用 5 号宋体字(指导老师可以根据自己实际情况做出规定,统一格式即可)。

(三)摘要

社会实践调查报告需配摘要(有英文摘要的中文在前,英文在后)。摘要应反映社会实践调查报告的主要内容,概括地阐述实践活动中获得的基本观点、实践方法、取得的成果和结论。摘要字数要适当,中文摘要一般以 200 字左右为宜,英文摘要一般至少要有 100 个实词。摘要的内容包括:①"摘要"字样。②摘要正文,包括以下三方面内容:一是,简要说明调查目的,即简要说明调查的原因;二是,简要介绍调查的对象和调查内容,包括调查时间、地点、对象、范围、调查要点及所要解答的问题;三是,简要介绍调查研究的方法,明确调查研究的方法,有助于确信调查结果的可靠性,并说明选用该方法的原因。③关键词。关键词是文献检索标识,是表达文献主题概念的自然语言词汇。关键词其实有点类似于报告的主题,关键词的数量一般为 3~5 个。

(四)前言

前言主要介绍社会实践活动的目的及意义,应包括相关背景、时间地点、人员组成、调查手段组成,实践单位或部门的概况及发展情况、实践要求等内容。其写法主要有:①写明调查的起因或目的、时间和地点、对象或范围、经过与方法,以及人员组成等调查本身的情况,从中引出中心问题或基本结论来。②写明调查对象的历史背景、大致发展经过、现实状况、主要成绩、突出问题等基本情况,进而提出中心问题或主要观点。③开门见山,直接概括出调查的结果,如肯定做法、指出问题、提示影响、说明中心内容等。前言起到画龙点睛的作用,要精炼概括,直切主题。

(五)正文

正文是调查报告的核心内容,是对实践活动的详细表述,主要是实践的基本情况、做法、经验,以及根据调查研究所得材料得出的各种具体认识、观点和基本结论。这部分内容为所要论述的主要事实和观点,要对实践活动中得到的结论进行详细叙述。可按照实践顺序逐项介绍具体实践流程与实践工作内容、专业知识与专业技能在实践过程中的应用。以记叙或白描手法为基调,在完整介绍实践内容基础上,对自己认为有重要意义或需要研究解决的问题重点介绍,其他一般内容则简述。重点介绍对实践中发现的问题的分析与思考,提出解决问题的对策建议等。分析讨论及对策建议要有依据,分析讨论的内容及推理过程是实践报告的重要内容之一,包括所提出的对策建议,是反映或评价实践活动调查报告水平的重要依据。正文要有新观点、新思路;坚持理论联系实际,实事求是、对实际工作有指导作用和借鉴作用,能提出建设性的意见和建议;报告内容观点鲜明,重点突出,结构合理,条理清晰,文字通畅、精炼。字数一般控制在 5000~8000 字。

（六）结束语

结束语可以是对整个实践活动进行归纳和综合而得到的收获和感悟；可以是实践过程中发现的问题，提出的相应解决办法、对策或下一步改进工作的建议；或总结全文的主要观点，进一步深化主题；或提出问题，引发人们的进一步思考；或展望前景，发出鼓舞和号召。

（七）参考文献

参考文献是实践报告不可缺少的组成部分，它反映实践报告的材料的广博程度和可靠程度，也是对他人知识成果的承认和尊重。调查报告中的参考文献的标注方式按新的国家标准《信息与文献　参考文献著录规则》(GB/T 7714－2015)进行。

（八）附件

对于某些不宜放在正文中，但又具有参考价值的内容，可以编入实践报告的附件中。

三、撰写调查报告的主要步骤

调查报告的写作过程应包括以下步骤：收集资料、拟订调查报告提纲、起草调查报告初稿、调查报告的修改与定稿等。其具体内容与撰写社会实践论文的主要步骤相似，故此处从略。

四、调查报告写作应注意的问题

大学生在撰写社会实践活动调查报告的过程中，要处理好调查、研究、报告三者之间的关系。一般认为，"调查"是基础，"研究"是关键，"报告"是结果，要认真分析研究，科学概括出合理的结论。

（一）要有科学求证问题的精神

撰写调查报告要实事求是，如实反映情况，注重实践成果的转化。通过深入调查研究，在广泛收集、充分占有资料的基础上，对占有的丰富资料进行认真分析研究，揭示事物的客观规律，从中归纳出具有普遍指导意义的规律性的结论，这既是调查报告要撰写的基本内容，也是撰写调查报告的主要目的。

（二）要注意运用典型事例说话

要真正撰写一篇高质量的具有启发意义的调查报告，就必须深入实际，详尽挖掘丰富的实践材料，这是前提和保证。没有丰富的实践材料，撰写的调查报告就成了无源之水、无本之木。同时，要善于运用材料说明观点，力求两者的统一。运用材料证明观点的关键在于对典型实践材料的恰当运用。在撰写调查报告的过程中,对于那些概括性材料、典型性材料、对比性材料、具体性数据等都是证明自己观点的有效手段,注意要去粗存精,去伪存真,灵活运用。

(三)语言要准确、精炼、生动

在撰写社会实践调查报告时,要重视语言的锤炼与推敲,力求做到准确、鲜明、朴实、生动,并注意运用来自劳动人民群众的生动活泼的语言,适当采用格言、诗词及典故等,以便增强调查报告的感染力和影响力。

第三节　大学生社会实践新闻的撰写

新闻宣传工作是引导大学生树立正确的世界观、人生观、价值观,激励大学生拼搏向上的一项重要工作。充分发挥新闻宣传工作的重要性,真正把此项工作做地有声有色,就能起到"一石击起千重浪"的效果。新闻宣传报道,特别是典型事例、典型人物的报道,对大学生社会实践活动有着重要的指导意义。对社会实践活动中的重要事件、先进人物、先进单位等先进范例、成功经验,通过新闻宣传报道后,就会起到事半功倍的教育作用和宣传效果,有利于大学生的身心健康发展,有利于提高大学生社会实践活动的实效性。

一、新闻的含义、结构及特点

(一)新闻的含义

新闻,是指通过报纸、电台、电视台、互联网等媒体途径所传播的信息的一种称谓。新闻概念有广义与狭义之分。就其广义而言,除了发表于报刊、广播、互联网、电视上的评论与专文外的常用文本都属于新闻之列,包括消息、通讯、特写、速写(有的将速写纳入特写之列)等。狭义的新闻则专指消息,消息是指用概括的叙述方式,比较简明扼要的文字,迅速及时地报道国内外新近发生的、有价值的事实。一篇新闻报道,无论是消息、通讯还是特写,一般都包含这 6 个要素,即时间、地点、人物以及事件的起因、经过、结果,也就是 5 个"W"和 1 个"H",即 who(何人)、what(何事)、when(何时)、where(何地)、why(何因)、how(如何)。

新闻稿是公司、机构、政府或学校等单位发送于传媒的通信渠道,以公布有新闻价值的消息。通常会用电子邮件、传真、书信(电脑打印)的形式分于报纸、杂志、电台、电视台(电视网络)、通讯社的编辑,亦有专业公司提供分发商业新闻稿的服务。不少新闻稿是通知各大传媒有关记者招待会的消息。新闻稿异于新闻,新闻稿是鼓励新闻记者在该题材上撰写的稿件。

(二)新闻的结构

新闻的结构一般有以下五种基本形式:①灵活鲜明的标题;②引人入胜的导语;③深化题旨的文体;④有的放矢的背景;⑤恰到好处的结尾。新闻的写作应重点掌握前面交代过的五个组成部分,即标题、导语、文体、背景和结尾。

(三)新闻的特点

1.真实性

真实性是新闻最重要的特点。真实是新闻的生命,离开了真实,新闻会失去了存在的意义。所谓新闻的真实性,就是要一切从实际出发,忠于事实,遵循事实本身所具有的客观属性。新闻的真实性具体表现在以下几方面:①它要求所写的人事、地点、时间、数字、情节都必须真实,甚至连细节描写也要真实。道听途说,扩大或缩小事情都是新闻不容许的,比如说学生没有参加某个社会实践,如果硬着头皮写新闻,写出来的新闻总有一种不踏实感,因为究竟开展了哪些社会实践不得而知,仅凭自己的感觉来写社会实践方面的新闻,这样的新闻肯定就会失去真实性。②要真实地反映事物的本质,不能只看表面现象,要挖掘出事物内部真实可靠的东西。如果奉行流行的形式主义,新闻就没有真实性可言。新闻的真实性要求大学生要有高度的责任感,身临其境的体验,分析思考的头脑,力求客观、公正、真实、全面。

2.时效性

新闻贵新,要新就要讲究时效。时过境迁,慢三拍,就没有新闻可言。特别是在当今信息社会中,通信手段日益现代化,信息四通八达,竞争日趋激烈,新闻的战斗性、吸引力如何,很大程度上取决于传递的速度。新闻的时效性主要有两层意思:①新闻要及时迅速。用一句老话说新闻应该是"活鱼"而不是"明日黄花"。"快"是新闻的第二生命,任何迟缓都会削弱甚至失掉新闻的价值。如电视台新闻播放时常常有"本台刚刚收到的消息",这就突出了快和新。②新闻报道要合"时宜",即在最合适的时间内报道某一特定的新闻信息。有些新闻报道并不是越快越好,还有一个发表时宜,时机问题。尤其在一些特定的时期内一定要注意,某一报道的效果,不能因为抢时间而不顾及影响。

3.新鲜性

新闻有一种猎奇、出人意料、引人注意的特性,除了要求新闻报道的迅速性,还要求新闻写作的灵活性、创新性,要突破俗套、改革创新、变换角度写,以新带旧;要变换体裁写,以旧生新,还有语句的描述运用,标题、导语、正文、结尾怎样创新等。新闻重"新"贵"鲜"。新鲜性可说是新闻的本质属性。新闻的新鲜性主要包括时间新和内容新两方面:①时间新。新闻是"易碎品"。时间新就对我们的通讯员采写新闻稿件的能力提出了较高的要求。例如,通讯员要具备较强的新闻敏感性,要具备积极的"抢新闻"意识以及"眼快"、"腿快"、"手快"的抓新闻的本领,要具备熟练的采访写作综合能力等。②内容新。新闻是新近发生的事实的报道,但并非凡"新近发生的事实"均可成为新闻,只有内容具有"新鲜性"的才可能成为新闻。结合到实践方面的新闻,那就是在实践过程中收获的新思想、新视野,以及进行实践方面的新技术、新举措等。

4.目的性

有经验的记者,在采写一篇新闻或通讯的时候,总要反复考虑报道的目的性:为什么要报道这件事? 到底想解决什么问题? 能起到什么作用? 能达到什么目的? 只有明确了报道的目的性,才能提高报道的质量,使报道有思想性和真实性,才能得到好的宣传效果和社会效果。这其实就是要讲究新闻的目的性。新闻要真实,但不是凡真实的事实都能够成为新闻;新闻讲时效,但不能只抢时间,不注意时机。与任何文体一样,新闻的写作要有鲜明的目的性。这也就是我们常说的"文以载道"。这里的"道"主要表现为:在政治上,新闻的一大主要功能就是党和政府的"喉舌",它及时地向人民宣传党和国家的路线方针政策,用马克思列宁主义、毛泽东思想、"三个代表"重要思想、科学发展观、习近平新时代中国特色社会主义思想指导人们的思想,引导人们转变观念适应社会的发展,从而推动社会的进步。在经济上,新闻及时地发布和宣传各种新的商品信息,引导人们消费,促进市场的繁荣。在文化上,引导人们践行社会主义核心价值观,净化人们的灵魂,提高人们的思想觉悟和文化修养。在社会管理上,把党和政府的路线方针政策及时准确地传递给公众,把人民群众的愿望和心声及时反馈给党和政府,通过满足公众的知情权来构建和谐社会。在环境保护上,传播生态文明知识,引导人们树立尊重自然、顺应自然、保护自然的生态文明理念,把生态文明建设放在突出地位,融入经济建设、政治建设、文化建设、社会建设各方面和全过程,努力建设美丽中国,实现中华民族永续发展。

二、社会实践活动新闻的写作

新闻主要分为新闻报道和新闻评论。新闻报道主要指新近发生的、重要的、有社会意义的事实报道。新闻评论是报纸、电台用以直接表达意见、评价事实、引导舆论的一种文体。新闻报道与新闻评论相比较而存在。它评价生活,但不直接评论,而是通过对事实的叙述来达到评价生活的目的。它的表达方式主要是叙述。语言要求简洁明了、通俗流畅、生动形象。根据表达方式、结构体制、语言运用和时效性强弱的不同,新闻报道可以分为消息、通讯、报告文学、新闻公报等。这里,我们主要介绍消息和通讯的写作。

(一)消息的写作

1.消息的含义及特点

消息是各种新闻体裁中使用最多、也最活跃的一种体裁,在新闻报道中占有非常重要的地位。何谓消息? 消息是指国内外新近发生的具有一定社会价值的人和事的简要而迅速的报道。[①] 消息以真切的事实打动读者,影响社会舆论。它直截了当叙事,具有极强的说服

---

①　冯光.现代公文写作与实践[M].北京:高等教育出版社,2015.

力,使读者信服。它面广、量大、内容丰富、读者众多,令通讯及其他媒体望尘莫及。它能够迅速、及时地将国内外瞬息万变的客观事实报道给读者。消息一直被认为是新闻报道的主角,在可以预见的将来,这一地位应当也不会改变。这是由消息的体裁特点及所具有报道优势决定的。

(1)语言的简括性。简要、概括地报道新闻事实,是消息有别于其他新闻体裁的最本质特点。在写作上,消息重在概括性的陈述,所以篇幅相对较短;而通讯则重在对事实的描写、展现、解释、分析等,所以篇幅也较长。即便是描写性或分析性消息,也重在言简意赅。

(2)客观性。消息的客观性表现在内容真实,事实准确。事实,是消息的本源。内容真实、用事实说话是消息的特点和优势。消息报道的力量就在于真实。一方面,消息所写的人名、地名、时间、事件经过、周围环境、历史背景、引语数字、细节描写、人物心理活动以及报道中所涉及的自然科学和社会科学知识等都要准确无误;另一方面,消息所写的应是能反映事物本质的、有普遍意义的事实。

(3)新颖性。消息的新颖性表现在内容新鲜,这样的消息才具有价值。所谓新,不仅是指别人没有报道过的事实,而且要求对于广大读者具有新的认识意义和指导意义。为此,消息不仅要把新事件、新人物、新经验、新创举等新鲜事物报道给人们,给人以新的信息,而且要选择有价值的材料,能给人以新的思想、新的认识和启迪。

(4)快捷性。消息的快捷性表现在迅速及时,讲求时效。迅速及时地报道群众须知而未知的事实,是消息的又一鲜明特点。"今天的新闻是金子,昨天的新闻是银子,前天的新闻是垃圾"。当然,消息的"快",要注意合乎时宜,要注意以事实的新鲜和真实为前提。

2.消息的类型

消息的种类,可以从不同角度加以区分。从内容上,消息可以分为农业消息、工业消息、文教消息、体育消息、社会消息等。从报道对象上,消息可以分为人物消息、会议消息、成就消息、参观消息、节日消息等。从报道范围上,消息可以分为国内消息、国际消息等。这里按写作体裁、写作特点来划分,消息可分为以下五类:

(1)动态消息。动态消息是快速报道国内外刚发生的、将要发生的、正在发展的事物动态。国际国内的重大事态,各个领域的新事物、新成就,都可以及时报道。大量的、连续的动态消息构成现实生活丰富多彩的画卷。动态消息又可分两类:①连续性报道,一天一报,汇集起来便成了一件事物的完整过程;②不连续的报道,事件本身就很完整。

(2)综合消息。综合消息,反映某些全局性的动向、成绩、教训等,报道面较广,声势较大。可以围绕一个中心报道许多有关的动态,还可以把一个地区或一个部门同类事实综合在一起加以报道。综合消息要有分析、有归纳、有综合。

(3)特写消息。特写消息是用电影特写镜头的手法写的一种新闻,往往集中描写重大事件的重要场面,或某件事的重要片断,语言形象生动。

(4)经验消息。经验消息也叫典型报道,它是对一些具体部门、单位开展工作取得成功经验的报道。这种消息通常要介绍情况、反映变化、归纳作法、总结经验,从事实发展过程中找出一些规律性的东西,提供借鉴,推动工作。

(5)述评消息。述评消息也称评述消息,它是夹叙夹议即报道和评论相结合的新闻体裁。当人们对当前的事态不理解时,在报道事态发展的过程中需要加以评论,帮助人们提高认识;当事件告一段落或发生转机时,也需及时地认清形势总结规律。述评,就是摆事实,讲道理,提出问题,解决问题。述评消息包括时事述评、事态述评、工作述评、思想述评等。

3.消息的写作要点

(1)精心制作标题。消息的标题在消息的写作中具有重要作用。其主要表现为:一是导引;二是导向;三是美化和序化。消息标题的类型主要有主体类、从属类和整合类等三类。主体类标题是最基本的类型。它包括主题、引题和副题。主题又称主标题、正题、母题。引题又称肩题、眉题。消息标题写作要求是:准确、鲜明、凝练、生动。

在大学生社会实践过程中,好标题必须反映调研的主题。社会实践的主题可以选择某一个村庄(社区)、某一个企业、某一个行业、某一单位、某一群体、某一特殊事物或现象进行调查,如某村的养老问题、新农村建设、新农合医疗、某地产业发展、文化发展等都可以作为调研主题。

(2)写好导语与主体。导语写法并不单一、刻板,不一定五个 W 俱全(时间、地点、人物、事件、为什么),但简洁、明了,能集中概括新闻的主要事实,揭示全文主题,仍是对它的基本要求。主体部分写作应特别注意的是,主体与导语文字应避免重复,导语说过的话,主体不要再说。

(3)注意背景材料的穿插。背景材料写作要注意以下几点:①紧扣主题,使背景材料起到丰富、深化、解释主题作用,不能东拉西扯,漫无边际,偏离主要新闻事实。②要有的放矢,考虑读者需要,把背景材料写在最关心最渴望的"盲点"上,对大家都很熟悉的,不要重复。③要与主要新闻事实结合起来,成为整条新闻的有机组成部分。

(二)通讯的写作

1.通讯的含义及特点

通讯是一种对新闻事件或人物进行详细而生动的报道的新闻文体。[①] 它是运用叙述、描写、抒情、议论等多种手段,具体、生动、形象地反映新闻事件或典型人物的一种新闻报道形式。它是记叙文的一种,是报纸、广播电台、通讯社常用的文体。通讯与消息都具有新闻性、现实性和时效性,但通讯不同于消息。总的说来,通讯有几个明显不同于消息的特征:即通讯能够报道某一新闻事实的全貌或过程;它重视对细节和情节的展开;它在文字上能够广泛运用多种表现手法。通讯写作成功的关键是要抓住矛盾来谋篇布局。只要我们在通讯写作中抓住读者的心理,根据读者关心的问题来组织结构,安排材料,巧设矛盾掀起波澜,就能写出吸引人的作品来。通讯的特点主要如下:

(1)新闻性。通讯是新闻报道的一种形式,它必须迅速、及时地反映现实生活中值得报道的人物与事件。通讯的内容必须具有新闻性,即要具有新闻价值。

(2)完整性。通讯是消息的深入和补充,或者说是消息的延伸和扩展。消息常常简要地报道一个事实的片断,通讯则要求在真人真事的基础上选材、安排场面和刻画人物,常常要详细地展示所报道人物和事件的具体情况,有时要反映事件的"全过程",因而具有完

---

① 冯光.现代公文写作与实践[M].北京:高等教育出版社,2015.

整性。

（3）形象性。通讯必须要用具体、生动、典型的事例来揭示事件的本质,感染人、启迪人。消息概括性强,通讯具体性、形象性强。有人物的外形,有人物活动的环境,有事件过程及细节,有景物描写、心理描写。因而,通讯在表达方法上更加自由灵活、变化多端;比消息有更多的描写、议论、抒情;通讯的语言更加生动活泼,具有生活气息和文学色彩。

（4）评论性。通讯运用夹叙夹议的方法对人或事做出直接的评论。消息是以事实说话,除述评消息一般不允许作者直接发表议论。通讯则要求在报道人物或事件的同时,表露记者的感情与倾向。然而通讯的评论不同于议论性文体的论证,它须时时紧扣人物或事件,依傍事实作适时的、恰到好处的评价点拨。因此这是一种通过描写、叙述、抒情等表达手段进行的议论,它的特点是以情感人,理在情中。

2.通讯的结构

通讯的结构灵活多样,不拘一格。可根据不同的内容需要灵活安排,即便是同样的内容,也可以运用不同的布局安排。

（1）标题。通讯的标题多数为单行式,有的有副标题,也只是交代报道的对象和新闻的来源。

（2）开头。通讯的开头多姿多彩,不拘一格。主要有以下两种方式:①直起式。开门见山直述其人其事,直接抒发感情或直接发表见解。②侧起式。利用铺垫的方法,从头说起,娓娓道来,然后再进入正题。

（3）通讯的中心。这是通讯的主体,这部分的关键在于要把调查采访来的纷纭材料理出一个头绪,然后酌情合理地安排使用这些材料。材料的安排布局,可以依照事物发展的前后过程为主线,有的部分是按"横式结构"组织材料,有的部分是按"纵式结构"组织材料,也可以用纵横兼备的线索安排布局材料。

（4）通讯的结尾。通讯的结尾比较灵活自由。有的是提出召唤,引读者共鸣;有的意犹未尽,给读者留有回味的余地;有的用精辟议论结尾,揭示和深化主题;等等。

3.通讯的写作要点

（1）内容具体翔实,生动感人。基础在于有丰富具体、真实入微的材料。这些材料要靠深入的挖掘搜集。

（2）分析材料,提出主题。面对一大堆的材料,怎样才能把它加工制作成为一篇完整的通讯,哪些材料有用,哪些没用,各种有用的材料之间彼此是一种什么关系,在这些问题没有理清楚之前,不能盲目下笔。要理清楚这些材料就要认真分析材料,对材料进行一番"去粗取精、去伪存真、由此及彼、由表及里"的工作,找出众多材料本质的东西,也就是从分析材料中提出明确的主题。

通讯的主题,是在采访、写作的过程中逐步形成的。一般是:先有素材,后有题材,再有主题。采访中收集到的大量的原始材料,尚未经过综合整理、提炼加工的东西,叫作素材。

人们根据一定的报道思想,根据自己对生活、对事实的理解和评判,从大量素材中选择、提炼、加工成的写作材料,叫作题材。题材经过人们头脑的深思熟虑,由浅入深,由表及里,抓住本质和核心,渐渐形成一个明确的思想,叫作主题。

(3)运用多种表现方法。通讯,主要是人物通讯、事件通讯,需要精心剪裁,运用多种表现:描写、议论、抒情等方法,写好典型材料和扣人心弦的细节,以增强真实感人的力量。

三、社会实践活动新闻写作注意事项

在社会实践活动开展过程中,应加强新闻宣传与信息上报工作。要及时向校内外报纸、电视、网络等媒体发送文字及图片新闻信息,充分展示学校师生参与社会实践的风采;加强信息工作,及时反馈有关社会实践进展过程中的各项工作信息。为此,社会实践活动新闻的写作需要注意以下几点:

(一)合理分配提问

为了搞清一个事实,有许多必不可少的采访提问,但学生应当搞清楚问题,妥当地分配给不同的采访对象,说明采访目的,争取对方协助。与采访对象第一次见面时,学生应当尽快出示介绍信并说明采访目的,以求得到对方的信任。提问要具体,越是经验不足的学生,所提的问题越容易笼统,含糊不清,而越是笼统的问题越难回答。最难回答的问题:你有什么感想? 你当时是怎样想的? 要提有特点的问题,既然泛泛地提问只能得到泛泛的回答,那么就要注重有特点的提问,这样才能得到充满个性的材料。把采访提问变为"一问一答",这种采访方式容易气氛紧张。如果设法把采访提问变为自由交谈、聊天,会使采访人情感更浓、生活气息更浓,往往效果更好。学会刨根问底,随机应变。提问要有逻辑性,适应一般人的谈话思路,事先明确要谈什么题目,然后一个问题接一个问题依次谈下去。

(二)提问的类型

(1)正面提问。这是一种基本的提问类型,开门见山地提出问题,不拐弯抹角。问题一般分为开放型和闭合型两种。所谓开放型问题,是指不要求采访对象具体的回答,使对方畅所欲言,采访的气氛比较轻松。所谓闭合型问题,是指提出的问题,要求对方有一个明确、简短的答案:"是"或"不是"。

(2)引导性提问。这种提问中闭合型问题居多,它指的是学生在挖掘事实过程中的一种积极的态度。

(3)追问。这是学生常用的一种提问方法,目的在于捕捉那些具体的事实和细节。

(4)假设性提问。这是一种创造性的提问方法。

(5)激将法提问。这是在对方不愿意回答问题时所采用的一种强硬的手段,即"正话反说"。

(三)提问的方式

(1)面对面的交谈。这是访问的基本方式。在采访比较重要的报道时,一定要找到负责人、当事人、见证人面谈,力争尽量多地拿到第一手材料。

（2）侧面问。侧面问主要是指访问新闻人物周围的人，从侧面了解新闻人物的事迹和思想。

（3）体验式访问。体验式访问即学生深入到现场，与采访对象"泡"在一起，一起生活，一块儿聊天。

（4）书面采访。书面采访即将提问写在纸条上，给采访对象或用信函寄给采访对象，然后等待答复。

（5）电话采访。电话采访是指通过电话交流，了解采访对象的相关信息。

（6）隐身采访。隐身采访是指学生不暴露自己的身份到现场去采访和体验。

（四）怎样进行观察

（1）到现场去。谈到观察，离不开一个基本条件——到现场去。从新闻事业本身来讲，不经受现场的风雨，不吸收现场的营养，新闻就会变质，遭到读者的放弃。

（2）看不等于观察。西方有句俗语："看的人不少，看见的人不多。"观察是一种技巧，也是一门学问，它需要有明确的目的、高度的注意力和扎实的基本功。

（3）观察依赖过硬的基本功。观察是一种技巧，需要扎实基本功，即敏锐的观察能力。何为敏锐？ 在短时间内能捕捉到关键的镜头，对于客观事物有精细的识别能力。

（4）掌握观察的规律。无论是观察人，还是观察事态，一般的秩序是：先动后静、先大后小、先近后远、先上后下。

（5）有粗看，也有细察，以细为主。

（6）几种有助于观察的技能：第一种，目测；第二种，速写；第三种，拍照。

第四节 材料阅读与思考

常用文体（调查报告、新闻报道及论文）的写作在大学生社会实践活动中起着重要作用。学生的写作能力和基础，不是一两天就可以做到的。但是，只要大家努力，真正做了大量的调查工作，有丰富的内容，有正确的观点，有解决问题的有效办法，就可能完成社会实践常用文体（调查报告、新闻稿及论文）的写作。下面是两篇有关社会实践的调查报告和新闻报道，大家认真研读材料并思考以下问题：作为社会实践活动的参加者，如何写出一篇高质量的调查报告？ 怎样对社会实践进行新闻报道？ 如何对社会实践的过程和结果进行理性思考？

阅读材料 10-1

关于垃圾分类处理的调研报告①

过去三岔村对垃圾的处理方式主要是直接露天集中堆放或简易填埋,不仅严重影响了村容村貌,更对环境产生了很大的即时的和潜在的危害。随意堆放的垃圾侵占了大量土地,对农田破坏严重,垃圾腐败过程中产生的有害气体和渗漏液很可能污染空气和地下水,严重影响村民的生产生活。现在借着建设新农村的契机,政府对农村的垃圾处理设施进行了基本的完善,村民也有了一些环保意识,但是,垃圾处理方式还是存在着很大问题。

一、存在的主要问题

(一)垃圾回收设施不完善

村中的街道旁摆有四五个垃圾桶,但并不是分类回收的垃圾桶,因此,所有的垃圾都会被扔到一个垃圾桶里。从村干部口中得知,村中每家都有小型的垃圾分类回收桶,但是村民家中的垃圾会集中倒入街道旁的大型垃圾桶,因此,村民在家中进行的垃圾分类等于做了无用功。由于村中的垃圾桶主要摆在居民集中居住的地方,再加上村中的垃圾桶数量有限,导致有些村民会自行找地方扔垃圾。其实,村民还是有一定的环保意识的,但是限于垃圾的回收设施不完善,导致他们无法从行动上真正做到环保。

(二)垃圾集中回收处理存在问题

三岔村离城区比较远,人口不多,所以,就没有人重视这里的垃圾集中回收处理问题。这里的垃圾桶满了之后,村民会将垃圾桶中的垃圾点燃,用焚烧的方式对垃圾桶中的垃圾进行处理。而在该镇其他大型的行政村,每天会有垃圾车对村中的垃圾桶中的垃圾进行回收,然后再运到垃圾处理厂进行集中处理。

(三)村民垃圾分类意识很薄弱

从我们对村民进行的垃圾处理问卷调查的分析中可以看出,村民的垃圾分类的意识很薄弱,90%的人对于垃圾分类不大了解,而村中的老年人和没有受过教育的村民对垃圾分类则完全不了解。而对于哪些垃圾是有害垃圾,60%的村民只知道一些非常常见的有害垃圾,例如废电池和塑料袋等。

(四)资金不足

由于垃圾治理长期被视为一项公益事业,其经费主要来源于国家和地方财政。随着垃圾数量的增加和环保要求的提高,政府对垃圾处理的投入虽然有所增加,但只能满足垃圾的一般处理要求。由于经费短缺,农村地区的环境卫生治理在设施设备配置、业务范围拓展、管理能力上都与城市存在很大的差距。在不断提高农村生活垃圾处理水平和改善村容村貌的要求下,政府财政的支持力度显得不足,加大了农村保洁和生活垃圾规范处理的难度,尤

---

① 李相阳,刘海燕.开展垃圾处理重拾第二资源——怀柔区渤海镇三岔村垃圾分类处理现状调查报告[M].北京:中国农业科学技术出版社,2015.

其对财力薄弱的乡镇和行政村无疑是难上加难。

二、建议

（一）利用多种渠道筹集资金，加快农村生活垃圾处理处置

资金短缺是限制农村垃圾治理的主要因素，而建立农村生活垃圾收集处理处置系统需要大量的资金投入，尽管市、区（县）财政列出专项经费用于垃圾收集系统中必要的硬件设施、设备补贴，但对于全面支持农村环卫工作的开展仍显不足。因此，应鼓励广大农村积极探索多元化投资渠道，采用吸纳社会、企业共同参与等办法来解决经费问题。

（二）建立适合农村特点的垃圾回收利用系统

垃圾分类收集是实现垃圾减量化、资源化、无害化的前提，根据农村生活垃圾组成、处理方式以及垃圾处理设施的建设情况，可以将农村生活垃圾分为三类：一是厨余垃圾，主要是有机易腐物，包括厨房剩余物、果皮等；二是有害垃圾，主要是过期药品、油漆桶、废旧电池、日光灯管、灯泡、各种废弃农药瓶等需要专门处理的垃圾；三是可回收垃圾，主要指废金属、废塑料、废玻璃、布匹、橡胶、报纸、旧书籍等。

对于厨余垃圾主要采取就地生态处理的方法，即建设村级或镇级生态堆肥装置，将全村每个家庭的有机质垃圾统一倒入生态堆肥装置内。生态堆肥装置利用太阳能作为热源，可对食物类有机垃圾进行高温厌氧消化，3个月后这些垃圾即可作为优质有机肥料利用。对于有害垃圾的处理，一是充分发挥村级保洁员的作用。保洁员每日清扫各户门口垃圾，和村民接触很多。可通过宣传鼓励村民将过期药品、废弃农药瓶等单独交给保洁员而不要混在其他垃圾中扔掉。二是利用已从事垃圾回收工作的拾荒者。发挥政府的力量，对拾荒者进行必要的教育培训，扩大其回收的范围，旧灯管、灯泡等有害垃圾也让其以低价从农民手中收集，再由政府收购统一处理。对于可回收垃圾，应建立健全废旧物资收购系统并保证收集的垃圾有通畅的销售渠道，镇环卫所可根据当地的实际情况以及各行政村的分布情况，合理地分布废品回收点，根据各类可回收垃圾的数量，考虑是否建立回收垃圾再利用工厂或是将回收的可再生垃圾销售到有条件再利用的工厂，并对从事废品回收的人员或企业给予一定的鼓励，最大限度地向农户收购可再生废品，减少垃圾的总量。

（三）引进科技

正如人们所熟知的"发展才是硬道理"，技术才是处理垃圾的"硬道理"。除却传统的简易填埋、焚烧、堆肥等方式，还应该创新垃圾处理模式。一些新的农村垃圾处理方式在实践中得出，例如，一些有条件的村庄已经建起资源再生产产业、垃圾处理厂、垃圾发电厂、垃圾化肥厂。农村垃圾处理的技术突破不能单凭村民自身的摸索，必须借助相关科研人员进行技术攻关。针对农村的具体情况，对垃圾的处理实现资源利用回收，将科技运用到垃圾处理上，把村民眼中的垃圾变成宝贵的可利用资源。在自然生态基础良好的农村，尽量实现用生态的方式实现垃圾的自净处理，减少清运垃圾的成本和费用。引进科技是一个长远过程，但是对村庄客观事实的认识是前提。只有结合本村庄的具体情况，开辟一条适合本村垃圾处理的模式才是引进科技的最终目标。

（四）完善立法

处理农村垃圾，解决农村垃圾污染问题，可以采用很多种手段，比如技术上的手段、经济上的手段、宣传上的手段等，但是这些手段的运用必须以法律规范为前提，不然经济、技术上

做得再好也不会发挥其作用。立法途径是高效处理农村垃圾的关键。

国外一些发达国家制定了一系列与垃圾处理有关的法律,如德国于 1991 年 6 月 12 日颁布了《避免和利用包装废弃物法》;加拿大于 1990 年颁布了《加拿大优选包装法则》等。这些法律对城市和农村垃圾的处理起到了巨大的促进作用。我国现行的《中华人民共和国环境保护法》和《中华人民共和国固体废物污染环境防治法》规定收集、储存、利用、回收生产过程中的废弃物,防治污染环境。按照"谁生产、谁负责"的原则,控制废弃物污染。《中华人民共和国固体废物污染环境防治法》中专门规定:"农村生活垃圾污染环境防治的具体办法,由地方性法规规定。"但是这些法律并没有得到切实的贯彻和实施。农村垃圾的处理受地域的限制较大,但地方性农村垃圾处理法规很少,没有强制性回收制度,对农村垃圾回收管理没有一个明确的规定,对垃圾处理缺乏指导。

我国农村垃圾处理的立法,应借鉴国外经验,应重视农村垃圾处理的专门性立法。同时立法过程应与新农村建设相结合,使农村垃圾处理和社会主义新农村建设相互结合,促进农村垃圾问题的早日解决。

(五)加强环保宣传与教育,倡导绿色消费意识

做好农村环境卫生保护工作需要广大农村居民的积极参与和配合,因此,普及环保知识、加强环境意识教育显得尤为重要。一方面,应充分发挥现有广播、板报、标语的作用,让村民熟悉和掌握一些环境保护常识,充分认识到环境保护的重要性和必要性,了解不同性质的污染物会给周围环境造成不同的危害以及常用的处理方法,并在日常工作中引导村民从自身做起,人人参与环保活动,养成不随意丢弃果壳、垃圾的好习惯,共同把农村垃圾处理好。另一方面,可以在农村的中小学加强环境意识方面的教育,使易接受新事物的学生成为农村家庭中的环保先行军,潜移默化地改变整个家庭的卫生习惯,增强环境保护意识。

(园林学院赴怀柔区渤海镇三岔村垃圾处理方式调查社会实践团)

阅读材料 10-2

走进大山　留下支教的那些珍贵回忆 [①]

贫困山区的孩子渴求知识,山外的大学生热血响应,背上行囊,由此踏上长期或短期的支教路。只是,即便是通常意义上的长期(一年以上)支教,于边远山区的孩子而言,也只是漫漫求学路上的短暂相逢。

支教,好吗? 不好吗?

他在实习和支教间选择支教

下半年新学期还未开始,张飞已辗转在去往支教的路途中。他是某高校大四学生,原本这个时间,他应该和同学们在专业对口的单位实习,为毕业后的就业做准备。

---

① 朱蔚.走进大山　留下支教的那些珍贵回忆[N].舟山晚报,2015-11-18.

只是他应聘简历投出去若干,仍然没有合适的岗位吸引他。2015年6月上旬,在通过了"爱西行"公益团队队长汪洋的面试后,张飞着手为接下去为期一个学期的支教做了些准备。

酷爱阅读的他,专门看了些关于孩子心理方面的书,有意识地关注留守儿童的新闻,以及国家的相关消息、政策等。张飞的姑父和邻居,都是当地的农村老师,张飞特意向他们请教一些与孩子相处的实际问题。

两小时盘山路　一路颠簸一路怕

张飞去支教的学校,是贵州毕节市威宁彝族回族苗族自治县东风镇抹倮村抹倮小学。

2015年暑期末,张飞从安徽老家出发,坐10个小时的火车到杭州,再坐26个小时的火车到贵阳,后又坐4个小时的火车到六盘水,坐2个小时的面包车到东风镇,最后乘20分钟的摩的,才赶到学校的最后一站。

令张飞印象深的,是他从六盘水到东风镇辗转去学校的那段盘山路,真是把他吓得够呛。"路两旁没护栏,一边是山,一边是悬崖,开车的又是个女司机,车开得飞快。"张飞说,这是一段长碴石子路,往来都是大货车,路面被这类大型车辆轧得坑坑洼洼。

这一路颠簸一路担惊受怕,"万一车胎爆了怎么办。"在张飞眼中,这简直是两个小时的惊魂路。

他教三年级的数学课和四、五、六年级的副课

学校倒是比想象中好很多,校舍是上两年新修的,全校202个学生,一个年级一个班级,连校长总共10位老师。

从未给孩子上过课的张飞,就这样在抹倮小学开课了。

学校为他安排了三年级的数学课,四、五、六年级的品德、美术和音乐等副课。每天,张飞平均上三到四节课,课余没什么事,他会和当地老师聊天,或上网看书。

张飞的生活和工作区,都围着学校转。镇上太远,他轻易不去。双休日时,会有学生来校找张飞玩,见他一个人孤单,懂事的学生们会领着他去山里摘果子。

副课之余特受学生欢迎

张飞知道自己还是挺受孩子欢迎的,山里的孩子生性顽劣,当地老师大多严加管教,甚至还会动手。顽皮的孩子虽也让张飞非常头疼,但他找不到合适的管教方式,总体上管的较松。

上副课之余,张飞会给学生们教些书本外的知识。"我给他们讲讲电脑了,飞机了,火车了,也讲上海、北京和浙江。"这个时候,孩子们总是非常活跃,争相提问:"老师你去过没有啊?""老师你多大了?"

就这样,张飞和孩子们的情谊,在日复一日的相处间悄然结下。

学生走20多分钟的山路　他走了一个半小时

在过去的两个月中,张飞去过两位学生家中走访。

那是个阴雨天,孩子们玩儿一样连走带跑的20多分钟山路,张飞两手着地像爬一样走了一个半小时,中间还摔了好几跤,走得狼狈不堪,"那种山路,坡度很陡,只能用手攀着爬。"

到学生家中,张飞才见到以前电视中见过的那些用石头、黄泥垒的破败屋子。屋里阴暗潮湿,那些孩子放学回家后,多半还要放牛、割猪草和喂猪等。

张飞也着实为顽劣的孩子忧心,"上课不听,作业不写,成绩又差,回家还要做家务。"

支教于自己也是种成长

支教两个月后,张飞回到了舟山,为拍毕业照做准备。短短几天后,他又要赶回贵州。记者与他在浙海院边上的奶茶店约见,问他支教两个月后的感受。

张飞略作思忖说:"没像以前那么天真了吧。"支教之初,张飞踌躇满志、摩拳擦掌,誓要用自己的知识和技能影响那个穷乡僻壤,改变当地的现状。

去了后,他才发现别说影响一群人,就连改变一个孩子都是这么困难。张飞觉得,当下还是有必要充实自己,让自己更强大后,再继续去努力。

最初,张飞去支教,想的是帮助孩子,而支教的整个过程,对他来说何又尝不是一种成长。

复习思考题

1.何谓调查报告?调查报告的写作有哪些重要步骤?试结合自己调研的情况,写一篇某社区养老问题的调查报告。

2.如何理解新闻的含义和特点?试结合实际,向某报社撰写一篇有关社会实践活动的通讯稿。

3.什么是论文?结合自己参加社会实践的经历,写一篇以新农村建设为主题的论文,字数为4000字左右。

拓展阅读

1.阮俊华.知行合一·实践报国——大学生从社会实践走向成功[M].杭州:浙江大学出版社,2009.

大学生是十分宝贵的人才资源,是民族的希望和祖国的未来。加强和改进大学生思想政治教育、促进大学生健康成长成才,是一项重大而紧迫的战略任务。中宣部、中央文明办、教育部和共青团中央在2005年联合下发的《关于进一步加强和改进大学生社会实践的意见》等相关文件中,就大学生社会实践工作的意义、原则、形式、内容、机制、保障等一系列重要问题做出了详细论述,提出了明确要求。"纸上得来终觉浅,绝知此事要躬行",社会实践是青年学生成长成才的必由之路。因此,大学生参与社会实践并在实践中进行正确的社会观察,不仅能弥补课堂教学模式在认识方式上的不足,还能通过社会生活的历练,帮助青年学生树立正确的社会主义核心价值观,形成坚定的中国特色社会主义理想信念。

2.张晓丹,石攀峰.大学生思想政治理论课社会实践指导教程[M].北京:科学出版社,2017.

本书立足于满足大学生的需要,以系统阐述大学生思想政治理论课社会实践的目的、意义、形式、特点、内容、实施及社会实践调查报告的撰写等为主要内容,通过对大学生进行思想政治理论课社会实践调查的调研设计、研究规范、报告撰写等环节的基本知识和技巧的具体指导,提高大学生对思想政治理论课社会实践调查的科学认识和理论素养,增强大学生参与社会实践的积极性和主动性,为有效开展社会实践活动提供可操作性的指导。

3.张秀芬,陈凤芝.聚焦和谐社会——北京工商大学学生社会实践报告[M].北京:知识产权出版社,2012.

本书是 2010 年暑期北京工商大学学生在思想政治理论课教师的指导下进行社会实践调查的最终成果,也是该校思想政治理论课实践教学的又一个阶段性成果,涉及新中国成立 60 年尤其是改革开放 30 年来我国社会生活各方面的变化及其相关理论问题与实践问题。这些调研论文主要是思想政治理论课教师指导学生社会实践课题组的研究成果,如社区居民生态消费现状调查、企业用人要求与大学生自身素质的差异报告、北京市居民消费生活方式的调查等,也有各学院集体组织的社会实践经验的总结。

❀ 本章主要参考文献

[1]龚贻洲.大学生社会实践指南[M].武汉:武汉工业大学出版社,1988.

[2]中共北京市委教育工作委员会.2013 年度北京高校思想政治理论课学生社会实践优秀论文集[C].北京:北京交通大学出版社,2015.

[3]钟一彪.大学生公益服务长效机制建设[M].广州:中山大学出版社,2014.

[4]戴育滨.大学生"三下乡"社会实践机制的科学构建[J].教育评论,2006(3):62-63.

[5]杜学元.大学素质教育应重视学生实践能力的培养[J].高等教育研究,2000(3):25.

第十一章
大学生社会实践面临的困境与基本策略

✎ **学习目标**

- 了解大学生社会实践中存在的主要问题。
- 掌握提高大学生社会实践活动效率的基本策略。

社会实践是高校教书育人的重要途径,高校的社会实践活动对于推进中国高等教育的改革发展、全面提升大学生的综合素质,具有十分重要的意义。本章通过分析大学生社会实践中存在的问题和困难,提出建设性的对策与建议,以提高大学生社会实践活动的效率。

第一节　大学生社会实践面临的困境

大学生社会实践作为高等教育的重要组成部分,可以弥补学校教育重理论而轻实践的不足,让大学生更好地利用课余时间,进一步深化对第一课堂所学习的理论知识的理解,同时能够在接触社会的过程中受教育,优化知识结构,全面提高自身素质。虽然大学生社会实践已经得到了高校和社会的普遍关注,在人才培养中的作用得到了充分的肯定,但仍然存在诸多问题有待解决,只有这些问题得到正确的认识和解决才能够使大学生社会实践朝向更好的方向发展,才能够真正地促进社会实践在大学生成长成才的过程中充分发挥作用。当前大学生社会实践中面临的困境主要有以下几方面。

一、对社会实践的认识不到位

社会实践是高校教育的重要组成部分,在大学生素质拓展,专业能力提高,对国情的了解等方面都具有重要的意义。但仍有部分高校、学生及学生家长对社会实践的认识不够,影响了社会实践活动的正常进行。

(一)学校认识的误区

理念是行动的先导。科学的人才观、教育观、质量观是大学生成长成才的前提,学校对社会实践的认识影响社会实践活动的开展和效果。目前,部分高校将大学生社会实践活动作为学校教育的附加活动,认为其可有可无。部分领导将大学生社会实践活动看作是临时的政治工作,或者看作大学生个体性行为,抑或看作学生团体的活动方式等,很少有学校将其作为课程和学业的内容进行设计和实施。部分学校把大学生社会实践作为思想政治教育的一种形式,将大学生社会实践作为思想政治教育课程的实践环节,并未单独设置指导性课程,考核评价也流于形式。有些高校倾向于注重课堂理论知识的教学,把社会实践当成课堂教学的补充形式,没有给予高度的重视,没有实际的奖惩措施。加之经费不落实,人员不到位等原因也制约了社会实践组织工作的开展。也有一部分学校认识到社会实践的重要性,把大学生社会实践纳入到教学计划,并规定了相应的学时学分,但是在具体的执行中却遇到了种种困难。由于组织能力的限制,大部分学校对社会实践只是规定了一般性的主题和内容,具体如何开展,没有进行统一组织,由学生自己解决,缺乏规范性、指导性和保障性。对于实践的质量没有进行考评和具体控制,评价标准不确定,只要有一纸实践证明,就给予相应的规定学分,使社会实践活动的组织开展往往流于形式。

(二)学生认识的误区

目前,有许多大学生已经意识到社会实践的重要性,并且积极参与到社会实践当中。但是,仍有一些大学生在社会实践活动中的主动性与积极性不容乐观。他们往往缺乏对自身素质提高的正确认识甚至把社会实践看成是一种任务或者负担,忽视自身的主体作用。同时,部分学生由于社会上一些不良风气的影响,过分追逐享乐主义,以自我为中心的个人主义思想较严重。在社会实践中存在以下现象:部分学生虽然认识到了社会实践的重要性,但是面对具体的社会实践活动时,他们怕苦怕累,不屑于体力劳动,自主性较差,缺乏艰苦奋斗的精神,不能静下心来认真地调查研究;心浮气躁,难以真正融入基层,难以团结协作,往往是走马观花,每到一个地方先拍照留念,抱着一种游玩、观光的态度进行;目的过于功利化,只关注那些能带来经济收入或荣誉的实践活动;只注重理论学习的重要性,忽略了实践能力的提高,认为社会实践是浪费学习时光。这些学生在社会实践中不仅没有得到能力的锻炼、综合素质的提高,也没有体会到社会实践真正的乐趣和价值,导致社会实践活动达不到预期的目标和效果。

（三）家长认识的误区

家庭是教育孩子的第一场所，家长是第一任教师，而且是终身的教师。人的一生大部分时间是在自己的家庭中度过的，孩子能不能有一个美好的未来，在很大程度上取决于父母是否进行正确的教育。从一定意义上来说，未来的竞争与其说是孩子们的竞争，不如说是家长们的竞争。因此，家长对社会实践的认识影响其孩子对社会实践的态度。受到传统教育观念的影响，家长认为学校开展的社会实践活动就是在浪费学生的学习时间，还没有毕业没有必要这么早接触社会，看不到社会实践活动对于大学生成长成才的巨大推动作用，一些家长还担心子女受苦、受累、受骗，对社会实践采取不赞同不支持的态度，结果，造成部分学生对社会实践活动没有正确的观念，参与社会实践活动的积极性与主动性不高。

二、社会实践管理机制不健全

大学生社会实践活动是加强大学生思想政治教育的有效手段，但是在各高校具体实际开展过程中，往往存在实践机制不完善的问题，包括组织机构不合理、激励制度不规范、评价标准不科学等。结果，导致在组织学生实践过程中，程序混乱、效率低下，直接影响社会实践活动的顺利进行。

（一）组织领导体制不完善

西方管理学大师德鲁克在论及非政府组织管理的时候，曾经有这样的一句经典的话语："非政府组织不仅需要管理，而且必须以最好的方式来管理，因为做好事也要精益求精"。这也说明加强对社会实践活动的管理具有重要意义。一些高校没有相应的管理部门组织实施社会实践活动，社会实践缺乏统一的领导，无法协调管理以及规范化程度较低，缺乏全局性或整体性的规划。对实践活动的目的、流程没有形成清晰的认识；对指导教师没有系统的培训；对实践活动的进展情况也缺乏有效的组织管理和考评。例如：寒（暑）假的社会实践活动多是由学校团委具体负责实施管理，各门课程的实践教学活动则由教务处统一负责管理并实施，有些专业课程的社会实践又是由各院（系）自己协调管理。这样，各类社会实践活动都由不同的部门组织学生参加，难以避免社会实践活动中主题内容存在交叉重复的现象。这不仅浪费了宝贵的资源，也降低了社会实践活动的效果，影响了学生的积极性和主动性。结果，容易导致不能形成齐抓共管、分工协作的良好局面，使一些社会实践活动的组织过于简单化，以至于学生在社会实践过程中缺乏明确的目的，面对具体的实践活动时走过场，搞形式主义，这很大程度上影响了大学生社会实践活动的实效性。

（二）激励机制缺乏

什么是激励？美国管理学家贝雷尔森（Berelson）和斯坦尼尔（Steiner）给激励下了如下定义："一切内心要争取的条件、希望、愿望、动力都构成了对人的激励。它是人类活动的一种内心状态。"激励这个概念用于管理，是指激发员工的工作动机，也就是说用各种有效的方法去调动员工的积极性和创造性,使员工努力去完成组织的任务,实现组织的目标。在大学生社会实践过程中,明确的激励措施是提高实践活动效果的主要举措。当前一些高校没有采取相应的激励措施来调动师生参与社会实践的积极性和主动性,社会实践的效果令人担忧。主要表现是:①对学生缺乏激励措施。做好做坏没有明确的奖惩措施,其结果是:一方面,无法为后续的社会实践活动提供有效的榜样,另一方面,大学生参与社会实践的积极性不高,导致社会实践失去了应有的价值和意义。②对指导教师缺乏激励措施。指导教师加强对社会实践的指导将大大提升社会实践的有效性,能够有效地控制社会实践方向和质量,但是部分高校缺少对于指导教师的激励措施,造成了指导教师参与社会实践的主动性和积极性不高,影响了社会实践活动的实效性。

(三)保障机制不健全

要使社会实践活动更有成效,就必须有更多的经费支持。但是现在一些高校对社会实践活动的经费投入不足,有关社会实践活动经费的投入一直没有明确的规定,没有设立社会实践活动专项资金。而且由于认识上的偏差,对于社会实践活动经费投入的限制较多,加之办学经费的紧张或不足,有些高校还没有把大学生社会实践活动纳入学校的教学计划中,没有提供专门的资金支持和保障。即使是有一些社会实践活动经费,也往往数量很有限,通常只是象征性的,难以满足学生社会实践活动的需要。这不仅影响了学生参与社会实践活动的积极性,降低了参与社会实践活动的人数和比例,而且也限制了指导教师对社会实践活动的指导与协调作用,最终导致社会实践活动不能顺利进行。由于经费紧张,一些高校只好利用有限的资金去组织开展仅有很少学生参加的社会实践活动,即重点组织精英式的社会实践活动。这种社会实践活动的主体是特长学生、学生党员和学生干部。由于这些学生自身能力较强,在学校中得到过很多锻炼机会,再加上学校对其有经费的支持,他们所开展的社会实践活动往往能够取得良好的效果,促进了自身的全面发展。而大多数学生的社会实践活动要求自行完成,缺乏统一的管理和科学的规划,没有实践经费的支持,致使一些社会实践活动往往半途而废,使社会实践活动失去了应有的价值,影响了社会实践活动的实际效果。

(四)考核评价体系不完善

目前一些高校社会实践活动的考核评价体系不够完善、评选粗化、评价标准不完善、可操作性差,缺乏针对性,评价方式单一,对社会实践开展情况缺少有效的监督和考核,影响了社会实践活动的顺利开展。主要表现是:首先,社会实践的评价标准不合理。有些高校对于社会实践效果的评定主要依据一些形式上的指标,没有统一的令人信服的评价标准。例如,部分高校对社会实践活动的考核只是关注学生实践总结报告和接收单位的意见等,而对于实践的持续时间、效果如何没有任何规定。实践报告往往只有字数的规定,对于内容没有确切的要求,接收单位的意见往往也是形式主义。因此导致敷衍情况严重,存在弄虚作假、抄袭拼凑的情况,取得好成绩的社会实践报告未必是真实的,而真正有价值、有创新的实践报告却未必能得到应有的肯定。这在一定程度上挫伤了部分学生的积极性和主动性,甚至形成了错误的导向。其次,没有正确运用社会实践评价的结果。在社会实践评价过程中,存在社会实践的考核与学生综合测评脱节的现象,即社会实践的考核没有作为学生在校期间学习成绩的评价依据。因此,评价结果必然缺乏制约性,未能引起学生对社会实践活动的高度重视。这样就很难调动大学生参与社会实践的积极性与主动性,大大影响了社会实践活动的实际效果。

三、社会实践与专业结合不紧密

大学生社会实践活动作为大学生施展才华的有效平台,给大学生创造了应用所学理论知识的机会。只有将社会实践与专业知识的学习紧密结合,才会有利于提高大学生运用专业知识的能力,让大学生将专业知识运用到实践中,学以致用,同时,也检验了所学专业知识掌握的程度。只有用所学的知识解决具体的问题,才能促进大学生对学习进行反思,增强学习的积极性和主动性,提高学习兴趣和动力,加深对专业知识的理解和掌握。但目前一些高校所开展的社会实践活动仍然存在与其专业知识结合不紧密的问题,主要表现在以下几方面:

(一)实践内容与专业知识相脱节

专业知识的学习是学生顺利进行社会实践的基础,通过社会实践可以检验学生专业知识的掌握程度,使学生了解专业知识在工(农)业生产中的应用,提高学生学习专业知识的积极性和主动性。但目前一些高校存在着社会实践与专业知识相脱节的现象。某高校2013—2015 年"三下乡"暑期社会实践统计表明,在"你所选择的社会实践与你专业的相关性"问题上,选择与专业紧密相关的队伍只有 8.77%,相关的占 26.30%,不相关的占 45.61%,无法判断的占 19.32%,可见社会实践内容与专业知识相脱节的问题不容小视。这也反映了大多数学生的社会实践活动与专业结合不够紧密,与所学专业知识相联系的科技服务、知识咨询等内容的社会实践活动较少,不能做到学以致用,而且也没有针对社会的具体实际情况,没有顾及实践单位的实际需要,忽略了社会实践在专业课程的学习和提升知识能力方面的重要性。结果,部分学生不重视社会实践,学生参与社会实践的积极性与主动性不高,由此造成了大学生在社会实践活动中无法发挥其专业特长。这些都影响了社会实践活动的顺利进行。

(二)缺乏专业指导

大学生社会实践活动要取得理想的效果就必须加强对社会实践的指导。在校大学生虽然拥有系统的专业知识储备,但是缺少社会实践经验,动手能力不强,在实践过程中会遇到各种各样的困扰。高校教师不仅具有系统的专业知识,同时生活阅历和经验丰富。如果教师能够参与到社会实践当中,给予学生适当的专业指导,注意纠正学生存在的问题,就会使学生避免走弯路,提高社会实践活动的实效性。但是部分高校不注重专业指导教师的培养,没有组织系统的培训,导致指导教师只能凭借自己的经验对学生进行指导,指导效果往往不佳,这样的指导并不能充分挖掘学生的潜力。而且部分高校教师参与社会实践的比例较低,甚至有一些高校的社会实践还没有指导教师的参与。这严重影响了社会实践的效果,阻碍了学生的全面发展。再者,教师的精力有限,现在一些高校存在重科研轻教学的现象,以科研推动学校的发展,以科研成果衡量教师的优劣,这种导向使教师的科研压力极大,在这种形势下教师也会不自觉地把更多的精力放在科研上。学校对于那些在社会实践上有突出贡献的指导教师也没有特殊的奖励和荣誉,以至于教师难以抽出时间和精力参与指导大学生的社会实践活动,结果影响社会实践活动的正常进行。

四、社会实践缺乏创新

创新是一个民族进步的灵魂,是一个国家兴旺发达的不竭动力。培养学生的创新精神和实践能力,不仅是素质教育的基本要求,更是提高人才竞争力的有效途径。高校应通过社会实践,加强对学生创新精神和实践能力的培养。团中央每年都会根据当年的具体情况和社会热点,提出一些大学生社会实践活动的主题,各高校要根据这些主题,结合学生自身特点,发挥所长,建立自己的社会实践品牌活动,以促进学生的全面发展。目前,高校社会实践在帮助大学生明确学习目标,提高知识的应用能力,了解社会、认识社会等方面发挥了重要作用。但一些高校的社会实践活动缺乏创新,少有突破,不能给学生提供足够的认识社会的机会和个性发展空间。这影响了高校人才培养目标的实现,具体表现在以下几方面:

(一)创新意识不强

创新是做好大学生社会实践工作的基本要求,各级领导特别是各高校领导的高度重视,是大学生社会实践创新工作顺利进行的前提。然而部分高校缺乏创新意识,对上级有关推进大学生社会实践创新发展的意见或规定不能很好地贯彻和落实,指导思想落后于形势的发展,影响了大学生社会实践有效性的提高。也有部分高校对本单位的大学生社会实践创新工作不够重视,不能切实把大学生社会实践创新发展工作融入学校工作全局之中,而仅仅停留在社会实践活动操作层面上。这不仅造成理论教学与实践教学严重脱节,而且还导致社会实践的开展缺乏稳定性和连续性,影响了高校人才培养目标的实现。还有部分高校对大学生社会实践创新工作的组织管理不够科学规范,关于社会实践创新的办法不多、措施不力,缺乏实际有效的组织形式和手段,实践活动开展不重全面、只抓重点,严重影响了大学生社会实践活动的顺利推进。

(二)社会实践的内容和形式缺乏创新

大学生社会实践活动开展至今,各高校几乎每年都是强调围绕团中央等上级部门下发的文件来开展实践活动,大多数实践活动是重形式、轻效果,重语言、轻行动,重上传下达、轻过程监督。例如,目前社会实践的主要形式大都是社会服务、社会调查、参观考察、贫困地区支教、家教等活动。尽管这些活动也能在一定程度上让大学生接触社会、锻炼能力,但如果实践活动的形式一直保持不变,没有创新,就会让社会实践陷入不求实际价值,无法与时俱进的怪圈。另外,除实践活动形式单一外,社会实践的内容、特色也缺乏创新,针对性、目的性不强。学生结合专业特色、与社会实际需求贴近的社会实践项目不多。形式单调、内容缺乏创新仍将是社会实践活动长期面临而又亟待解决的问题。大学生社会实践活动要真正发挥作用,体现社会实践活动的内在价值,就需要对社会实践的内容和形式进行改革与创新,与时俱进,让社会实践的内容和形式体现时代的特点,令其具有前瞻性,以促使社会实践活动能够促进学生身心的全面发展。

(三)缺乏创新思维方法

大学生作为受教育者,理论教学主要局限于课本上的知识。因此,在社会实践活动中存在经验定势、书本定势、从众定势三个阻碍因素。主要表现为在处理问题时将过去的经验绝对化、神圣化、夸大化,将书本知识当作绝对真理和教条,在思维方法方面"随大流"现象严重,这些都禁锢了创新思维的发展。大学生只有打破思维定式,在发现问题、解决问题的过程中提升想象力,创新思维才能得到锻炼。在社会实践活动中,大学生在面对从未接触过的问题时,会不由自主地寻找过去的经验,缺乏创新思维方法,影响社会实践效果的提升。而当他们打破思维定式,学会用创新思维的方法来面对社会实践时,才会从实际出发,通过不断地观察、概括、整合、提炼形成严密的、逻辑性强的结论,从而构建出一套既定的方案与对策,促使社会实践活动任务的完成。

五、社会支持力度不够

中宣部、中央文明办教育部、共青团中央在 2005 年联合下发的《关于进一步加强和改进大学生社会实践的意见》指出:"各级党委和政府要为高校组织社会实践活动创造条件,提供便利。各地要在党委统一领导下,建立由有关部门负责同志参加的大学生社会实践联席办公会议制度,定期召开工作协调会。地方各级政府要把支持大学生社会实践列入政府财政,给予具体支持。"社会各方面支持大学生社会实践,为大学生社会实践创造有利条件,是大学生社会实践取得成功的重要条件,但是从现实情况来看,从政府到地方企业对于大学生社会实践的支持力度还有待加强。具体表现如下:

(一)地方政府的积极性不高

在大学生社会实践中,高校起着重要的联结作用。但高校的能力有限,还必须要有地方政府的大力支持,没有这种支持,学生参加的社会实践活动就成了学生、学校单方面的行动。由于一些高校对于社会实践认识的不到位,宣传力度不足,导致地方政府不太重视大学生社会实践工作。具体表现是:地方政府对大学生社会实践的认可和重视程度不到位,导致其在面对大学生社会实践活动时更多的是敷衍了事,走形式主义。有些地方政府,把大学生社会实践当成参观旅游,走走过场,开开座谈会,简单介绍一下当地情况,甚至把学生当作客人来对待,忽略了大学生社会实践的真正目的,忽略了社会实践对于大学生锻炼自身能力的重要作用,没有充分利用大学生进行社会实践的机会来为地方经济建设和社会发展服务。结果,影响了地方政府参与大学生社会实践活动的积极性,导致社会实践活动的效率不高。

(二)企业参与社会实践的动力不强

大学生社会实践作为一个多方参与的活动,只有让高校、社会及家庭多方受益才能调动多方的积极性;只有各方共同努力,社会实践才能够达到效果的最大化。地方企业作为实践活动的承担者,是大学生社会实践活动进行的载体。实践单位的配合程度是社会实践活动能否顺利开展的关键。但目前一些地方企业对于参与大学生社会实践的动力不强,主动性不够。主要表现是:一方面企业从经济角度出发,更愿意接受不用进行学习投资的劳动力,从而降低成本。大学生专业知识丰富,但是缺少实际生产经验,企业担心这些初出茅庐的学生缺少为单位解决实际问题的能力,认为为大学生社会实践设立岗位会增加生产成本,影响企业的经济效益,导致企业参与社会实践活动的动力不强。另一方面,由于大学生进行社会实践的时间有限,导致学生参与的生产活动无法形成连续性,这就增加了企业的成本负担。有些企业即使为大学生社会实践专门设立岗位,但这些岗位离高校社会实践的要求有差距,使社会实践效果大打折扣。

(三)社会实践基地不稳定

大学生社会实践的开展要实现规模化、制度化和规范化,就应当建立稳定的社会实践基地。没有固定的实践场所,就无法积累实践经验,对于学校正常开展社会实践活动是一种阻碍,因而加强社会实践基地的建设对于大学生社会实践的开展有至关重要的作用。但一些高校在社会实践基地建设中仍存在一些问题,主要有:①高校与社会没有形成良好的合作机制。高校在选择实践基地的时候并不注重"互惠互利"的原则。选择实践基地时只是片面考虑社会实践活动是否能够顺利完成,学生能否得到锻炼和提升等。而没有考虑社会实践活动是否增加了地方负担,是否给当地的工农业生产带来了实惠和便利,是否为当地的经济建设和社会发展做出了贡献。长此以往,高校与社会没有形成良好的合作机制,社会实践逐渐失去了社会的支持,影响了社会实践的顺利进行。②社会实践基地建设相对滞后。社会实践基地建设是开展学生社会实践活动的最有效途径之一。比如,它可以解决社会实践的规模问题、场地问题、形式问题、专业建设问题等,易构建社会实践的长效机制,提高社会实践实效性。因此,各高校都非常重视社会实践基地建设的相关工作,并取得了一定的成绩。但与高校在校学生的数量相比,目前所建社会实践基地的数量却远远不够,社会实践基地建设相对滞后,无法满足大学生开展社会实践活动的实际需要。结果,造成社会实践活动效益不高。③难以建立稳定的社会实践基地。由于一些高校忽视了社会实践基地的建设,没有与企事业单位建立良好的互动合作机制,因此,学生在社会实践中需要花大量的时间和精力寻找社会实践场所,再加上一些地方单位和企业参与社会实践的积极性不高,使得稳定的社会实践基地难以建立,影响了学生参与社会实践的积极性,致使社会实践活动的实际效果不容乐观。

第二节　大学生社会实践的基本策略

2004 年中共中央、国务院发出《关于进一步加强和改进大学生思想政治教育的意见》，该意见指出："社会实践是大学生思想政治教育的重要环节，对于促进大学生了解社会、了解国情，增长才干、奉献社会，锻炼毅力、培养品格，增强社会责任感具有不可替代的作用。"近年来，大学生社会实践取得了一定成效，但受市场经济、知识经济和信息社会的冲击和影响，大学生个体发生了深刻变化，社会实践出现了一系列新情况、新问题。只有因时因势利导，与时俱进，才能推进大学生社会实践上层次上水平，更好地发挥社会实践促进大学生全面发展的功能。针对当前大学生社会实践活动中存在的问题，下面就大学生社会实践中的基本策略作些分析，为提高大学生社会实践活动的效率提供参考。

一、转变观念，端正对社会实践的认识

社会实践是一个富有广泛而深刻含义的概念。大学生社会实践活动是引导学生走出校门、接触社会、了解国情，使理论与实践相结合、知识分子与工农群众相结合的良好形式；是大学生投身改革开放，向群众学习，培养才干的重要渠道；是提高思想觉悟、增强大学生服务社会意识，促进大学生健康成长的有效途径。通过社会实践活动有助于大学生更新观念，树立正确的世界观、人生观、价值观。只有把握当前大学生社会实践活动中的问题，才能充分发挥社会实践活动在大学生思想政治教育中的作用。具体要求是：

(一)高校要明确社会实践的目的

高等学校承担着培养人才、传授知识和服务社会的神圣使命。我国正处在社会主义市场经济体制日益完善，全面建设小康社会，努力实践中华民族伟大复兴的中国梦的重要时期。伟大的时代、伟大的事业，需要有良好的思想道德素质和较强的实践能力的青年一代。培养这样的人才，一方面，需要重视大学生在校期间的书本知识的学习和掌握，为其将来走向社会、服务社会奠定必要的知识基础；另一方面，更要加强大学生的社会实践环节，通过社会实践活动，使大学生经受锻炼，增长才干，实现知识和行动的有机统一。就社会实践活动的目的而言，希望的是全体学生的积极参与，让学生从不同的角度、不同的层次都受到教育、得到提高。社会实践活动实现了这一目的，它既便于学校组织扩大受益面，又不失活动的严密；既便于安排，又便于检查；既有统一性，又有灵活性；既有普遍性，又有层次性。同时，社会实践活动解决了学校在开展思想政治教育过程中常遇到的一个难题：效果很好的一些教育活动，学生也乐于参加，但由于各方面条件的限制，往往参加的人数很少，致使相当部分的学生滞留在活动圈子以外。这个问题的解决，使社会实践活动的主体——学生的受益面大大扩展，通过社会实践活动的开展，让学生深入基层、了解国情、体察民情、分析社会的现实需要、发现自身的不足，提高了思想政治理论课教学的实效性。

(二)学生要端正对社会实践的态度

大学生是实践育人的对象,也是开展社会实践活动的主体,也是社会实践过程中收益最大的一个群体。社会实践的开展是为了使大学生能够更好地理解书本知识,更早地接触社会、适应社会,提高自身的各种实践能力,提升自己的思想道德素质。具体要求如下:①明确参加社会实践的目标。学生应该从自身的发展与成长着手,充分意识到不仅应该掌握书本上的理论知识,更应该尽可能地完善自身各种知识结构,提高所学专业知识与社会实际相结合的能力,让学生明白学习知识、提高实践能力和增强综合素质之间的关系。只有积极投身社会实践,才能使书本知识内化为自己的实践能力,才能开阔自己的视野,提高自己的综合素质。②端正参与社会实践的动机。学生最初参与社会实践的动机不同,在具体的实践中表现就不同,其实践效果不同,在实践中获得的成长也不同。如果将社会实践看成是提升综合素质、锻炼实践能力的途径,那么在社会实践中学生就会积极主动地了解社会,实现所学知识和实践相结合,从实践中获得真知,增长才干,通过实践把所学到的书本知识应用到社会中,从而提高自身的综合素质。如果将社会实践看成是为了完成学校任务,取得相应学分,那么他们往往是以应付的态度对待社会实践,对社会实践任务的完成往往是马马虎虎,在社会实践中没有学到任何有价值的东西,更不用说能力得到提升。因此,端正学生参与社会实践的动机具有重要价值。③要有吃苦耐劳的精神。在社会实践过程中,除了身体上的疲劳之外,学生还会遇到很多意想不到的问题。此时,就要求学生要坚持不懈、互相鼓励、互相帮助,不被眼前的挫折和困难吓倒,树立团结协作、不怕吃苦、迎难而上的精神,以坚忍不拔的毅力和顽强的意志力认真完成实践任务。

(三)家长要提高对社会实践的认识

如今的大学生都有自己独立的思想、独特的生活方式,他们血气方刚,不愿意被传统思想所束缚。作为家长,应该尽最大的努力让孩子的物质生活更加充裕,也应尽最大的努力用自己的经验帮助他们。当前,大学生就业一直是全社会关注的问题。他们对于社会的了解可能更多来源于网络,但网络上的虚拟社会和真实社会是截然不同的。随着经济的发展,如今的社会是一个多元化的社会,是一个充满着欲望、挑战、竞争的异常复杂的社会,家长给孩子再多的关爱,也无法更好地帮助他们在社会上立足。要想孩子们尽快地融入社会,让他们将所学的知识能够得到充分的发挥,为社会做出有益的贡献,他们就必须得提前了解社会,而参加社会实践就是一个很好的途径。因此,家长应当提高对社会实践的认识,支持自己的孩子参与社会实践,让他们学会从实践中学习、从学习中实践,只有这样将来他们才能更好地为社会服务。

二、健全管理机制,促使社会实践活动顺利进行

大学生社会实践是加强和改进大学生思想政治教育、优化学生知识结构、培养学生实践创新能力的重要途径。为了保证大学生社会实践工作的顺利进行和取得良好效果,必须建

立坚强有力的领导机构、运行顺畅的管理运行机制和切实可行的效果评价体系,形成有效的社会实践运行机制;必须把社会实践纳入人才培养方案,建立大学生社会实践指导教师队伍,建立社会实践经费保障机制,形成固定的社会实践基地,建立大学生社会实践激励机制,促使社会实践活动顺利进行。具体要求是:

(一)加强组织管理体系建设

社会实践活动的顺利开展离不开学校的宣传、组织和发动,是否顺利取决于能否在社会实践活动前进行科学合理的规划,能否建立起责权利清晰明确、顺畅高效的组织管理体系,这直接影响着社会实践的效果。具体要求是:①建立社会实践的组织管理机构。高校应该建立起统一的、分工明确的、指挥有力的社会实践领导部门,即一般是建立以党委分管学生工作的副书记为组长,宣传部、教务处、学生处、团委、保卫处、体育部、马克思主义学院和二级学院领导为成员的学校大学生社会实践领导小组,具体负责社会实践工作的统一协调和统筹规划,加强实践活动的对外联络和对内组织,以保证社会实践顺利有效的开展。②精心组织策划社会实践活动。高校要在实践前期做好充分的准备工作,在组织层面进行细致、周密、规范的安排和考虑,明确切实可行的目标,制定科学合理的实践方案,培训专业的指导教师,给予充足的经费保障,加强与实践单位的沟通及协调工作,制定相应的激励机制,激发学生参与社会实践活动的积极性,使学生享受社会实践的过程,在社会实践中得到能力的提升。③形成全员育人的管理格局。要通过广泛的宣传建立起"学校主导、家庭支持、社会接纳"的社会实践全员育人格局,使大学生的社会实践不仅仅是学校组织,大学生参与的活动,而是全社会参与育人的一个有效形式和载体,从而形成学校、家庭和社会三方在社会实践上的合力,确保大学生社会实践的可持续发展。

(二)完善制度建设

为提高大学生社会实践活动的实效性,高校应该加强社会实践活动的制度建设,使社会实践朝着规范化方向发展。加强制度建设需要注意以下几点:①制定切实可行的管理制度。通过研究大学生社会实践的规律,结合社会实践活动发展的需要,学校要认真制定出权威性的社会实践活动管理制度,同时,相关管理制度要相互协调,相互补充,并注意使之不断趋于完善,促使社会实践活动规范化。②提高制度的执行力。从社会实践组织的广泛性,到社会实践开展的专业性和深入性,再到社会实践的考评体系的规范性等,都应有明确的制度规范,这样,大学生的社会实践活动才能顺利进行。但制度的有效执行是制度建设的根本着眼点。离开了执行,再好的制度也没有意义。不去制定制度,执行就没有依据;没有执行力,制定的制度就没有生命力,就失去了存在价值。为了使大学生社会实践能够走上规范化的道路,只有将社会实践管理制度真正落到实处,这样,才能够使社会实践有安排、组织有落实、经费有保证、贯彻有渠道、实施有效果。③健全激励机制。社会实践的激励机制就是通过科学规范的激励性规章制度,运用多种手段和方式,影响大学生的需求和动机,尽可能调动大学生参与社会实践的积极性和主动性,为推进社会实践活动的顺利开展提供强大的精神动力。在社会实践活动中,对那些确实取得成绩,并为社会或他人做出贡献的个人和先进集体,应给予物质上和精神上的奖励,并作为社会实践的典型在学校中进行宣传,充分发挥先进典型的示范和教育作用,激发学生的热情,吸引更多的学生参与社会实践活动。

(三)建立经费保障机制

作为一项有组织的活动,资金的投入是社会实践顺利进行的有效保证。只有建立经费保障机制,才能够提高学生参与社会实践的积极性和主动性。具体要求主要是:①设立专项资金。高校应该将大学生社会实践纳入教学计划,设立专项资金,为社会实践提供专项的经费保障和支持,避免出现资金短缺,造成社会实践无法顺利开展的情况。②多渠道筹措资金。除学校的专项资金以外,还可以通过企业赞助、社会捐助等方式筹措实践活动经费,为社会实践活动的顺利进行提供保证。③注意整合社会资源。高校充分利用社会资源,鼓励社会团体、政府机关、企事业单位等,利用其资金和技术的优势,为大学生社会实践顺利、有效地进行提供资金保障。④鼓励学生自筹资金。高校可以鼓励大学生自行筹集部分社会实践活动经费,在这个过程中既能增强学生的人际交往能力,解决实际问题的能力,也能增强大学生参与社会实践的使命感和责任感,使学生更加珍惜实践机会,积极主动地参与社会实践。

(四)建立科学合理的评价体系

大学生社会实践活动是有组织、有目标、有计划的教育活动。这就要求其应当同其他教育活动一样,必须建构起全面完善的考核评价体系。科学合理的考核评价体系能够使大学生社会实践有着更明确的导向和更清晰的目标,从而进一步推动大学生社会实践广泛而持续地开展。通过完善的考核评价机制,对社会实践的过程、效果、参与学生的现实态度和表现、取得的成果进行科学的分析,找出实际目标和预期目标之间的差距,从而促进社会实践的不断深化和完善。具体要求主要是:①制定规范的评价标准。各高校要根据自己的实际情况制定切实可行的评价标准,来对大学生社会实践活动进行严格的考核。对社会实践活动的过程、效果、参与人员的现实表现、取得的成果都能够根据规范的标准进行全程监督和反馈,并进行科学的分析与考评,以检验社会实践的效果,为社会实践活动的顺利进行提供依据。②注重评价体系的客观公平性。在对社会实践进行考核评价时,对大学生在参加社会实践中的具体表现、各项资料以及接收单位的综合评价等资料要进行如实记录,根据指导教师、接收单位和组织单位的共同评价来判定学生的社会实践活动效果,以免学生产生不公平感,影响社会实践的持续性。③避免考核评价的形式主义。在对社会实践的考核评价方面,不能仅仅评价社会实践报告的内容是否合格,还要对实践形式、组织过程和具体活动等都要有所评价。其他如对社会实践方案的制定、社会实践活动的开展的每一个实践环节等内容同样也在考核评价的范围。唯有如此,才能真正发挥考核评价的矫正作用。④合理运用考核结果。高校应该将社会实践纳入教学计划中,赋予社会实践活动课程相应的学分和学时,并建立完善的考核评价机制,考核结果应该与学分相挂钩,与大学生的综合测评以及评优相联系,以激发学生积极参与社会实践的内在动机。⑤加强社会力量的考评力度。大学生社会实践的考核评价,应该充分发挥社会力量的作用。注意参考地方政府、实践单位、社会团体、企事业单位、学生家长等多方面意见共同决定学生社会实践的成绩,切忌闭门造车,由学校教师单方面决定学生社会实践的成绩。

三、加强社会实践与专业知识的结合,提高社会实践的针对性

大学生在学校学习的往往都是专业知识,他们的专业知识与日后所从事的工作是息息相关的。大学生参与社会实践是为了将所学的理论知识付诸实践,用知识指导实践。只有让学生在实践中体会到了专业知识的有用性,他们才能更加踏实、认真地学习。因此,高校要注意加强社会实践与专业教育的结合,使学生通过社会实践活动开阔视野,调整专业知识的结构,锻炼专业技能,促使学生得到全面发展。具体要求是:

(一)强化社会实践与专业知识相结合的理念

在社会实践活动中,高校要树立社会实践与专业知识相结合的理念,根据专业特点分配不同的社会实践任务,做到与实践相关的项目有专业知识的储备,真正从专业的角度来策划社会实践活动,只有这样,才能使社会实践更具有生机和活力。这不仅有助于巩固所学专业知识,不断提高专业技能和调整知识结构,而且可以提高学生分析问题和解决问题的能力,为今后走向工作岗位做好充足的准备。例如,学生可以寻求与专业相关的企业作为合作对象,在参与企业生产的过程中,能够将专业知识与具体的生产实践紧密结合起来,在企业生产过程中充分应用自己的专业知识解决实际问题。这既有利于学生专业知识的应用和进一步的学习,同时也有利于企业生产的发展。

(二)社会实践要与学生的知识结构相适应

学校要根据不同专业,不同年级学生的知识结构设计不同的社会实践主题与形式。这样不仅可以让大学生明确自己的责任,更能使其在社会实践中学习、掌握更多的知识。对大一和大二学生而言,由于所储备的专业知识结构还不是很完善,通过社会实践要让学生更加明确学习目标,能够提高自己的学习能力和综合素质,为今后的学习奠定实践基础;对大三学生而言,由于专业知识结构逐步完善,社会实践主要目的是锻炼学生知识的应用能力,为他们重新认识社会、深刻了解社会、提高实践能力并且更成熟地面对社会提供基础;对大四学生而言,由于基本完成了专业知识的学习,知识结构进一步完善,社会实践可以和毕业设计以及今后的就业岗位相联系,以提高社会实践的针对性。这样,与学生知识结构相适应的社会实践能够进一步调动学生参与社会实践的积极性,促使社会实践活动取得实效。

(三)充分发挥专业教师的主导作用

一项社会实践活动的成功开展,专业指导教师具有重要作用。在社会实践活动中,教师既是实践活动的参与者,又是学生实践活动的组织者和指导者。因此,高校应该注重专业教师的作用。主要措施是:①充分发挥专业教师的主体性。高校应该积极动员专业教师参与大学生社会实践活动。可以采取一些激励措施来调动专业教师参与实践活动的主动性和积

极性。一方面,对于那些在社会实践中积极参与,取得良好效果的指导教师给予物质和精神上的奖励,并且作为典型进行宣传学习,激发教师的荣誉感和责任感;另一方面,将教师在社会实践中取得的成绩与岗位酬金、职称评定挂钩,为接下来进行的社会实践提供范本,为其他指导教师提供积极参与社会实践的动力。②加强专业教师的培训。高校应该为参与社会实践的指导教师提供系统培训的机会,以提高教师指导学生开展社会实践活动的能力。通过培训,让教师明确如何进行社会实践的前期准备工作,如何合理利用社会实践活动经费,如何指导学生在社会实践中充分发挥自己的能力,如何更充分的利用专业知识指导学生,如何应对社会实践中出现的问题,如何对社会实践活动进行科学的评估与总结,等等,在此基础上,充分发挥专业教师的组织、协调与管理作用,以促进大学生社会实践活动的顺利进行。

四、树立创新意识,培养学生的创新精神和实践能力

高校要根据当前和未来经济社会发展形势,结合大学生自身的实际和发展要求,不断深化对大学生社会实践的认识,不断创新大学生社会实践内容、不断完善大学生社会实践的运行机制,使新时期大学生社会实践更好地体现时代特色,更加符合我国经济社会发展需要,使大学生社会实践能够顺利地开展下去。具体要求是:

(一)树立实践育人的理念

地方和高校各级党政部门、共青团组织作为大学生社会实践的直接领导者、组织者,要坚持解放思想、实事求是、与时俱进,既要肯定大学生社会实践活动取得的成绩,又要清醒认识社会发展给大学生社会实践带来的挑战。注意认清未来大学生社会实践的发展形势,自觉围绕和服从"科教兴国"、"人才强国"的战略需要,牢固树立实践育人的理念。注意从党和国家事业发展的战略高度,从高等教育改革和发展的高度,从确保中国特色社会主义事业兴旺发达、后继有人的战略高度,充分认识推进大学生社会实践工作的重大战略意义,不断创新社会实践的方法和手段,引导大学生开展丰富多彩的社会实践活动,促进社会实践活动的顺利进行,实现高校人才培养的目标。

(二)创新实践活动的内容和形式

社会在飞速发展,大学生接触社会的方式也越来越多,一些单一的实践模式已不能适应大学生自身发展的需要,必须不断地丰富社会实践的形式和内容。社会实践活动内容和形式的多样化是其发展的必然趋势,不能将社会实践仅仅局限于社会服务、社会调查、参观考察、对贫困地区的支教、家教等,应该开拓思维,创造出与专业相联系的更多的社会实践形式。具体要求是:①科学设定社会实践的目标。要根据当代大学生的身心发展特点和个性特点来设定实践目标和制定方案,不能永远一成不变地走老路,要设计有时代特点的实践方式。在对社会、学校、个人三方面深入调查的基础上设计出有利于当代大学生全面发展的社会实践方式,使社会实践方式能够吸引学生。②实践主题要具有操作性。在社会实践中,高校要注意结合学生思想实际问题,避免大而全或流于空泛的实践主题。为使社会实践的主

题具有操作性,在制定社会实践活动的内容和计划时,高校要结合学生的思想状况、身心特点、专业特长等方面的情况,采取与之相适应的实践形式和方法,争取通过实践达到培养学生的动手能力和社会适应能力,提高学生综合素质的目的。③实践主题要与时俱进。社会在向前发展,时代也在不断进步,各行各业的人们都以新的形象展现自己。大学生要与时俱进,以新的形象去面对新的时代,以新的特点去适应新的时代。因此,大学生确认社会实践主题时,要注意时代发展的特点,要注意与现实的热点、难点紧密结合。这样,既丰富了社会实践的形式,也可以达到提高社会实践活动实效性的目的。

(三)提高大学生的创新思维能力

创新思维就是创造性思维在创新活动中的运用,简言之,就是通过已有的和新获得的知识,利用多种心理能力、思维形态、思维方式来研究实践或认识新问题,克服思维定式,通过对各种信息、知识的匹配促进新理论、新方案的产生,从而实现认识或实践的新进展。由此可见,创新思维是一种实践性、整合性、开创性的思维,它是人类特有的思维活动的高级形态,是创新实践和创造能力发挥的首要条件。创新思维是指以一定的理论和实践为基础,发挥创新主体的能动作用,打破思维定式,从不同的视角探索事物的运动发展规律。当代大学生都具有强烈的参与意识和竞争意识,这反映出大学生对于投身社会实践的积极性、主人翁意识和主体意识在不断增强。大学生作为受教育者,是开展社会实践活动的主体,只有激发大学生主动参与实践的积极性和主动性,树立创新的意识,打破惯性思维,在深化对社会实践的认识过程中,提炼、总结、反思新的知识,切实提高其创新思维能力,才能令大学生高质量地完成社会实践活动的各项任务。

五、加大支持力度,为社会培养全面发展的高素质人才

大学生社会实践是由社会、学校和学生共同参与的一项社会系统工程,而不单单是学校和学生的事,社会各方面的力量应该积极参与进来,不能把参与大学生社会实践当成额外的负担,当然也不能为学生提供特殊的照顾。要群策群力,调动一切积极因素,让学生在真实的社会环境中提高自身的能力,提升自己的综合素质。具体要求是:

(一)调动地方政府的积极性

地方政府对大学生社会实践的认识还存在某些误区,如有的将大学生社会实践当作一种负担,却没有看到社会实践的重要意义和积极影响。从一定意义上讲,大学生是社会实践的直接参与者和最大受益者。通过社会实践能够提高和完善其综合素质,成为社会上更具有竞争实力的人才。但整个社会也是社会实践的最终受益者,因此除了高校和学生应该端正对社会实践的认识外,地方政府也应该克服对社会实践存在的偏见,积极投身到大学生社会实践活动中去,真正关心、支持和参与大学生社会实践活动。作为社会实践活动的有力支持者,地方政府应该积极参与制定有关社会实践的鼓励政策和措施,全力营造良好的社会环境,为大学生社会实践活动提供尽可能多的便利条件,促使大学生社会实践迈向规范化、制度化。

（二）整合社会力量

在社会实践中，不仅要调动学校、家庭及学生本人的积极性与主动性，也要充分发挥社会力量的作用，让一切社会力量积极参与到社会实践中去。企事业单位和社会团体都要成为社会实践的组织单位，共同协调社会实践的开展，为学生主动融入社会创造机会。高校要利用好社会这个大课堂，加强与企事业单位和社会团体的联系和交流，为学生提供更加有效的锻炼自身实践能力的机会，使学生主动融入社会，主动了解社会，为学生的社会化做好充足的准备。具体要求主要是：①充分发挥社会力量的指导作用。当前越来越多的高校开始重视学生社会实践的指导工作，积极努力的培训指导教师，让他们具备系统知识的同时也能够指导学生开展专业化的社会实践，与此同时，要注意充分发挥社会力量的指导作用。例如，在企事业单位和社会团体中，就拥有较多的有丰富知识经验和劳动实践经验的人才，让他们积极参与学生社会实践活动，加强对社会实践的指导，将会使社会实践取得更加有效的成果。②加强社会资源的利用与整合。大学生社会实践是学生与社会，学校教育与社会发展的桥梁和纽带。然而长期以来高校忽视大学生社会实践与社会的联系，所以大学生社会实践往往得不到社会的广泛认可和有力支持，致使社会实践的实效性不高。因此，高校应该主动整合和利用社会资源，积极鼓励大学生深入到社会当中去，在社会广阔的舞台上，开阔视野，让自己的专业技能得到进一步的提升，今后更好地为社会服务。同时，学校要加强与企业合作，利用企业的优质资源为学生提供更好地锻炼自己机会和条件，进一步培养学生运用专业技能解决实际问题的能力。

（三）建立稳定的实践基地

大学生社会实践基地是社会实践活动顺利开展的载体和保证，它既是大学生认识过程的物质中介，又是大学生知识的拓展地。没有稳定的社会实践基地就无法保证大学生社会实践发展的长期性和有效性。建立相对稳定的实践基地有利于大学生在实践中接受教育，施展才华。完善大学生社会实践基地化建设，要遵循指向性、专业性、共赢性和品牌化原则，充分利用校内和校外两种资源，全面调动学校、学生和基地单位等多方积极性，探索多元化的建设途径。具体要求是：①建立稳固的社会实践基地。稳定的社会实践基地是社会实践规范化的前提。社会实践基地的稳定性对于社会实践的成功实施有重要的影响作用。只有建立了有效稳定的实践基地才能够使大学生在社会实践中真正发挥自己的作用。实践基地作为大学生社会实践开展的载体，为学生提供了解社会的机会，是学校开展第二课堂的有效途径。高校要积极加强社会实践基地的建设，保证大学生社会实践活动的顺利开展。②慎重选择社会实践基地。社会实践基地既要能够使学生在实践过程中提升自己的能力，也要能够为实践基地的企业和地方带来益处，以保证基地的生命力和稳定性。在建立社会实践基地前，应分析参与实践的学生的专业结构特点，结合社会实践的目标和计划，明确社会实践的内容，应多方调研考察，着重考虑实践基地是否重视对大学生的教育，是否拥有良好的实践条件，实践团队能为实践单位做些什么等。同时，注重选择那些积极支持大学生社会实践活动的地方单位作为实践基地。在社会实践开展的过程中，高校应该与实践基地建立长期联系,也要切实帮助实践基地解决实际困难,使大学生社会实践活动真正得以顺利开展。③坚持合作共赢原则。在社会实践基地建设的过程中,要坚持共同建设、共同管理的原则。注意建立起设备齐全、制度完善、态度热情的多功能基地。坚持合作共建、双向受益的原则,使学生在实践中受到锻炼,使实践基地在实践中见效益,在学校、当地政府及企事业单位之间架起协作共赢的桥梁。

第三节　材料阅读与思考

社会实践是大学生思想政治教育的重要环节,是大学生了解社会、服务群众、增长才干的重要路径。在新时期里,大学生社会实践面临着机遇与挑战。我们应转变观念,激励大学生积极参与社会实践,建立大学生社会实践基地,创立长效工作机制,丰富实践的内容,为社会培养高素质的人才。请阅读下面两篇短文,试分析大学生对社会实践的认识和态度如何? 目前大学生社会实践存在哪些问题? 作为社会实践的参与者,你将如何解决大学生社会实践存在的问题?

阅读材料 11-1

美国大学生社会实践的支持动力[①]

社会实践作为高校培养人才的一个重要环节,是高等教育不可缺少的组成部分,是融学校教育、社会教育和自我教育为一体的教育形式。它既是大学生增知识、长才干、受教育的最佳途径,也是大学生正确认识自我、完善自我、了解社会、服务社会、提高素质和能力的重要途径。美国教育以高度的实践性著称,在大学生社会实践开展得如火如荼的今天,借鉴国外尤其是美国高校社会实践的模式和经验具有非常重要的意义。

一、政府十分重视

现代经济的日益发展要求社会成员具备良好的素质和才能,因而培养学生具备参与经济生活的品质和能力,这也是国外学校德育的重要内容。美国把"确保所有高等学校学生对国家经济和政治生活中的现象具有分析批判和解决实际问题的能力",以及"提高学生进行决策解决问题的技能",作为教育目的之一。为此,美国政府非常重视学生的社会实践活动。有的州专门通过法案支持甚至强行规定学生必须参加社会实践活动才能毕业;有的州拨出专款支持这类计划,同时还建立一些大学或跨地区的全国联盟,以指导、协调本校或全国的社会服务活动;有的州成立了为学生服务的学习监管机构,负责服务学习的指导和评估。1989 年布什总统亲自启动志愿者服务行动,次年 2 月,他又签署了为"国家和社会真诚服务行动"提供基金的议案。1993 年 3 月,克林顿总统签署为"国家和社会真诚服务行动"提供基

---

① 胡杨,徐建军,邸可达.美国大学生社会实践的经验和启示[J].中国德育,2007(10):93-95.

金的法律,在联邦政府的直接推动下,该服务在美国得到迅猛发展。

二、社会大力支持

美国企业界特别是实力雄厚的大企业非常重视与高校在技术创新方面的合作。这种"产—学—研"合作教育的科研模式,一方面使企业获得了科技创新产业升级、产品改造、提升创新能力的大好机会;另一方面大学生可以借此契机,参与企业科研、企业生产、企业管理,累积社会实践经验。此外,还有很多企业愿意资助学生开展内容广泛的社会服务活动,帮助他们承担一定的项目,如为伤残人员服务、为移民子女提供外语训练、为监禁青年提供指导等。

三、学校积极鼓励

美国大学课时少,教师讲授少,学生独立活动多。因此,美国高校除了重视实习环节,普遍加强实践性教学环节在课程体系中的比重外,还积极鼓励各种形式的社会实践活动。比如,鼓励学生参与学校的管理和服务,约有 4/5 的院校允许学生代表至少参加一个管理机构的工作,其中 14% 的校董事会有学生代表,41% 的院校允许学生担任教师聘任委员会委员。有的学校为学生创业小组提供最多 3000 美元的原始资本创办并经营新公司,或者专门设置"科研推广中心",引导学生参与科研活动。当然,以勤工助学的方式出现的社会服务和社会实践活动更为普遍,如:耶鲁大学鼓励学生走出校园,积极参加社会活动,包括救济穷人、教育文盲、安慰孤独病残者、服务老人等一系列社会服务活动;有些学校则组成"学生自愿委员会"参与社会环境治理,组织学生访问教养机构、精神病院、保育院等;有些学校组织大学生参加帮助吸毒者和无家可归者的活动、竞选宣传活动、募捐活动、为教堂服务活动等。

阅读材料 11-2

北京科技大学社会实践的组织管理模式[①]

教育与生产劳动和社会实践相结合是党的重要教育方针之一,历来受到党和政府的高度重视。近些年来,各高校努力按照中央要求,积极建立和完善实践教学保障机制,探索实践育人的长效机制。从 2005 年起,北京科技大学将"大学生社会实践"作为一门必修课纳入教学计划,开始了构建大学生社会实践长效机制的探索,注意结合实践课程的特点,探索形成了设计科学、操作规范、易于推广的课程组织管理模式。

在时间安排上,采取"起点前移,总结后移"。学生社会实践活动主要在暑期完成,相对于一般的大学生社会实践活动,其在时间安排上采取了"起点前移,总结后移"的教学安排。每年 2—3 月,课程组即开始本年度学生实践主题与课题的设计;4 月初开始社会实践课堂教

---

① 陈曦,石新明,潘小俪,等.构建大学生社会实践长效机制的探索[J].中国高等教育,2008(23):27-28.

学工作;5—6月,学生进行实践准备;7—8月,学生外出实践,实践教学不少于2周;9月,学生返校,课程组组织报告评阅,分别在班级、学院、学校层面开展总结交流,统一进行评奖评优;10—11月,进行成果转化,并将有关成果向实践地反馈;12月至次年1月,进行教学工作总结。综上,本课程一轮教学工作要持续近一年时间,确保了课程的严肃性和完整性。

在组织模式上,采取"团队为主,个人为辅"。在教学过程中,课程组坚持"以学生为主体,以教师为主导"的指导思想,大力推进以团队为主的实践教学组织模式。学生可以宿舍、班级、社团、党团支部、课题组为单位,围绕实践课题形成专业交叉、年级交叉的实践团队。同时,课程组要求每支实践团队必须具有周密的实践策划、详细的安全预案,且有一名指导教师。实践团队须经过申报,方案获得课程组审核通过后方可进入实践教学环节。课程实施4年来,每年约75%的学生以团队实践的方式完成实践教学环节的学习。

在课程管理上,实现"信息平台,互动交流"。作为全校本科生的必修课,本课程每年都有7000多人的教学任务,教学管理工作量庞大,学校创建了以信息化为主要特征的大学生社会实践指导平台,包括课程网站、管理系统和信息平台。其中,"社会实践课程网"融教学资源下载、网上交流互动、教师在线答疑、教学成果展示等功能于一体;"社会实践管理信息系统"便于教师即时查询学生实践信息,进行分类管理,同时学生也可以通过该系统了解自己的学习进度,管理相关资料;"社会实践短信平台"主要用于学生外出实践期间教师与学生、学校与团队之间的及时沟通与课程指导。

在安全保障上,采取"五道防线,全程督导"。因社会实践课程全在校外进行,实践地点分散,安全保障就成为本课程教学工作中重要而特殊的一环。我们坚持"预防为主,安全第一"的方针,建立了"五道安全防线"。第一,在课堂教学中,面向全体学生以案例教学的方法,开展不少于1学时的安全教育。第二,要求学生课外自学教育部发布的《学生伤害事故处理办法》等相关安全知识,编写实践安全预案,并与每位学生签订《实践安全个人承诺书》,确保安全意识深入人心。第三,保证大学生社会实践课程的所有学生都购有意外伤害短期险。第四,在实践前,给所有参与社会实践学生的家长邮寄《致学生家长的一封信》,让学生家长了解学校社会实践课程教学情况和孩子的暑期社会实践动向,配合学校一起做好学生安全的监管工作。第五,要求实践团队指导老师给予团队安全指导,并在社会实践期间与学生保持联系,提供必要帮助。

在考评办法上,实行"双向评价,过程考核"。考虑到本课程教学周期长,教学要点和能力培养要点多的特点,成绩考核须结合校内外评价,综合考核学生各阶段学习情况。本课程主要考核学生参加课堂教学情况、课后作业完成情况、安全保障措施落实情况、实践完成情况、实践单位(实践地)的评价和实践成果报告质量六个方面。具体规定包括:根据课堂出勤情况确定平时成绩;根据学生上交的团队《项目申报书》考核学生实践策划完成情况,评定是否给予经费支持;考核学生是否完成学校社会实践安全保障措施的情况,对未按要求完成的学生取消当年参与本课程的资格;根据学生《社会实践登记表》(含实践单位评语)和学生实践总结报告等,评定实践报告成绩。此外还专门设置了特色奖项评比,如社会实践优秀团队、"十佳标兵"等,与量化的成绩评定相互补充。

复习思考题

1.联系实际,谈谈当前大学生社会实践活动存在哪些主要问题? 要解决这些问题,你有何建议?

2.校团委拟向同学们征集社会实践活动的主题,请你联系实际,谈谈如何选择社会实践活动主题,并简述你的选择理由。

拓展阅读

1.胡树祥,吴满意.学生社会实践教育理论与方法[M].北京:人民出版社,2010.

本书系统阐述了大学生社会实践的指导理论,界定了社会实践的内涵与属性,归纳了大学生社会实践的崭新类型和功能,深刻分析了创新态势与社会化难点,对国外经验进行了有针对性的借鉴。本书材料丰富,理论深刻,观点新颖,方法实用,行文流畅,对高校的学生辅导员、专兼职学生思想政治工作者、教师、干部和广大青年学生定有所裨益。

2.邹世享,姜孟,李慧勤.学·思·行:中国地质大学(北京)大学生社会实践优秀成果选编(第一辑)[M].北京:知识产权出版社,2011.

理论联系实际是党的优良传统和作风,教育与生产劳动相结合是党的教育方针的重要内容,社会实践是大学生思想政治教育的重要环节,是大学生喜爱的思想政治教育形式之一。大学生参加社会实践,可以了解社会、认知国情,增长才干、奉献社会,锻炼毅力、培养品格,对于培养中国特色社会主义事业的合格建设者和可靠接班人具有重要意义。本系列书以年级为序,集中收录了近年来中国地质大学(北京)大学生社会实践的优秀报告论文。本辑收录了2007级大学生社会实践的优秀论文报告,共分六篇:新中国60年转变探索篇、农村生态环境与科学发展考察篇、祖国地质事业调查篇、共和国先进典型探访篇、公益实践服务活动篇、大学生生活调查篇。报告论文对如何指导大学生开展社会实践活动具有借鉴意义。

3.徐国峰,于兴业.大学生社会实践理论与应用[M].北京:中国农业出版社,2014.

本书是在总结东北农业大学大学生社会实践工作经验的基础上编写而成的,2012年9月投入使用后,反响很好,经过两年教学实践的检验和日常工作经验积累,我们进行了进一步的修订完善,并将书名改为《大学生社会实践理论与应用》,以求更加符合大学生社会实践工作的实际。本书既注重学术理论性又兼顾实用操作性,既有逻辑推理又有感性描述,既有国外典型案例又有国内成功经验,是指导大学生开展社会实践的富有启示性的读本。

❁ 本章主要参考文献

［1］刘志强.高等学校实践教学改革与研究［M］.哈尔滨:哈尔滨工程大学出版社,2007.

［2］张国栋.大学生社会实践探索［M］.沈阳:辽宁大学出版社,2009.

［3］陈曦.大学生社会实践教程［M］.北京:机械工业出版社,2006.

［4］邓然.高校社会实践教育存在的问题及对策研究［J］.当代教育论坛,2007(5):77-78.

［5］姚云.提高大学生实践能力的四种模式［J］.江苏高教,2003(4):102-104.